Thomas Mazimpaka
Ein Tutsi in Deutschland

Thomas Mazimpaka

EIN TUTSI IN DEUTSCHLAND

Das Schicksal eines Flüchtlings

Mit einem Vorwort von Heiner Sandig

EVANGELISCHE
VERLAGSANSTALT

Umschlagabbildung: Thomas Mazimpaka in Dresden,
fotografiert von Steffen Giersch

Die Deutsche Bibliothek – CIP-Einheitsaufnahme
Mazimpaka, Thomas:
Ein Tutsi in Deutschland : das Schicksal eines Flüchtlings / Thomas
Mazimpaka. Mit einem Vorw. von Heiner Sandig. - 2. Aufl. – Leip-
zig : Evang. Verl.-Anst., 1998
    ISBN 3-374-01652-9

ISBN 3-374-01652-9
2. Auflage 1998
© Evangelische Verlagsanstalt, Leipzig
Umschlaggestaltung: Micha Zettler
Printed in Germany · H 6534
Satz: Kontext – Satz & Layout, Lemsel
Druck: Druckerei zu Altenburg

INHALT

Vorwort 7

Der Krieg brach aus 9

Die Flucht 60

Ankunft in Deutschland 90

Auf dem Windberg 124

Arbeit auf dem Friedhof 205

In Klingenberg 236

Ihr, meine Brüder, meine Schwestern, meine Verwandten, meine Freunde und Bekannten, welch einen unwürdigen, grausamen Tod seid ihr gestorben!
Ich weiß aber, daß ihr ehrenhafte Menschen und Bürger wart.
Ihr habt gesiegt!
Ihr seid meine Helden!
Dieses Buch widme ich euch!

Danksagung
Ohne die Hilfe von Frau Helga Burkart wäre mir die Erstellung des Manuskriptes viel schwerer gefallen. Sie vermittelte mir den Eindruck, daß aus meinen auf deutsch aufgeschriebenen Gedanken ein lesbares Buch werden könnte.

Mein Dank richtet sich an Stephan Guzy, der sich mehrere Abendstunden Zeit genommen hat, um die langwierigen Textkonvertierungen zustande zu bringen.

Mein Dank gilt auch Dr. Michael Feist und Christoph Münch, die zur erfolgreichen weiteren Bearbeitung des Manuskriptes beigetragen haben.

VORWORT

Sehr froh bin ich, daß dieses Buch erschienen ist. Thomas Mazimpaka hat das Buch in deutscher Sprache geschrieben. Er hat unsere Sprache in wenigen Monaten im Selbststudium erlernt und einen eigenen Stil entwickelt. Die Leser werden Thomas Mazimpaka in einer Weise kennenlernen, wie sie nur ganz wenige Menschen kennen. Denn hier wird nicht nur ein authentischer Bericht geliefert, was ein jüngerer Mann in den letzten Jahren in Ruanda und Deutschland erlebt hat, hier werden auch die Beschädigungen an seiner Seele sichtbar, die wohl nie verheilen werden, wo wohl immer Narben bleiben werden.

Nachdenklich und traurig, zornig und verzweifelt werden viele Leser bei der Lektüre sein. Keiner kann ganz unberührt bleiben.

Es werden immer wieder Fragen auftauchen:

Wie kann es sein, daß Menschen, die nebeneinander, gar miteinander jahrelang gelebt haben, jetzt einander töten? Sind wir Menschen wirklich so, daß auf einmal Haß in uns aufbrechen kann oder von anderen aufgebrochen wird und wir wirklich zu allem fähig werden? Wie aber kommt es , daß andere in dieser frevelhaften Hysterie sich ihre Menschlichkeit bewahren und nur leiden können? Wer sind wir eigentlich, wir Menschen, daß in uns so Schreckliches und so Hoffnungsvolles steckt?

Aber auch andere Fragen stellen sich beim Lesen. Warum wird bei Thomas Mazimpaka das Asylverfahren ausgesetzt? Ist nicht gerade für Flüchtlinge wie ihn das deutsche Asylrecht geschaffen worden, damit er endlich nach der Verfolgung ein angstfreies, würdevolles Leben in Deutschland aufbauen kann? Sieht denn die Verwaltung nicht, wie zerstörend die nicht absehbare jahrelange Wartezeit für den aus Ruanda Entkommenen ist?

Muß Thomas Mazimpaka dadurch nicht immer in seinem Innern verletzter werden? Wann kann er denn endlich das beengte Heim verlassen? Wer kann helfen? Kann ich helfen?

Sehr viele Fragen kommen hoch, auch Bitterkeit wird sich einstellen. Am Ende des Buches befürchtet der Autor, daß sein ganzes Leben eine verlorene Mühe für Gott sein könne. Dieser Satz hat mich tief bestürzt, und ich will mit diesem Vorwort Thomas Mazimpaka zurufen:

Auch wenn du so Schreckliches und Zerstörerisches erlebt hast und die Zeit des quälenden Wartens für dich immer noch nicht zu Ende ist – dein Leben war keine verlorene Mühe für Gott, es ist nicht sinnlos. Dein Buch über dein Schicksal wird auch andere Menschen berühren, erschrecken, aufmuntern, lebendig machen! Gut, daß du das alles niedergeschrieben hast, gut, daß es dich gibt, Thomas!

Alles Glück dieser Welt wünschen wir dir, wenigstens ein selbstbestimmtes Leben in Freiheit und Würde.

Heiner Sandig, Sächsischer Ausländerbeauftragter

DER KRIEG BRACH AUS

An dem Montagabend, dem ersten Oktober 1990, näherte sich die Nacht ungewohnt schnell. Ein starker Regen drohte, wie es oft in dieser Gegend der Erde vorkommt. Der Himmel wurde so plötzlich stark bedeckt, daß man mit einem andauernden nächtlichen Regen rechnen mußte.

Mein Freund Védaste und ich hatten uns an diesem Nachmittag verabredet, um gemeinsam Kaffee zu trinken und, wie es üblich war, über alles zu diskutieren. Wir waren gute Freunde geworden, seitdem ich in mein Land zurückgekommen war, ungefähr vor sechs Jahren. Der Abend verlief sehr gut in einem vor kurzem erbauten Hochhaus gegenüber dem Busbahnhof in Kigali, einem riesigen Parkplatz inmitten der Stadt. Man hat das immer nur Hauptbahnhof genannt, obwohl es keinen Zug und überhaupt keine Schiene in diesem kleinen gebirgigen Staat Zentralafrikas gibt.

Diesen Abend hatten wir zufälligerweise richtig genutzt, um Pläne für die Zukunft zu schmieden, wie wir es sonst bislang kaum gemacht hatten. Wir hatten nämlich dieselben Probleme. Wir stammen aus derselben ethnischen Minderheit, den Tutsis, mit allen verlorenen Hoffnungen, die diese Zugehörigkeit zwangsläufig begleiteten. Außerdem waren wir ledig und fast im selben Alter, kurz über dreißig. Seine Offenheit und seine Herzlichkeit erweckten immer wieder das Bedürfnis bei mir, mich mit ihm zu treffen und über alles offen zu reden. Eine neue Bekannte war das wichtigste Thema des Tages. Im vergangenen Sommer hatte er nämlich ein Mädchen kennengelernt, das eine besondere Sympathie bei ihm erweckt hatte. Sie war eine Oberschülerin irgendwo am Ende ihrer Ausbildung. Deshalb konnte sie als Praktikantin in derselben Firma arbeiten wie er. Védaste war Reiseabteilungsleiter bei Amiruanda, einer der größten Firmen Ruandas. Den ganzen Sommer hatten sie sozusagen zusammengearbeitet, obwohl voneinander unabhängig; sie war in der Buchhaltung beschäftigt.

Das Seltene in der Beziehung zwischen den beiden lag nicht an der Liebe auf den ersten Blick, wie die ganze Geschichte mir aufrichtig an diesem Abend erzählt wurde, sondern an den schon tabuisierten ethnischen Beziehungen zwischen den beiden bekanntesten ethnischen Gruppen in Ruanda. Unser Alter entsprach genau der Zeitspanne, seitdem die Tutsis und die Hutus nicht mehr im besten Verhältnis miteinander lebten.

Die Hutus bilden die Mehrheit der Bevölkerung in Ruanda. Sie hatten vor etwa dreißig Jahren die politische Macht erobert, die hingegen längere Zeit vorher in den Händen der Tutsis gelegen hatte. Seitdem konnte nichts mehr dem traurigen Schicksal entgehen, auch die beste menschliche Beziehung nicht, die Liebe.

Das Mädchen gehörte dem Hutu-Stamm an. Die jeweiligen Zugehörigkeiten spielten eine größere Rolle als alle anderen natürlichen oder sozialen Voraussetzungen, um miteinander gut auszukommen. Das war eine traurige Tatsache. In unserer Unterhaltung haben wir nicht lange darüber gesprochen, weil es eben ein Tabuthema war. Ein belebtes Café, wie es hier der Fall war, konnte eine gefährliche Stelle sein, wo man solche Äußerungen über die vielfältigen Probleme im Land besser vermeiden sollte.

Der gemeinsame Abend, der normal und gemütlich schien, war kein gewöhnlicher Abend mehr. Dieser Tag ist schon in die Geschichte Ruandas eingegangen. Es war schon dunkel, als wir voneinander Abschied nahmen. Um dem drohenden Regen zu entkommen, mußte ich eilig eines der sogenannten Taxis, eigentlich Kleinbusse, in Richtung Remera nehmen, einem Viertel der Stadt Kigali, in dem ich wohnte. Védaste nahm auch ein Taxi in Richtung Nyamirambo, ein populäres Viertel Kigalis, wo er wohnte. Als ich im Bahnhof eintraf, waren alle Plätze in den Taxis besetzt, aber ich entdeckte meinen Freund John unter den Taxifahrern. Er erlaubte mir, mich gleich hinter ihn zu setzen. Er tat es gern, nicht nur der scheinbaren Notwendigkeit wegen, sondern er hatte die heißeste Nachricht des Tages auf der Zunge. Er wollte die Gelegenheit nicht verpassen, mich zu informieren. Er war Tutsi, und diese Zugehörigkeit war spürbar in allen Bereichen:

Freundschaft, Partnerschaft, Zusammenarbeit ... Keiner konnte diese jeweils kalten oder warmen Verhältnisse zwischen den beiden ethnischen Gruppen übersehen; wer diese Konflikte nicht beachtete, begab sich in akute Gefahr.

Wir fuhren los, ohne ein längeres privates Gespräch zu führen, obwohl er von Natur aus ein gesprächiger Bursche war. So blieb das auch während der Fahrt. Die Strecke war ungefähr acht Kilometer lang. Als wir die Haltestelle erreichten, wo ich aussteigen mußte, hatte es schon begonnen zu blitzen und zu donnern, jedoch ohne starken Regen. Nur einige dicke Tropfen trommelten auf das Autodach und waren deutlich hörbar, mit unregelmäßigem Rhythmus. Das bot eine weitere unerwartet günstige Voraussetzung, weil sich leider im Auto noch einige Leute befanden. Die Taxis waren auch gefährliche öffentliche Milieus. Das Auto hielt an, und während manche Leute ausstiegen, fand mein Freund Gelegenheit, mir zuzuflüstern: »Mu Mutara biracika.« – »In Mutara ist die Lage höchst gespannt!« Mutara ist eine nördliche Region Ruandas, und in meiner Muttersprache hatte er etwas gesagt, was mir keinen Zweifel mehr ließ: Es mußte heftige Kämpfe geben! Diese Stunde hatte zwar lange auf sich warten lassen, aber jetzt schlug sie. Augenblicklich verstand ich es und faßte seine Hand mit starkem Druck, als ob es schon unser Sieg wäre. Immer Hand in Hand, ohne daß ich ein einziges Wort sprach, fuhr er fort: »Heute habe ich in der Linie Kibungo gearbeitet, und jetzt gerade vor einer Stunde war ich in Kayonza. Alle Taxis wurden von uniformierten Militärs systematisch durchsucht, wie im Kriegszustand. Die anderen Taxifahrer haben mir dann gesagt, ein Krieg sei im Norden ausgebrochen. Kibungo ist eine Stadt im Osten Ruandas und Kayonza eine zwischen Kibungo und Kigali, in der die Hauptstraße nach Norden verläuft. Ich habe dabei ängstlich beobachtet, ob uns jemand hören könnte; aber keiner nahm von uns Notiz. Darauf ließ ich seine Hand los, verabschiedete mich von ihm und stieg als letzter an dieser Haltestelle aus. Es bestand kein Zweifel, falls es tatsächlich einen Krieg gäbe, um welchen Krieg es sich handelte. Oder sollte in diesem Augenblick ein Nachbarland aus einem mir unbekannten Grund mein Heimatland angegriffen haben? Aber nein, weil John vom Norden gekommen war, wußte ich, daß die Tutsis, die seit über dreißig Jahren in den Nachbarländern als ruandische Flüchtlinge lebten, zurückgekommen waren – mit Gewehren auf den Schultern. Ja, da war ich mir ganz sicher, und es war anderen informierten Leuten im Lande auch bekannt. Nur Tag und Stunde waren uns nicht bekannt gewesen.

Von der Haltestelle bis zu meiner Wohnung brauchte man fünf Minuten zu Fuß. Unterwegs erinnere ich mich nicht daran, einer Menschenseele begegnet zu sein. Meine Gedanken waren völlig auf den alten und den möglichen künftigen Geschichtsverlauf Ruandas konzentriert, daß ich keinen Menschen hätte bemerken können.

Seit drei Jahren wohnte ich mit Léon zusammen. Er war auch ledig, und die meisten ledigen jungen Männer lebten in Wohngemeinschaften. Das sparte allerlei Wohnkosten, aber noch dazu konnten zwei junge Männer sich eine größere und schönere Wohnung leisten. Léon hatte Informatik studiert und in einer staatlichen Versicherungsgesellschaft als Informatiker gearbeitet. Vor einigen Monaten hatte er gekündigt wegen schlechter Arbeitsbedingungen, die die Tutsi-Zugehörigkeit in manchen staatlichen Gesellschaften begleiteten. Nun wollte er mit seinem Bruder arbeiten, der ein vielversprechendes Geschäft eröffnet hatte.

Seit einer kurzen Zeit wohnte auch Alois bei uns. Er war aus Cyangugu gekommen, einer Region im Südwesten des Landes, wo er als Lehrer in einer Lehrerbildungsanstalt zwei Jahre tätig war. Er hatte auch in vergleichbaren Umständen wie Léon gekündigt. Er hatte vorher über fünfzehn Jahre in der Universität von Lubumbashi, Zaire, als Psychologielehrer gearbeitet. Dort hatte er Léon, der einmal sein Student gewesen war, kennengelernt. Vor kurzem hatte er bei einer Schule in Kigali eine neue Stelle als Lehrer erhalten. Er war schon über fünfzig Jahre alt, verheiratet und hatte vier Kinder. Seine Familie mußte zunächst in Cyangugu bleiben, wo die Kinder in einer zairischen benachbarten Stadt,

Bukavu, die Schule besuchten. Sie in eine ruandische Schule zu schicken, hätte schwere Folgen für die Kinder gebracht, da zwischen dem Schulsystem von Zaire und Ruanda enorme Unterschiede bestanden. Alois wollte vorerst prüfen, ob die Bedingungen es nach einem Jahr erlauben würden, sich mit seiner Familie endgültig in Kigali niederzulassen. So war es kein Problem, vorläufig bei uns zu wohnen für die Zeit, die er brauchte, um sich ruhig eine kleine geeignete Wohnung zu suchen.

Als ich in der Wohnung ankam, waren weder Léon noch Alois zu Hause. Sie hatten die Gewohnheit, erst nach 20 Uhr nach Hause zu kommen, obwohl es in dieser tropischen Gegend zeitig Nacht wird. Die Sonne zeigt sich immer um sechs Uhr morgens am Horizont und verschwindet wieder um sechs Uhr abends. Abends besuchte Léon oft seine Freundin oder seine Verwandten. Alois verbrachte seine Abende gern in einer Kneipe, was übrigens in Kigali nicht ungewöhnlich war. Fast alle Männer hatten drei bekannte Adressen, nämlich die Wohnung, die Arbeit und dann die Bar. An dem Abend kamen die beiden ziemlich zeitig nach Hause. Es hatte schon begonnen stark zu regnen, da kam Alois. Bevor ich ihm die Neuigkeit mitteilen konnte, hatte er mich seinerseits schon mit derselben Geschichte übertroffen. Eigentlich kannten wir uns noch nicht gut genug, um über diese ganzen komplizierten und sensiblen Umstände offen zu reden. Die Diskussionen über die kranke ruandische Gesellschaft waren bisher auch zwischen uns tabuisiert. Nur unter vertrauten Personen und hinter dicht geschlossenen Türen konnte man es wagen, das Thema anzusprechen. Die gängige Regel war, daß jeder jedem mißtraute.

Zu wissen, daß soziale Ungerechtigkeit herrscht, war kein Problem und störte keinen der Machthaber. Aber davon zu reden wurde automatisch als Kritik eingestuft und war daher strafbar. Die Zeit war jedoch reif, angesichts der neuesten Ereignisse miteinander darüber zu reden. So fing Alois ruhig an zu erzählen: »Ich komme gerade aus einer Bar, wo die Leute echte Nachrichten haben. Sie haben unter sich diskutiert, und ich habe es mit besonderer Aufmerksamkeit verfolgt.« Ich war nun gespannt und wollte nicht mehr die kurze Zeit warten, die er brauchte, um seine Brille abzunehmen und zu putzen, während er weitersprach: »Die Hutus aus Gisenyi sagten, das Land sei seit heute Nachmittag von Inyenzi angegriffen worden.« Ich erwartete eigentlich von ihm genau das, was er sagte. Inyenzi war der Name der Tutsiflüchtlinge, Rebellen, die in den frühen sechziger Jahren aus den Nachbarländern mehrmals ohne Erfolg versucht hatten, Ruanda anzugreifen, um die von den Tutsis verlorene Macht wieder zu erobern. Fast alle Hutus aus Gisenyi, einer Region im Nordwesten des Landes, woher der Präsident stammte, hatten sehr gute Beziehungen zum Geheimdienst, wenn sie nicht sogar Mitarbeiter waren.

Ich sagte ihm, bevor er weitere Kommentare machte, daß ich auch schon so etwas über diesen Angriff gehört hatte, aber ohne weitere Details. Was Alois sagte, brachte mich zu der festen Überzeugung, daß John recht hatte. Er war nämlich in der Nähe der vermuteten Kriegsregion gewesen. Daraufhin erzählte ich Alois ausführlich meine Version und unter welchen Umständen ich die Nachricht erhalten hatte.

Doch dann sagte mir Alois in nachdenklichem Ton: »Thomas, man hat immer über einen möglichen Krieg in diesem Land gesprochen. Ich denke, daß es diesmal ernst wird. Die Hutus in der Bar waren sehr besorgt.«

Wir blieben an diesem Abend beim Thema. Wir spekulierten über die ganze Situation und die mögliche Entwicklung, immer mit dem Wunsch, daß es zugunsten der Tutsiflüchtlinge vorwärts ginge. Ihr Sieg wäre sowieso allen Tutsis im Land eine Erlösung. Aber auch manche Hutus, die unter dem diktatorischen Regime litten, durften sich über diesen Angriff freuen. Keine Kraft im eigenen Land hätte dieses Regime stürzen können.

Léon kam etwa eine Stunde später und war bislang nicht davon informiert. Er verfolgte unser Gespräch mit äußerster Aufmerksamkeit. Er staunte aber, daß er kein Anzeichen auf den Straßen gemerkt hatte. Die Nachrichten im nationalen Rundfunk hatten nichts darüber gebracht. Wir verbrachten unseren Abend wie üblich.

Der nächste Tag sah am Morgen noch wie alle anderen vergangenen Tage aus. Nach der regnerischen Nacht meldete sich der Tag sogar sehr sonnig unter einem kristallklaren Himmel. Jeder von uns ging seinen Geschäften wie üblich nach, ohne jegliche auffallende Besonderheit bis um ein Uhr nachmittags. Doch dann kamen die ersten Meldungen. Der nationale Rundfunk meldete, daß wegen der Sicherheit des Landes das Landespräsidium und das Verteidigungsministerium gezwungen seien, strenge Sicherheitsmaßnahmen zu ergreifen: Der Ausnahmezustand wurde von 19 Uhr bis 5 Uhr morgens über das Land verhängt. Alle Arbeitgeber mußten besondere Arbeitsbescheinigungen in Kigali erteilen, die von den kommunalen Behörden bestätigt werden sollten. Die Arbeitszeiten im Land wurden verlegt von 8 Uhr durchgehend bis 16 Uhr, bis auf weiteres ... Durch diese plötzlichen Maßnahmen wurde der Kriegsausbruch bestätigt. Nichts Klares über die eventuelle Invasion wurde jedoch von den Landesbehörden erklärt. Eine unglaubliche Panik machte sich in der Bevölkerung breit.

Vor etwa einem Jahr hatte ich eine Arbeit in einer neuen Kartonfabrik aufgenommen. Die Fabrik gehörte einem Belgier, Herrn Degroot, der über fünfundzwanzig Jahre in Ruanda als Bankdirektor gearbeitet hatte. Nach seinem verdienten Ruhestand entschied er sich, ein kleines Familienunternehmen in Ruanda zu gründen, dessen Betriebsleiter er gleichzeitig war. Das Unternehmen war kein kleiner Betrieb im Vergleich zu den gesamten wirtschaftlichen Verhältnissen in Ruanda. Er beschäftigte um dreißig fest angestellte Mitarbeiter. Ich war mit den Finanzen beschäftigt, und gelegentlich half ich Herrn Degroot bei der Verwaltungsarbeit, die wir zu dritt bewältigen mußten: Herr Degroot, der Sekretär, der sich ebenfalls mit allen kleinen Personalfragen befaßte, und ich. Der Rest der Belegschaft war unter den technischen Abteilungen verteilt.

Neben Kartons produzierte der Betrieb zum Beispiel Briefumschläge und unterschiedliche Papiere, die zum Großhandelspreis verkauft wurden. Bislang war alles für die Firma sowie für mich ausgezeichnet gelaufen. Wir hatten gute Kunden im ganzen Land.

Ich wohnte glücklicherweise nicht weit von meiner Arbeitsstelle, so daß ich manchmal, auch vor dem Krieg, ohne besondere Anstrengung zu Fuß zur Arbeit ging. Ich brauchte nur zwanzig Minuten, um den Arbeitsweg gemütlich zu Fuß zurückzulegen. Nur in der Mittagspause habe ich öffentliche Verkehrsmittel benutzt, denn die Sonne ist in dieser Zeit immer am stärksten. Die mittlerweile abgeschaffte Mittagspause dauerte zwei Stunden, von 12 bis 14 Uhr. Im allgemeinen sind in dieser Pause die meisten Berufstätigen nach Hause gefahren.

Erst am Abend hörten wir ausführliche Meldungen von ausländischen Rundfunksendern über den Krieg in Ruanda. Es wurde mir klar, daß die Tutsi-Flüchtlinge zu den Gewehren gegriffen hatten. Manche Namen von den Kommandanten wurden an diesem Abend genannt. Wir erfuhren zum ersten Mal, daß der Oberstkommandant General-Major Fred Rwigema hieß, einer der von der diktatorischen Regierung in Kigali gefürchteten Tutsis. Da wurde mir klar, daß das Land vor einem unvorhersehbar langen Krieg stand. Der neue Name der bewaffneten Rebellen hieß Inkotanyi statt Inyenzi.

Hinter diesem Angriff steckte das lange historische Leiden eines Volkes. Vielleicht hatte ein historischer Aufbruch, eine geschichtliche Wende in diesem Augenblick begonnen. Ruanda, ein kleines Land in Zentralafrika, liegt zwischen Tanzania im Osten, Burundi, ebenfalls ein kleines Land mit ähnlicher Geschichte, ähnlichen Kulturen, Stämmen und Sitten wie Ruanda, im Süden, Zaire im Westen und Uganda im Norden.

Ruanda wurde immer, soweit die Geschichte aus mündlichen Überlieferungen bekannt ist, von den Tutsis beherrscht. Die geschriebene Geschichte beginnt erst mit der Mitte des 19. Jahrhunderts. Die Macht hatten Monarchen. Die Tutsis waren grundsätzlich Rinderzüchter, und die Hutus waren Ackerbauern. Es gab und gibt immer noch eine weitere ethnische Gruppe, die Batwa, die eine sehr kleine Minderheit darstellte. Sie lebten von der Jagd und waren isoliert, da sie von den beiden Gruppen fast geächtet waren. Sie stammen aus der Rasse der Pygmäen. Am Ende des vergangenen Jahrhunderts kamen die ersten Europäer beziehungsweise ersten Menschen der weißen Rasse nach Ruanda. In derselben Zeit ließen sich die ersten katholischen Missionare nieder. Im Vergleich zu den anderen Küstengebieten des tropischen Zentralafrika, wurde Ruanda viel später von den Europäern erreicht, bestimmt wegen seiner geographischen Situation und der damaligen Unzugänglichkeit. Straßen oder schiffbare Wege gab es keine. Die ersten Kontakte der Missionare mit der Bevölkerung verliefen ohne große Zwischenfälle, so daß die Evangelisierung im Lande auf keinen Widerstand stieß. Die ersten Schulen wurden am Anfang dieses Jahrhunderts aufgebaut, von den Missionaren unterstützt und betrieben.

Ruanda wurde für kurze Zeit deutsches Protektorat und gehörte zum damaligen Deutsch-Ostafrika bis zum Ende des Ersten Weltkrieges. Seitdem herrschten die Belgier über das Land bis zur Unabhängigkeit im Jahr 1962. Die Tutsis haben mit den beiden jeweiligen kolonialen Mächten zusammen regiert. Während der ganzen kolonialen Zeit ist die Monarchie unversehrt geblieben; nur moderne Verwaltungsmethoden wurden eingeführt. Die Hutus hatten immer noch eine zweitrangige politische Bedeutung. Die Belgier haben die Tutsis bevorzugt.

Am Anfang der fünfziger Jahren waren die Schulen, die vorher einer bestimmten Klasse der Tutsis vorbehalten waren, für alle ohne Unterschied zugänglich. Die Lebensverhältnisse wurden ebenfalls verbessert: besonders die allgemeine Ausbildung und das Gesundheitswesen. Krankenhäuser, Verwaltungshäuser, Straßen und die Infrastruktur wurden aufgebaut. Die anderen religiösen Gemeinden hatten sich auch inzwischen niedergelassen, nämlich die Protestanten, die sich ebenfalls an der Landesentwicklung aktiv beteiligten.

Das Land war und ist immer noch christlich. Es gibt überwiegend katholische und protestantische oder auch andere kleinere

Gemeinden, wie die Adventisten. Die schrecklichen Ereignisse in der Geschichte Ruandas im Jahr 1959 haben Auswirkungen bis heute. Im Juli jenes Jahres ist der König Mutara Rudahigwa unter bis heute mysteriös gebliebenen Umständen in Burundi gestorben. Vor der Unabhängigkeit galt Ruanda-Urundi, die seitdem in Ruanda und Burundi getrennt wurden, als ein einziges Territorium unter belgischer Verwaltung. Alle politischen Entscheidungen kamen aus der zentralen Regierung in Usumbura, heute Bujumbura. Rudahigwa hatte zielbewußt begonnen, auch die Hutus in höchste Verwaltungsposten einzuführen und galt schon damals als visionärer Demokrat. Sein jüngerer Bruder, Kigeli V. Ndahindurwa, kam einige Tage nach seinem Tod als berechtigter Nachfolger auf den Thron. In diesem Jahr 1959 begannen die politischen Unruhen, die zu chaotischen sozialen Verhältnissen führten, was in der Geschichte Ruandas als »Revolution« bezeichnet wird. Die Belgier distanzierten sich deutlich und plötzlich von den Tutsis und halfen den Hutus, zur Macht zu kommen. Auch die katholische Kirche als einflußreichste Institution im Lande spielte eine aktive Rolle in der Unruhephase. Die Mehrheit im Lande dürfe sich nicht mehr von einer Minderheit unterdrücken lassen, hieß es. Dies wurde aber der Auslöser eines wahnsinnigen fieberhaften Hasses, dessen verheerende Konsequenzen bis heute unübersehbar sind. Die damals entstandenen Wunden bleiben leider nach fünfunddreißig Jahren noch frisch. Die Waffen, nämlich die Macheten und Speere, wurden grundsätzlich von ausländischen kirchlichen Behörden an die Hutu-Bauern verteilt, um die Tutsis wirksam bekämpfen zu können. Es kam zu unvergeßlichen, grausamen Massakern. Die Tutsis haben dann zu diesem Zeitpunkt ihren langen Leidensweg begonnen. Viele von ihnen wurden getötet, egal ob sie Männer, hochschwangere Frauen oder Kinder waren. Manche Tutsi-Frauen blieben vom Tod verschont, wurden aber Opfer der Vergewaltigungen durch Hutus. Die von den Tutsis besetzten Häuser wurden geplündert und dann angezündet, so daß viele in ihren meistens noch strohgedeckten Häusern verbrannten. Die »Arbeit«, wie die Hutus diese Tutsi-Tötung und besonders diese Häuserverbrennungen nannten, fand meist in der Nacht statt.

Die beste Lösung, die manche gerettet hat, war, in die unmittelbaren Nachbarländer zu fliehen. Auch der junge König mußte fliehen, was das Ende der langjährigen Monarchie bedeutete.

Eine große Anzahl der Tutsis ist trotz der Bedrohung im Lande geblieben. Zu einem bestimmten Zeitpunkt bestand die Strategie der Hutus sogar darin, die Tutsis nicht mehr zu töten, sondern sie lediglich aus dem Land zu vertreiben. Die Mehrheit der Hutu-Bauern wollte nicht die unschuldigen Tutsi-Nachbarn weiter gnadenlos metzeln. Aber als es um die mögliche Enteignung der Tutsi-Nachbarn im eigenen Interesse ging, erwies sich die Methode als äußerst wirksam.

Die erste große Phase des Exodus beruhigte sich mit der Unabhängigkeit des Landes im Jahr 1962. Die im Land gebliebenen Tutsis lebten trotz der scheinbaren Ruhe unter dem Druck von Angst und Demütigung. Tausende von ihnen, die ihren Besitz fluchtartig verlassen hatten und an sicheren Stellen im Land verweilten, erhielten ihren Besitz nie wieder zurück. Ihr Hab und Gut wurde willkürlich den dort lebenden Hutus übergeben.

Die Enteigneten wurden dann in ein damals unzugängliches Waldgebiet, Nyamata, geschickt. Viele von ihnen starben durch Raubtiere oder schlechte Lebensbedingungen. Sie haben über Jahre hinweg als Flüchtlinge im eigenen Land in den Lagern gelebt. Die internationalen humanitären Unterstützungen kamen ihnen zu Hilfe, bis sie dort wieder ein neues Leben aufbauen konnten. Auch diejenigen, die ihren Besitz behalten konnten, unter anderem meine Familie, wurden ständig eingeschüchtert. Außerdem gab es oft erschwerende Umstände, die die ganze Situation für alle Tutsis im Lande noch prekärer machten. Während der von Inyenzi geführten Angriffe kam es zu massiven Verfolgungen bis hin zu grausamen Ermordungen der Tutsis im Land. Mein Vater wurde mehrmals verhaftet und verbrachte mehrere Monate im Gefängnis unter der falschen Beschuldigung, Komplize der Angreifer gewesen zu sein. Als Kind habe ich mehrere Hausdurchsuchungen erlebt, die tief in der Nacht erfolgten. Alle Kinder mußten auch aufstehen. Alles vom Dachboden bis zu unseren Matratzen wurde durchgewühlt. Man sagte mir, es ginge um die Suche nach Waffen. Der letzte Angriff von Inyenzi fand im Jahr 1966 statt. Ich war acht Jahre alt. Trotzdem bin ich in einer Situation aufgewachsen, in der eine starke kriegerische Spannung zwischen den Tutsis und der Regierung herrschte.

Ich erinnere mich, daß man in diesem kleinen Land einen Passierschein brauchte, um von einer Region zu einer anderen zu reisen. Das wurde sehr streng kontrolliert. Überall im Land standen bewachte Straßensperren. Einen Passierschein als Tutsi zu erhalten war allerdings schwierig. So waren die Tutsis Gefangene im eigenen Land, und dies blieb über Jahre hinweg so.

Die Tutsi-Flüchtlinge versuchten sich in den Nachbarländern so gut sie konnten, auf die neuen schwierigen Lebensumstände einzustellen. Die Bedingungen waren äußerst schlecht. Auch dort mußten sie in Noteinrichtungen und Lagern leben. Aber nach einigen Jahren überwanden sie die ersten Schwierigkeiten. Viele starben jedoch an Krankheiten oder an Überfällen wilder Tiere.

Die Überlebenden machten sich fleißig an die Arbeit, so daß solche Gegenden in den folgenden Jahren attraktiv wurden. Man fand dort Grundschulen, die alle von den Tutsis betrieben wurden. Die im Ausland geborenen Kinder waren groß geworden. Sie hatten im allgemeinen eine bessere Ausbildung erhalten als diejenigen, die im Land geblieben waren. Viele hatten ihre Chancen richtig genutzt und konnten begehrte Arbeitsplätze erhalten. Sie wurden in diesen unterschiedlichen Ländern gehaßt oder beneidet, aber auch geliebt. In Uganda konnten sie sogar in die Armee aufgenommen werden. Die meisten, die das Glück einer schulischen Ausbildung nicht hatten, traten gern in die Armee ein, besonders in den letzten Jahren, in denen Uganda aus vielen rivalisierenden bewaffneten Rebellengruppen bestand. Militärisch zeigten sie sich fähig und diszipliniert, so daß sie bis in die höchsten Ränge gelangten. Die jungen Tutsis, die bekanntlich in Ruanda kaum Chancen hatten, eine Schule zu besuchen, profitierten von der Situation in den Nachbarländern. Sie gingen illegal über die Grenze, um dort zu studieren.

Im Jahr 1973 kam es in den Oberschulen und in der Universität im Land zu erheblichen Unruhen, die erneut das einzige Ziel hatten, die wenigen Tutsis aus den Schulen zu vertreiben. Es gab viele Tote und Verletzte unter den Tutsi-Schülern und -Lehrern. In manchen Gegenden kam es auch zu Auseinandersetzungen in der Zivilbevölkerung, aber alles fing in den Schulen an. Nach der sogenannten Revolution im Jahr 1959 galt dieser Zeitraum als die zweite schreckliche Phase in der Geschichte des Zusammenlebens der zwei Stämme in Ruanda. Das Ausmaß der massiven Ermordungen oder der Plünderungen war zwar nicht zu vergleichen mit dem von Anfang der sechziger Jahre, aber immerhin wurde ein deutliches Zeichen gegeben, daß sich eine hochexplosive Spannung hinter der trügerischen Ruhe verbarg. Noch einmal mußten viele jüngere Leute das Land verlassen. Ich war unter ihnen. Die Existenz der Tutsis im Lande wurde erneut in Frage gestellt. Erneut hatte sich die Kirche negativ verhalten. Selbst wenn die Massaker gegenüber den Tutsis sich in Grenzen hielten, wurden die berufstätigen Tutsis auf Anordnung der staatlichen Behörden von ihren Arbeitgebern entlassen. Die entlassenen Tutsis wurden nach Beruf, Schichten und Adressen aufgelistet. Die Listen wurden an den Büro- oder Werkstatteingängen der jeweiligen Arbeitsstellen angebracht. Diejenigen, die sich auf der Liste befanden, waren automatisch entlassen. Tausende verloren auf diese Weise ihren Arbeitsplatz.

Die meisten privaten Arbeitgeber waren noch Ausländer und durften der Regierungsentscheidung nicht widersprechen. Das hieße, sich in interne politische Probleme einzumischen. Das war ihnen wohl bewußt. In manchen Bereichen, in denen keine kompetenten Hutu-Mitarbeiter zu finden waren, wurde der entlassene Tutsi verpflichtet, den vorgeschlagenen Hutu-Nachfolger auf der Arbeitsstelle auszubilden. Diese Ausbildung konnte monatelang dauern, bis sich der neue Bewerber völlig fähig für die Stelle zeigte. Dann erst durfte der arme Verlierer eine Schublade ausräumen. Plötzlich gab es keinen Schutz mehr für die Tutsis. Diejenigen, die eine gute Ausbildung besaßen, zögerten nicht, ins Ausland zu fliehen, um dort etwas Neues anzufangen. Besonders in Burundi wurden wir sehr großzügig aufgenommen. Nach dem Jahr 1973 sind die Tutsis eine starke und große Gemeinde im Ausland geworden. Ruanda wurde auch seitdem von der internationalen Gemeinschaft finanziell besser unterstützt. 1973 blühte die Wirtschaft auf, nachdem der Präsident Habyarimana die Macht durch einen Putsch erobert hatte. Ruanda wurde zur Schweiz Afrikas, aber der Präsident wurde zum Diktator. Die Ungerechtigkeiten und die Ängste im Land nahmen allmählich zu, auch unter den Hutus selbst. Die regionalen Gegensätze zwischen dem Norden und dem Süden vertieften sich. Die Diktatur setzte sich langsam durch, und eine monarchie-ähnliche Macht entstand. Ein guter Teil internationaler Entwicklungshilfe floß in die Taschen der Machthaber und ihrer Gehilfen. So wurde die Kluft zwischen den unterschiedlichen Bevölkerungsgruppen immer größer. Es entstand eine Klasse der Reichen und eine Klasse der Armen. Aber selbst wenn viele Hutus nicht mit der Eigennützigkeit mancher Politiker einverstanden waren, durften sie nichts laut sagen; dem Land ging es wirtschaftlich noch recht gut. Doch die wenigen Tutsis im Land kämpften ums Überleben. Die guten Arbeitsstellen gehörten ihnen nicht. So versuchten sie andere, ihnen mögliche Wege zu gehen und wurden allmählich die erfolgreichsten Geschäftsleute im Land. Schon Anfang der achtziger Jahre entstand eine Gruppe reicher Tutsis, die die Wirtschaft Ruandas dominierten. Dies rief einen ungeheuren Neid der Hutus hervor. Aber die Tutsis waren offiziell unterdrückt, so daß ihre Leiden inzwischen den humanitären Organisationen bekannt waren. Beispielsweise war es nicht möglich, Tutsis als Mitarbeiter im Außenministerium zu finden. Die ethnische Diskriminierung wurde noch deutlicher in der Verteilung der Posten in der Landesverwaltung.

Ruandas Fläche entspricht etwa der Fläche Hessens. Die Verwaltung war zentralisiert und von einem Präsidenten koordiniert, weiterhin untergliedert bis zur Kommune. Alle Bürgermeister wurden wie die Minister vom Präsidenten ernannt. Es ist nie vorgekommen, daß der Präsident einen Angehörigen des Tutsi-Stammes als Bürgermeister ernannt hat. Die Gesetze waren darin auch eindeutig. Alle Arbeitsstellen im Lande, öffentliche oder private, in denen man eine dauerhafte Arbeit aufnehmen konnte, mußten unter Kontrolle des Arbeitsministeriums gestellt werden. Jede Einstellung mußte von demselben Ministerium genehmigt werden. Die Tutsis durften laut Gesetz von den gesamten freien Stellen nur 10% besetzen. Es gab eine Arbeitserlaubnispflicht für alle. Man vermutete, daß diese besonderen Vorschriften und Gesetze nur entstanden sind, um die Tutsis unter sorgfältiger Kontrolle zu halten. Dieses Vorgehen wurde dann auf alle Anwärter übertragen, egal ob es sich um Hutus oder Tutsis handelte. Der Anteil der im Lande lebenden Tutsis wurde auf etwa 15% der gesamten Bevölkerung geschätzt. Neben den gesetzlichen Einschränkungen war Machtmißbrauch gegenüber der Tutsi-Minderheit an der Tagesordnung. Für einen Tutsi war es kaum denkbar, eine Stelle zu erhalten ohne Bemühungen aller Art. So wußten die Tutsis, daß selbst die 10% der Stellenbesetzungen eine rein fiktive gesetzliche Bestimmung darstellten. In Wirklichkeit bestand kein Anspruch auf eine Arbeitsstelle im Land für einen Tutsi. Nur durch die großzügige Geste einer Behörde konnte ein Tutsi, der die besten Voraussetzungen für eine bestimmte Stelle besaß, ausnahmsweise eine Chance bekommen. Deshalb war auch keine Arbeitsstelle für einen Tutsi sicher, wo er auch immer arbeitete.

Die bekannteste Geschichte von Machtmißbrauch in dieser Beziehung wird von einem älteren Staatsbeamten berichtet, der auf der höchsten Entscheidungsstufe in Sachen Arbeitserlaubnis stand. Er hat immer von den schön aussehenden Frauen beziehungsweise Mädchen verlangt, ihm einen Kuß zu geben, um eine Arbeitserlaubnis zu erhalten. Die meisten Betroffenen waren leider die Tutsi-Frauen, weil sie oft schöner als die Hutu-Frauen aussahen, zumindest nach der im Lande herrschenden Schönheitsvorstellung; sie waren überdies ohne jeglichen politischen Schutz.

Der alte Mann war nämlich verwandt mit dem Präsidenten. Daher konnte er sich ungeniert und wiederholt alle möglichen unerträglichen Übergriffe auf junge Damen erlauben. Diese hatten sich herumgesprochen, so daß er einen Beinamen erhielt, der in Kinyaruanda, meiner Muttersprache, so viel bedeutet wie:»Dann, küß mich.« Es gab auch Fälle, in denen die Sicherheitsbehörden, meist zugleich Militärbehörden, systematisch Tutsi-Frauen sexuell mißbraucht haben, bis hin zu Vergewaltigungen.

Manche verheiratete Männer mußten sich darauf einstellen und Verständnis dafür zeigen, daß ihre bislang treue Frau dazu gezwungen wurde; sonst drohte man ihnen mit dem Tod. Selbstverständlich konnten nicht alle Frauen den Mut aufbringen, dem Tod die Stirn zu bieten. Die Tutsi-Frauen oder -Mädchen, die es gewagt hatten, sich entschieden zu weigern, sich widerstandslos solchen bestialischen Mißhandlungen aussetzen zu lassen, mußten um ihr Leben bangen. Über Todesfälle, die dadurch bedingt waren, wurde berichtet. Solche Mißhandlungen waren im Lande über dreißig Jahre hinweg üblich. All dies war den Tutsis bewußt, und sie mußten sich damit abfinden.

Um nicht als Tutsi erkannt zu werden, hatten sich manche gefälschte Ausweise besorgt. Die ethnische Zugehörigkeit war nämlich in den Ausweisen eingetragen. Trotzdem hatten solche Tutsis zweifellos mehr an äußerer Sicherheit gewonnen als an echter sozialer und innerer Geborgenheit. So mußte ein Tutsi sich so echt wie möglich an die oft kompromittierenden Verhältnisse anpassen, indem er die Meinungen und Erwartungen der Hutus, die fast immer gegen die Tutsis waren, vertrat. Solche Personen litten selbstverständlich unter schweren psychischen Belastungen. Sie waren wie das Schaf im Löwenfell, das bei den Schafen gefürchtet war und sich gleichzeitig vor dem Löwen fürchtete, eines Tages entlarvt zu werden. Wer diesen gefälschten Ausweis besaß, hatte zahlreiche Vorteile. Deshalb wurde die Erteilung der Ausweise sehr streng kontrolliert. Nur die Bürgermeister durften die Ausweise ausstellen. Die Bürgermeister hatten nicht nur diese Aufgabe, sie brachten in ihrer Funktion schon den Haß auf die Tutsis mit. Ansonsten konnten Kinder eines Tutsis mit Hutu-Vermerk ein Stipendium für ein Studium im Ausland bekommen. Sie durften ebenfalls eine gut bezahlte Arbeit in staatlichen Einrichtungen erhalten. Der Staat war nämlich der größte Arbeitgeber mit besseren finanziellen Mitteln im Land. Man konnte vom Staat Baukredite ohne Zinsen mit langen Rückzahlungsfristen erhalten. Dafür mußte man aber grundsätzlich beweisen, loyal und treu zum Regime zu sein. Dabei entstanden immer wieder allerlei Intrigen unter den Hutus selbst. Die privaten Banken waren auch der strengen staatlichen Aufsicht unterstellt. Keine Bank im Lande durfte einen wichtigen Kredit bereitstellen, ohne daß sie die dafür erforderliche staatliche Genehmigung erhalten hatte. Die Kreditierungen waren staatlich geregelt.

Das war für uns schon lange eine ganz normale Regierungsaktion, obwohl viele Tutsis oder andere machtlose Hutus längst verstanden hatten, daß dies nicht unbedingt im bürgerlichen Interesse gemacht wurde, sondern im Interesse der Machthaber. Neben der Benachteiligung der Tutsis waren im Laufe der Jahre auch andere Opfer des Regimes unter den Hutus selbst betroffen. Sie erlitten dasselbe Schicksal, aber keineswegs im gleichen Ausmaß wie die Tutsis. Man sprach von regionaler Benachteiligung unter den Hutus selbst.

Es hatte sich langsam herausgestellt, daß die aus Gisenyi stammenden Bürger besondere Vorzüge in allen Bereichen hatten, die sich als finanzieller Vorteil niederschlagen konnten. Die Hutus selbst wurden nach der regionalen Herkunft eingeordnet, was wörtlich »regionales Gleichgewicht« genannt wurde, neben dem berüchtigten ethnischen Gleichgewicht. Nach den vorgebrachten Begründungen wäre das regionale Gleichheitsprinzip an sich vollkommen gerecht gewesen. Keine Region durfte somit benachteiligt werden. Aber jeder im Lande wußte, daß Gisenyi leider in jeder Hinsicht unrechtmäßig bevorzugt wurde. Das Problem der Tutsi-Flüchtlinge blieb auch im Ausland ungelöst. Sie wollten in ihr Land zurück, aber die Hutu-Regierung wehrte sich mit allen Mitteln gegen diese Rückkehr. Der Druck wurde aber allmählich stärker. So begann der Diktator mit den Nachbarländern, vor allem mit Uganda, zu verhandeln, damit die Flüchtlinge dort besser integriert werden. Weil Ruanda zu klein sei, hieß es. Das gefiel den Tutsi-Flüchtlingen gar nicht.

In der Tat war Ruanda sehr dicht bevölkert, und keiner konnte diese Realität übersehen. Ruanda ist klein, überwiegend katholisch, liegt klimatisch günstig. Es gab immer genug zu essen, da man im ganzen Jahr hindurch reichlich ernten konnte. Die Ruander, die über achtzig Prozent als Ackerbauern leben, sind in ihrer Feldarbeit fleißig. So fanden die meisten Bauern keinen Grund, die Geburten einzuschränken, solange ihre Kinder nicht verhungerten. Der Regierung gelang es jedenfalls nicht, richtige Informationsmethoden zu entwickeln, da viele der Bauern noch Analphabeten waren. Die Ruander litten schon in den letzten zehn Jahren unter der ungerechten Verteilung von Grund und Boden. All dies war den Tutsi-Flüchtlingen bewußt; aber alle Verhandlungsversuche, um eine gemeinsame vernünftige Lösung zu finden, blieben völlig unberücksichtigt. Eine friedliche Rückkehr war nicht denkbar. Doch dann organisierten sich die Tutsi-Flüchtlinge und kamen zurück, mit Gewehren und Gewalt. Ich erfuhr eben am ersten Oktober 1990 in einem Taxi, daß sie schon zurückgekommen waren. Unglaublich, aber wahr!

Am dritten Tag ging der Krieg weiter. Die Sicherheitsmaßnahmen wurden noch verschärft. Man durfte das Haus von 18 Uhr abends bis 5 Uhr morgens nicht verlassen. Es herrschte eine unbeschreibliche Angst in der Bevölkerung. An diesem Tag, als ich zur Arbeit kam, erfuhr ich von einem Mitarbeiter in der Firma, daß der Krieg schon zahlreiche Tote und Verletzte gefordert hatte. Als freiwilliger Sanitäter des Roten Kreuzes war er in der vorigen Nacht abgeholt worden, um an der Front zu helfen. Weil er ein Hutu war, zögerte ich zunächst, ihn zu fragen, wie die Realität dort aussah. Nachdem alle anderen Mitarbeiter ihm Fragen gestellt hatten, wagte ich es, ihm unauffällig näher zu kommen. Er war immer ein netter junger Mann gewesen, und bislang hatte ich jedenfalls keine Probleme, mit allen Kollegen gut auszukommen, trotz des anhaltenden Mißtrauens unter den Stämmen. Er erzählte mir: »Ich wurde in der Nacht abgeholt, um dort zu helfen. Als wir ankamen, waren keine Gefechte mehr, weil sich der Sonnenaufgang näherte. Wir mußten nur an einer bestimmten Stelle abwarten, bis die Soldaten uns die Verletzten brachten. Es gibt aber auch viele Tote. Wir haben nur Verletzte behandelt. Es scheint, daß die Kämpfe nur in der Nacht stattfinden. Am Tag herrscht Ruhe. Ich habe persönlich keine Gefechte erlebt.«

Als der Krieg ausbrach, war der Präsident nicht im Lande. Es war auch ursprünglich vorgesehen, daß er sich längere Zeit im Ausland aufhalten sollte. Er unterbrach seine offizielle Reise und kam eilig zurück. Er bat unterwegs, bei einer Zwischenlandung in Brüssel, um militärische Hilfe. Belgien und Frankreich schickten in den folgenden Tagen Soldaten zur Verstärkung der schon überforderten ruandischen Armee. Zaire schickte ebenfalls Verstärkungstruppen in den folgenden Tagen. Die Reservisten wurden dringend einberufen.

Man sah an allen Ecken Stützpunkte ausländischer Soldaten, die auch Ausweiskontrollen durchführten. Das Land sah plötzlich anders aus. Ich ging zu Fuß zur Arbeit; so konnte ich alles beobachten.

Die dritte Nacht verlief ohne besondere Zwischenfälle, nur die Angst in der Stadt wurde spürbar, obwohl der nationale Rundfunksender nicht über den Krieg berichtete. Die wenigen Meldungen hörte man ausschließlich von ausländischen Sendern. Alles über den Krieg blieb streng geheim. Ich habe deshalb in dieser ersten spannenden Zeit meinen kleinen Empfänger zur Arbeit mitgenommen. Das brachte mir später erheblichen Ärger bei den Kollegen, die mich wegen dieser Tatsache scharf kritisierten. Warum hatte ich den Empfänger immer dabei? Das bedeutete, ich unterstütze moralisch den Krieg.

Seit der offene Krieg der Hutus gegen die verhaßten Tutsis ausgebrochen war, kam es zu einer tieferen Spaltung zwischen den beiden Stämmen als je zuvor.

Weil ich den Kollegen nicht total mißtrauisch gegenüberstand und umgekehrt, konnte und wollte ich nicht so plötzlich mein Verhalten ändern. Das wäre sowieso ein verdächtiges Anzeichen gewesen. Ich war mir völlig bewußt, Ziel der Beobachtung zu sein. Eines Tages hatte ich doch meinen kleinen Empfänger dabei, und ich konnte zu jeder vollen Stunde in meinem Büro Nachrichten hören. Ruanda, das fast unbekannte Land, war nun in die internationalen Schlagzeilen geraten. Der Krieg hatte sich ausgebreitet, und die ganze Lage spitzte sich allmählich zu. Einmal kamen einige Kollegen in mein Büro. Wir verfolgten gemeinsam die Nachrichten aus einem französischen internationalen Sender. Nach den Nachrichten diskutierten wir gemeinsam über die gespannte Lage. Alle anderen waren natürlich Hutus. Wir fragten uns, wie die eventuelle Entwicklung aussehen würde. Ich hörte von den Kollegen, wie sie stolz die Soldaten aus Zaire lobten, da sie sich an der Front kühn verhielten. Einer der Kollegen, Innocent, ein kleiner Mann aus Gisenyi, war Laborchef in der Firma. Meine Beziehung zu ihm war immer von diesen Hintergründen der unendlichen Stammeskonflikte belastet, denn er legte viel Wert auf seine Zugehörigkeit zu dem Stamm, der im Land die Macht besaß. Er zeigte mir ab und zu, daß ich trotz meiner guten Position in der Firma ein Tutsi war und somit meine Arbeitsstelle nicht sicher sei. Ich mußte daher seit langem mit ihm sehr behutsam umgehen.

In dieser Unterhaltung wurde mir klar, wie falsch ich die Lage einschätzte. Die Worte sind mir herausgerutscht, und voller Vertrauen äußerte ich meine Meinung: »Aber warum töten sich Brüder gegenseitig? Können sie nicht einfach verhandeln, um dieses Blutvergießen friedlich zu beenden. Es gibt ja viele Tote und Verletzte.« Das war eine unvorsichtige Äußerung. Darauf antwortete Innocent in einem empörten Ton: »Hört Ihr diesen hier! Verhandeln mit Banditen. Wieso?« Ich war sehr erschrocken, da ich nicht mit so einer explosiven Erwiderung gerechnet hatte. Er sagte weiter: »Ich wußte nicht, was in dir steckte, und ab heute werde ich nie wieder mit dir sprechen. Schluß mit dir!«

Darauf verließ er mit einer nervösen Bewegung mein Büro. Ich fühlte ein regelrechtes Schuldgefühl in mir aufkommen, nicht aus der Tatsache, daß ich ihn provoziert hatte, sondern weil ich zu leichtgläubig gewesen war. Ich hätte meine Überzeugung für mich behalten müssen. Die anderen, die da standen, zeigten mir nicht gleich ihre Entrüstung; immerhin schienen sie plötzlich wie erstarrt zu sein. Sie verließen mein Büro, ohne weitere Unterhaltung. Ich hatte einen gefährlichen Fehler gemacht und die Grenze des Erlaubten überschritten. Ich blieb mehrere Minuten nachdenklich. Es wurde mir plötzlich bewußt, wie meine Haltung gegenüber meinen Kollegen zu verhängnisvollen Konsequenzen führen könnte. Innocent war ein radikaler Hutu, so daß alles mit ihm passieren konnte. Die Umstände waren plötzlich so anders geworden, daß ein unbedachtes Wort den schlafenden Vulkan zum Ausbruch bringen konnte. Seitdem lernte ich anders zu denken und zu leben. Ich mußte ständig auf der Hut sein.

Zu Beginn des Krieges erfuhr ich, daß die Rebellen Guerillamethoden benutzten. In der dritten Nacht lieferten sie sich in einer kleinen Stadt, Rwamagana, 50 km von Kigali entfernt, mit der Armee schwere Gefechte. Als ich das erfuhr, hieß es für mich, mit so einem Tempo werden sie eventuell in der nächsten Nacht Kigali erreichen. Die nördliche Grenze, woher sie gekommen waren, lag etwa 250 km von Kigali entfernt. Wenn sie nach nur zwei Nächten so eine lange Strecke zurückgelegt haben, stand der Sieg unmittelbar bevor.

An dem Morgen danach hörte ich, daß ein als Bauer getarnter Rebell eine Straßensperre in Rwamagana mit dem Fahrrad durchfahren wollte. Die umliegenden Bauern wurden nämlich nicht unbedingt kontrolliert. Er wurde von den Soldaten angehalten. Er befolgte den Befehl nicht und wurde damit ohne Anruf erschossen. Die Durchsuchung seines ungewöhnlichen Reisegepäcks ergab, daß er in seinen langen umwickelten Säcken Gewehre getarnt hatte, die er nach Kigali bringen wollte.

Das schien mir aus der mir bekannten Tatsache plausibel, daß die Bauern manchmal einen langen Weg zurücklegen, um eine bezahlte Feldarbeit bei einem anderen reichen Bauern zu verrichten. Dabei war es durchaus üblich, solche Werkzeuge mit langen Stielen beim Transport mit Säcken zu umwickeln. Die Rebellen kannten auch das Land und seine alltäglichen Gewohnheiten. Ich glaubte fest daran, daß die Tutsi-Rebellen mit diesen schlauen Methoden viele Gewehre nach Kigali bringen würden, denn das Ziel war, Kigali einzunehmen.

Am selben Nachmittag rief ich meinen Freund G. in Rwamagana an. Ich wollte irgendwelche Nachrichten bekommen. G. war ein gemäßigter Hutu und die einzige Person, die ich in Rwamagana sehr gut kannte und die ein Telefon besaß. Die Telefonleitungen wurden sehr oft von den Geheimdiensten abgehört. Diesmal mußte ich unbedingt damit rechnen, daß jemand mithört. Trotzdem versuchte ich es. Am Ende der Leitung hörte ich eine nervöse Stimme. Ich konnte seine Stimme nicht gleich erkennen, obwohl sie mir sehr vertraut war. Man hörte Weinen und Schreien im Hintergrund. Mein Freund sagte nervös: »G. Wer ist am Telefon?« »Ich bins«, sagte ich beruhigt, nachdem ich verstanden hatte, daß er zu Hause war. »Ich höre dich sehr schlecht. Ich habe viele weinende Kinder im Hause. Wer bist du?« »Es ist Thomas«, antwortete ich. Ich wollte ursprünglich meinen Namen nicht am Telefon nennen, um die Gefahr zu verringern, falls wir abgehört würden. »Ah! Thomas, wie geht es dir?« Und bevor ich antwortete, sagte er weiter: »Hier geht es uns schlecht. Die ganze Nacht haben wir keine einzige Minute ein Auge zugemacht. Von 20 Uhr bis 5 Uhr heute früh hat es nur geknallt. Ja, es gab schwere Kämpfe hier, aber wir wissen nicht, wer mit wem kämpfte.« Ich wollte sprechen, aber er erlaubte mir keine Sekunde und sagte weiter anscheinend ohne Angst, abgehört zu werden: »Hörst du vielleicht die Kinder schreien? Es befinden sich um fünfzig Kinder in meinem Haus mit ihren Müttern. Sie sind Kinder und Frauen von Soldaten, die mir gebracht wurden, um sie vor den gefährlichen Kämpfen in ihrem Lager zu schützen. Wir haben ihnen gerade Tee gegeben, mehr nicht. Sie haben Hunger. Wir hatten nichts im Hause und wurden doch überrascht.« G. besaß nämlich ein sehr großes Haus aus Betonmauern in der Nähe des Lagers. Ich wollte etwas sagen, aber er fuhr fort: »Thomas, kaufe dir alle unverderblichen Lebensmittel, die du dir kaufen kannst und lagere sie im Hause, schon heute. Ein Sack von Zucker und Bohnen und was weiß ich, alles, was du kaufen kannst. Sei nicht überrascht wie wir. Wir dürfen nämlich nicht das Haus verlassen.« In seiner Stimme erkannte ich Verzweiflung.

Endlich konnte ich einmal zu Wort kommen und sagte ihm: »Das ist sehr schlimm. Wir haben etwas über die Kämpfe in Rwamagana gehört, deshalb wollte ich prüfen, ob es stimmt. Hast du eine Nachricht über die Leute in Nkamba und in der Umgebung?« Nkamba ist mein Geburtsort und liegt nur sieben Kilometer von Rwamagana entfernt. Ein Teil meiner Familie lebt noch dort auf dem Land. »Die Kämpfe beschränkten sich ausschließlich auf die Stadt. Ich bin zwar noch nicht draußen gewesen, aber ich hörte das von den Militärs.« »Danke für die Auskunft und leb wohl«, sagte ich und legte auf.

Die Gerüchte hatten sich bewahrheitet. Nach nur drei Nächten, wie es mir erzählt wurde, waren die Rebellen nur noch 50 km von der Hauptstadt entfernt. Die Geschichte von dem getöteten Rebell wurde mir noch wahrscheinlicher. Das bedeutete, daß es vielleicht Hunderten von Rebellen mit vielfältigen Tricks gelungen sei, an den zahlreichen Straßensperren vorbeizukommen. Der Rat von G., genug Lebensmittel zu kaufen, blieb lebendig in mir. Doch durch die Hektik und die Zeitknappheit kaufte ich nur wenige Lebensmittel am selben Abend. Ich glaubte auch keineswegs, daß Kigali so plötzlich von heute auf morgen gesperrt werden könnte. Das war ein großer Fehler. An diesem Abend, als ich nach Hause kam, gab es noch weitere Gerüchte. Offizielle Informationen gab es keine. Zum Beispiel sagte man mir, daß eine Spionin der Rebellen in Nyamirambo bei der Übermittlung von Geheiminformationen erwischt wurde. Sie hatte ein hochentwikkeltes Funkgerät unter ihrer Kleidung versteckt. Daß nun auch die Frauen bei den Rebellen mitmachten, war wieder eine Sensation. Am selben Abend schlief Léon bei seinem Bruder. Er hatte sich im Laufe des Tages entschieden, zu fliehen. Er hatte eine Nachricht hinterlassen, daß er in der Nacht versuchen wird, nach Zaire zu fliehen. Erstaunlicherweise hat er am Morgen nichts über sein Vorhaben gesagt. Da hatte er den Plan auch noch nicht gehabt. Wie er sich so plötzlich dazu entschlossen hatte, war mir ein Rätsel. Was hatte er im Laufe des Tages erfahren?

Auch Alois brachte allerlei Nachrichten. Wir diskutierten so lange über diese bedrückende Lage, daß wir erst spät in der Nacht zu Bett gingen. Dann genau um 2 Uhr wurde ich aus einem festen Schlaf geweckt. Es gab mehrmals einen lauten Knall. Es dauerte mehrere Sekunden, bis ich diese Geräusche identifizieren konnte. So komische Geräusche hatte ich noch nie gehört. Ich verließ hastig mein Bett und stand in der Mitte meines Zimmers, damit ich besser lauschen konnte. Es hörte sich an, als ob jemand ein kräftiges trockenes Holzstück übers Knie brach. Ja, so ein trockener Laut war es. Nach ein paar Sekunden, die meine Ohren brauchten, um sich einzustellen, erkannte ich nun deutlich die Gewehrschüsse!

Unbeschreiblich! Unglaublich! Eine plötzliche Angst erfaßte mich. Die massive Dichte und die Häufigkeit der Schüsse brachten mein Herz zum Springen. Mein Ohr vernahm in einer Minute bestimmt über hundert Schüsse in unterschiedlicher Intensität, mal dumpf, mal klar. Ich denke, es kamen auch einige Echos aus dem Tal unterhalb von Remera. Ein schrecklicher Moment in meinem Leben! Solche Geräusche hatte ich zuvor nur in Filmen gehört, so daß ich viele Sekunden brauchte, um es wirklich zu begreifen. Es war wie im Traum. Der Krieg ist in Kigali! Das war gestern noch undenkbar! Ich dachte noch einmal an die Geschichte des getarnten Rebells und an meinen Anruf in Rwamagana …

Ich konnte das gemischte Gefühl von Angst und Hoffnung nicht lange für mich allein behalten. Ich dachte an Alois. Wir hatten gleichzeitig die Schüsse gehört. So trafen wir uns ganz spontan im Wohnzimmer, weil jeder den anderen informieren wollte.

»Alois, sie sind schon da. Diesmal werden sie uns erlösen. Ja, sicher«, sagte ich ihm. Wir umarmten uns so kräftig ohne Worte, als ob wir nach einer schwierigen langen Wartezeit auf einem untergehenden Schiff endlich Land sähen. Wir befanden uns nun im Wohnzimmer und konnten vernehmlich hören, daß die Schüsse nicht aus unmittelbarer Nähe kamen. Ich hatte trotzdem Angst, mich der Glastür zu nähern, um durch die Gardinen nach draußen zu schauen. Es ist merkwürdig, wie man in einer solchen Situation zuerst an sich selbst denkt. Ich hatte das Gefühl, alle Schüsse seien auf mich gerichtet.

Dann zwischen zwei Explosionen hörte ich Stimmen draußen. Ich wagte durch die Tür nach draußen zu sehen, immer mit erheblichen Bedenken, daß der nächste Schuß eventuell durchdringen und mich treffen würde. Mein Herz klopfte wie ein Hammer in meiner Brust. Zu meinem Erstaunen sah ich die Nachbarin und zugleich meine Hausbesitzerin, Marie, eine junge Witwe mit ihren zwei Kindern draußen. Unglaublich! Ist sie verrückt geworden oder? Unsere Häuser waren nur durch eine niedrige Hecke getrennt. Als ich sah, daß offensichtlich keine unmittelbare Gefahr bestand, öffnete ich die Wohnzimmertür, und wir gingen auch hinaus. Das konnte als gefährliche Herausforderung bezeichnet werden, aber in meiner Tradition darf kein Mann Angst vor einer Gefahr haben, sobald eine Frau diese Gefahr verharmlost. Marie hat uns dazu gezwungen.

Wir konnten nun in unserem geteilten Hof gemeinsam die Schüsse hören. Manchmal sahen wir auch ihre Leuchtspuren. Meine Angst verschwand. Von 2 Uhr bis 4 Uhr standen wir ununterbrochen draußen. Es gab in diesem Zeitabschnitt kaum eine Minute ohne Schuß. Man konnte sie aus allen Teilen der Stadt hören. Die Stadt Kigali ist auf einer hügeligen Landschaft gebaut, und wir wohnten auch auf einem Hügel, so daß wir die Geschosse aus vielen Richtungen nach vielen Zielen verfolgen konnten. Aus Remera sah man das Generalstabsquartier auf einem Gipfel etwa sechs Kilometer entfernt. Aus meinem Hof konnte man auch in der Nacht ohne Schwierigkeit nach den Stadtbeleuchtungen den

Sitz des Generalstabs erkennen. Jeder, der so wie ich schon einige Zeit in Kigali lebte, wußte auch, wo sich der Generalstab befand.

Als wir einmal ein sehr leuchtendes Geschoß sahen, kommentierte Marie spontan: »Kuck mal, sie beginnen jetzt auf den Generalstab zu zielen!« und ebenfalls sehr spontan reagierte Alois: »Wo ist der Generalstab? Ich weiß nicht, wo er sich befindet.« Das war eine »Todsünde« von ihm, so etwas zu sagen. Ich nahm so schnell wie möglich seinen Arm und drückte kräftig mit einem Fingernagel auf seine Haut als Warnzeichen. Es war reiner Zufall, daß er nicht vor Schmerz aufschrie. Zum Glück verstand er auch schnell, worum es ging, und fragte nicht weiter.

Marie hatte leider schon begriffen, daß der für sie noch unbekannte Gast unbedingt ein Fremder in Kigali war. Das könnte fatale Folgen haben. Eines der Gerüchte war eben, daß sich mehrere Rebellen schon als normale Bürger illegal in Kigali aufhielten. Das war einer der Gründe der verschärften Ausweiskontrollen. So wurde vermutet, daß sich die Rebellen bei den ansässigen Tutsis versteckten. Deshalb war auch eine besondere Aufenthaltsgenehmigung für alle Einwohner in Kigali angeordnet worden. Diese Genehmigung, die übrigens auch die ethnische Zugehörigkeit vermerkte, bekamen nur die Leute, die in Kigali wohnten und einen Personalausweis besaßen. Allerdings konnten die Rebellen keinen ruandischen Personalausweis besitzen. Das Benehmen von Alois hätte vermuten lassen, daß er den Rebellen angehörte.

Marie war eine Hutu und noch dazu eine, die mit Militärs enge Beziehungen pflegte. Ihr verstorbener Ehemann war nämlich ein hochrangiger Militär. Obwohl ich bislang keine Anzeichen von Haß und Radikalismus bei ihr bemerkt hatte, hatte sich alles doch vor vier Tagen verändert. Jeder Hutu wäre stolz darauf gewesen, einen Rebell in einer solchen verräterischen Situation anzuzeigen. Jede Mutmaßung war schon eine Gefahr.

Erst um vier Uhr begannen die Kugeln über unsere Köpfe zu pfeifen. Da gingen wir wieder ins Haus. Die Schüsse hörten kurz vor fünf Uhr früh auf.

Wir warteten gespannt bis fünf Uhr. Ich hätte gern gewußt, ob der nationale Rundfunk schon von den Rebellen besetzt wäre. Der hatte immer seine Sendungen um fünf Uhr morgens begonnen. In Afrika hatten wir die Erfahrung gemacht, daß alle politischen Veränderungen durch den nationalen Rundfunk angekündigt wurden. Sieger war immer derjenige, dem es zuerst gelang, den nationalen Rundfunk zu erobern. Das war einer der wichtigsten strategischen Punkte.

Genau um fünf Uhr hörte ich die ruhige Stimme einer bekannten Moderatorin. Sie sprach kurz und normal, ohne Angst. Das übliche Tagesprogramm lief weiter, und erst nach einigen Minuten kamen dann die ersten offiziellen Verordnungen aus dem Verteidigungsministerium: Alle Bürger in Kigali mußten bis auf weiteres zu Hause bleiben; die einzigen Ausnahmen wurden durchgesagt. Alle öffentlichen Verkehrsmittel wurden verboten. Die Stadt wurde lahmgelegt. Wir hatten nun doch nichts im Haus. Die wichtigste Frage war daher: Es mußte nun jemanden geben, der irgendwie seinen Mut erproben konnte, indem er einkaufen ging. Im Haus ohne Essen zu bleiben, war genauso gefährlich, wie sich dem Kugelhagel auszusetzen. Ein Vorteil war, daß einige Lebensmittel in dem kleinen Laden nebenan zu finden waren. Die Lebensmittelmärkte befanden sich normalerweise in speziell gestalteten Plätzen im Freien. Die konnten selbstverständlich nicht mehr stattfinden.

Um sieben Uhr ging ein Bekannter auf die Suche nach allem, was wir dringend brauchten. Für ihn als Hutu war es weniger gefährlich als für mich. Er wurde von seinen Brüdern Soldaten geduldet. Nach etwa einer Stunde kam er mit dem Notwendigsten, genug für etwa drei Tage, nach Hause zurück. Ich war erleichtert.

Erstaunlicherweise hatte er unterwegs keine Spur von Gewalt und Krieg gesehen. Er sah kein einziges zerstörtes Haus, keine zerschlagene Fensterscheibe, obwohl er mindestens zwei Kilometer von der Wohnung entfernt gewesen war. Das war ein Rätsel. Die zweistündigen kräftigen Explosionen sollten keine Spur hinterlassen haben? Man mußte geduldig abwarten. Nach meinen nächtlichen Beobachtungen hatten in unserem Viertel jedenfalls keine heftigen Kämpfe stattgefunden. Waren es nur vorgetäuschte Kämpfe?

Eine belastende Angelegenheit war die Preissteigerung in dieser Paniksituation. Die Preise stiegen zusehends. Man bezahlte viermal soviel wie am Vorabend. Wir blieben den ganzen Tag im Haus oder im Hof. Die Höfe sind von hohen Mauern umgeben. Je höher die Mauer ist, desto besser ist die Sicherheit gegen Einbrecher, wobei es auch ein augenfälliges Zeichen des Wohlstandes in diesen Gegenden Afrikas ist. Solche Mauern kosten Geld, und manche sind halb so teuer wie das Haus selbst, das sie umgeben.

An dem Tag waren nur patrouillierende Militärfahrzeuge zu sehen. Gegen Mittag wurde ein junger Mann aus Kenia, ein Mitarbeiter der kenianischen Botschaft in Kigali, von patrouillierenden Soldaten hundert Meter von meiner Wohnung in seinem Auto erschossen.

So blieben wir drei Tage in Angst zu Hause. Kein einziges Mal traute ich mich auf die Straße. Da habe ich gelernt, was Freiheit bedeutet. In den folgenden Nächten gab es jedoch keine Gefechte. Nach diesen drei Tagen durften wir wieder unseren Beschäftigungen nachgehen. Auch Léon kam nach Hause zurück. Seine geplante Flucht endete, wo sie begonnen hatte. Er erzählte uns, wie die Nacht in Kacyiru, einem Viertel von Kigali, wo sein Bruder wohnte, verlaufen war. Die Schüsse waren so nah, daß die ganze Familie im Hauskorridor die Nacht verbrachte. Léon sollte auch nur kurze Zeit mit uns wohnen, ehe er umzog und seine langjährige Freundin heiratete.

In der Zwischenzeit hatten die ruandischen Behörden begonnen, die Tutsis im ganzen Land systematisch zu verhaften, zu foltern und zu ermorden. In der folgenden Woche wurden allein in Kigali über achttausend Tutsis verhaftet. Da es keine Möglichkeit gab, so eine Anzahl in so einer kurzen Zeit in den vorhandenen Gefängnissen unterzubringen, wurden die meisten von ihnen vorläufig in Kigali im Fußballstadion eingeschlossen. Es herrschte seitdem Todesangst in der Tutsibevölkerung.

Die Verhaftungen zielten von Anfang an auf die bekanntesten oder die einflußreichsten Tutsis, von den erfolgreichen Geschäftsleuten bis hin zu den kleinen Angestellten. Man wußte nicht richtig, warum die Behörden solche massiven Verhaftungen angeordnet hatten. Es gab auch keinerlei offizielle Erklärung darüber. Alle Inhaftierten wurden als Geiseln betrachtet. Erstaunlicherweise wurden manche von den grausamen Verhaftungen verschont; unter anderem auch ich. Ich habe oft über mögliche Gründe nachgedacht und fand heraus, daß alles von Anfang an durch Neid und Haß gesteuert war. Jeder Hutu bis zum Hausdiener hatte inoffiziell das Vorrecht, einen Tutsi anzuzeigen.

Da die Verhaftungsgründe nicht genannt wurden, erlaubte dies jedem Hutu, der zuvor etwas gegen einen Tutsi hatte, durch eine falsche Aussage alte Rechnungen zu begleichen. Es konnte kaum sein, daß ein Tutsi keinen Hutu zum Feind hatte. Diese Feindschaften entstanden meist in den unmittelbaren Bekanntschaften, nämlich unter Nachbarn, Arbeitskollegen und unter Männern an den Stammtischen. Ich hatte persönlich das Glück, keinen ausgesprochenen Hutu-Feind zu haben. Ich hatte keinen beträchtlichen Besitz, der den Neid von Hutus hervorrufen konnte. Außerdem ging ich selten in die Kneipen. Diese Tatsachen haben vermutlich dazu beigetragen, mich vor der Verhaftung zu schützen. Darüber hinaus herrschte in Ruanda eine schwer verständliche Mentalität. Auch in einer großen Stadt wie Kigali, mit etwa dreihunderttausend Einwohnern, versuchte jeder, jeden kennenzulernen. Tatsächlich kannten sich viele untereinander. Ein klassisches Beispiel: In vielen Vierteln von Kigali gab es keine Straßennamen, geschweige denn eine Hausnummer. Die Adressen waren meistens Postfachadressen. Um zu jemandem zu gelangen, war es kein großes Problem, wenn nur sein Wohnviertel bekannt war. Es genügte, in diesem Viertel nach seinem Namen mit einigen ergänzenden Angaben über seine Arbeit oder seine Herkunftspräfektur zu fragen. Zweifellos fand man den Gesuchten nach kurzer Zeit. Am Anfang habe ich dieses Phänomen bewundert; aber später merkte ich, daß auf diese Weise das Tutsi-Hutu-Problem und der leidenschaftliche Neid unter den beiden Bevölkerungsgruppen verschärft wurde.

Viele Tutsis wurden in dieser Verhaftungswelle durch ihre »Freunde« aus den Kneipen denunziert. Ich war nicht erstaunt, daß sich die Kneipen-Freunde schnell in Geheimdienstkollaborateure verwandelten. Das war für mich keine Quelle der Bedrohung. An dieser Verhaftungswelle haben sich ebenfalls die Nachbarn und die Kollegen als Informanten beteiligt. Meine Nachbarn kannten mich nicht näher; aber sie wußten, wie ich bin. Ich hatte Gelegenheiten, mit vielen von ihnen zu reden. Marie kannte meinen Lebensstil. Wenn ich heute im Rückblick die alte Lage betrachte, komme ich leicht zu der Annahme, daß ich durch ihre Beteiligung von der Verhaftung verschont wurde.

Nach meiner Erfahrung wurden über 80% der Tutsi-Haushalte in Kigali durchsucht. In manchen Fällen geschah dies sogar zwei- oder dreimal hintereinander. Die Soldaten hatten unter anderem den Auftrag, auch die im Haus befindlichen alten Briefe zu lesen. Ich wurde aber wie durch ein Wunder nicht von den Durchsuchungen betroffen, obwohl ich in großer Gefahr schwebte. Ein Bild von einem bekannten Rebell im Album genügte, um das Leben eines Tutsis zu gefährden. Wenn sie mich durchsucht hätten, hätte ich nicht überlebt. Mein älterer Bruder, Jean-Marie, der seit über 18 Jahren in Deutschland lebte, war inzwischen im Ausland als Führer der Tutsibewegung bekannt geworden. Die Bewegung, International Conference on Ruanda Refugees (Internationale Konferenz der Ruanda-Flüchtlinge), war die einzige, die je von den Tutsis als politische Bewegung im Ausland gegründet wurde. Das war im Jahr 1988 in Washington. Mein Bruder wurde zum Vorsitzenden gewählt. Diese Bewegung hatte unter anderem den Zweck, mit der ruandischen Regierung zu verhandeln, damit die anhaltende Frage der Tutsi-Flüchtlinge eine friedliche Lösung finden möge. Die Tutsi-Flüchtlinge hofften, durch Verhandlungen ihre Rückkehr nach Ruanda zu ermöglichen. Mein

Bruder war daher der Hutu-Regierung bekannt. Obwohl es keine Untergrundbewegung war, galten ihre Mitglieder als Ruanda-Feinde. Mein Bruder war also einer der ersten Feinde. All dies war mir bewußt, als der Krieg ausbrach, was mir ein erschwerender Umstand war. Seitdem stand ich unter Todesangst. Weil ich nichts ändern konnte, mußte ich mich mit meiner schrecklichen Situation abfinden. Ich sollte nur so gut wie möglich die Öffentlichkeit meiden.

Eine zusätzliche Chance hatte ich aber, als Bruder von Jean-Marie nicht erkannt zu werden. Jean-Marie ist mein Halbbruder. Wir haben dieselbe Mutter, aber nicht denselben Vater. Obwohl es nicht üblich in Ruanda ist, den Namen des Vaters automatisch auf den Sohn zu übertragen, trage ich nicht denselben Familiennamen wie er. Hätte ich denselben Namen gehabt, hätte ich nicht überlebt.

Nur meine Freunde, im allgemeinen Tutsis, wußten, daß ich einen Bruder im Ausland hatte. Die wenigen Hutus, die es wußten, hatten auch kein Interesse, mich zur Hölle zu schicken. Im Gegenteil haben sie mir Rat und Tips gegeben, die mich letzten Endes gerettet haben.

Von den über achttausend Verhafteten wurden die meisten verdächtigt, wie ich später erfuhr, Kollaborateure der Rebellen zu sein. In dieser Hinsicht erfüllte ich also alle Voraussetzungen, verhaftet zu werden wie viele, die schon in den Gefängnissen saßen oder sogar schon ermordet worden waren. Allein im Ausland studiert zu haben, hätte ausgereicht, um mich zu verdächtigen.

Daß ich all dies überlebt habe, erfüllt mich heute noch mit großem Staunen. In der Tat hatte ich doch keine Beziehung in politischer Hinsicht zu meinem Bruder. Vom Krieg wußte ich nichts. Als wir wieder zur Arbeit gehen durften, durfte kein Zivilist mehr ohne besondere Genehmigung die Stadt verlassen, die nur von den Kommunen ausgestellt werden durfte. Die ländlichen Kommunen mußten auch dasselbe tun. Diese Maßnahmen blieben in Kraft über Monate hinweg, jedenfalls bis zum Zeitpunkt, an dem ich das Land verließ.

Vier Tage nach der Nacht der heftigen Kämpfe in Kigali gab es immer noch keinen Bericht über einen verhafteten oder enttarnten Rebell. Es wäre ja ein erheblicher Stolz für die Regierung gewesen, sie allen Bürgern zu zeigen. Ihre Bilder wären in allen Zeitungen veröffentlicht worden. Die Kämpfe fanden nur in einer einzigen Nacht statt, und am Tag darauf war das ganze Land gesperrt. Alle Durchsuchungen in Kigali bezogen sich auch auf Ausweiskontrollen, und die ganze Stadt war Meter um Meter durchkämmt worden, so daß keiner von den vermeintlichen Rebellen entwischt sein konnte. Wo blieben denn die Rebellen, die die ganze Nacht die Stadt in Atem gehalten hatten?

Jeder Einwohner in Kigali hat in dieser schrecklichen Nacht vor den dermaßen heftigen Kämpfen Angst gehabt, daß die ersten Ausländer am Tag darauf ausreisten. Eine gute Anzahl der Belgier verbrachte schon die nächste Nacht in ihrem Heimatland. Es war so schrecklich, daß sie dringend evakuiert wurden.

Die Spekulationen lauteten, die Militärbehörde hätte absichtlich die Kämpfe vorgetäuscht, um die Verschärfung des Ausnahmezustands rechtfertigen zu können. Jedenfalls nahmen die Landesbehörden diese Nacht zum Vorwand, um die Tutsis noch grausamer zu verfolgen. Als ich etwas über die Verhaftungen erfahren konnte, hörte ich entsetzt, wie fast alle meine Freunde und Bekannten verhaftet worden waren. Frauen mit Säuglingen, schwangere Frauen, junge Mädchen und Jungen unter achtzehn Jahren wurden auch verhaftet. Vergewaltigungen waren an der Tagesordnung. Die grausamsten Zeiten, die ich je erlebt hatte, waren gekommen. Die soziale und auch die wirtschaftliche Situation stürzten zusehends in ein unbeschreibliches Chaos. Ich hatte noch das Glück, weiter arbeiten zu gehen. Ich mußte aber ständig mit meiner eigenen Verhaftung rechnen.

Eines Tages, als die intensiven Verhaftungen ihren Höhepunkt erreicht hatten, kamen in meinen Betrieb uniformierte Militärs. Von meinem Büro aus konnte ich durch das Fenster sehen, wie Autos ins Firmengelände hineinfuhren. Es war ein großes Gelände mit einem Zaun darum herum. Um hinein zu kommen, mußte man durch ein bewachtes Tor fahren, das sich ungefähr sechzig Meter von meinem Büro entfernt befand.

Ich sah dann, wie ein militärischer Geländewagen mit drei stark bewaffneten Männern ans Tor kam. Einer stand in dem Geländewagen mit Gewehr im Anschlag. Die zwei anderen saßen. Ich sah, wie sie sich kurz mit dem Torwächter unterhielten, als ob sie eine Auskunft einholten. Daraufhin fuhren sie ins Firmengelände zum Parkplatz in der Nähe meines Büros. Die ganze Szene wird höchstens drei Minuten gedauert haben. Aber diese kurze Zeit genügte, um bei mir Panik hervorzurufen. Jetzt ist es soweit, dachte ich mir, während ich die schon bearbeiteten Dateien im Computer speicherte und zum letzten Mal Ordnung auf meinem Arbeitstisch schuf. Ich dachte an die heftigen Auseinandersetzungen mit Innocent. War er schuld an meiner Verhaftung? Herr Degroot war auch in diesem Augenblick nicht im Betrieb, was für mich ein beträchtlicher Nachteil war. Das alles ging mir blitzartig durch den Kopf, bevor ich mich mit meinem Schicksal abfand. Ich wartete mit klopfendem Herzen darauf, daß man mir die Handschellen anlegen würde. Der Einsatz konnte nur meine Verhaftung bedeuten. »Sie holen mich ab, Gott schütz mich jetzt!« sagte ich ziemlich laut, um mich abzulenken. Der Sekretär war in dem Augenblick nicht im Büro. Glücklicherweise mußte ich nicht lange warten, sonst wäre ich vielleicht in unbeherrschbare Panik geraten. Einer von den drei Soldaten kam zufällig mit schnellem Schritt ins Büro. Jedenfalls schien es mir so in meiner Angst. Er grüßte mich nicht, sondern stellte gleich eine Frage. Und weil ich innerlich auf das Äußerste gespannt war, nahm ich seine Frage sehr deutlich wahr: »Zirahari?« was bedeutet: »Sind sie da?« In meiner Muttersprache konnte das nur auf etwas in der Mehrzahl, egal ob Menschen oder Gegenstände, hindeuten. So verstand ich in meiner schlimmen Erwartung seine Frage falsch. Ich verstand nur die Andeutung auf Menschen. »Zirahari?« hörte sich wie die Rebellen oder die Tutsis an, und immerhin mindestens zwei. Schnell dachte ich an alle Möglichkeiten im Betrieb. Es gab drei andere Tutsis, was für mich bedeuten konnte, daß sie ebenfalls auf seiner Liste stünden. Ich war sehr aufgeregt, versuchte aber möglichst, meine Ruhe zu bewahren, und fragte ihn zurück: »Bande?«, was bedeutet: » Wer?« Auch grammatisch gesehen deutete meine Gegenfrage auf eine Mehrzahl, aber ausschließlich von Menschen hin. Es konnte keine weitere Bedeutung geben, im Gegensatz zu seiner Frage, die zweideutig interpretiert werden durfte. Zum Glück hatte er auf meine Frage nicht geachtet und sagte ganz gelassen: »Impapuro«, was bedeutet: »Die Papiere!«

Er sagte es so entspannt, daß ich mich einen Augenblick geschämt habe. Erst dann merkte ich, daß er derselbe Mann war, der schon mehrmals das Büromaterial für den Generalstab geholt hatte. Nur die Tatsache, daß er mit Stahlhelm und Gewehr ausgestattet war, hat mich verwirrt. Er war sonst immer in einer leichten Uniform gekommen. Ich merkte mit Erleichterung, daß er meine innere Unruhe gar nicht gemerkt hatte, da wir daraufhin ein sehr entspanntes Gespräch wie zu allen vorangegangenen Gelegenheiten geführt haben. Diese Szene zeigt deutlich, daß uns Tutsis ständig wahnsinnige Ängste begleiteten. Es ging ja um Leben und Tod, und viele sind in ähnlichen Szenen ohne Rückkehr verhaftet worden.

Der Kriegsdruck und seine Folgen nahmen weiterhin zu. Man sprach nur über die schreckliche Lage in Ruanda; die Spannungen in der Bevölkerung nahmen derartig zu, daß man keine absehbare Eintracht zwischen den beiden Stämmen zu erhoffen wagte. Die alten Freunde mißtrauten einander. Die Gerüchte verbreiteten sich, daß inhaftierte Tutsis ermordet werden könnten. Es hieß auch, daß alle noch frei gebliebenen Tutsis umgebracht werden könnten. Alles war möglich. Die Tutsis hatten keinen Schutz mehr.

Die Gerüchte lauteten: Die Nachbarn sollten sich in einer Nacht verabreden, um ihre schutzlosen Tutsi-Nachbarn mit Macheten anzugreifen. Die Macheten machen keine Geräusche, hieß es. Die Tutsis gerieten in wahnsinnige Angst, da sie jede Nacht mit dem Tode rechnen mußten. Die Hoffnung, unversehrt bis zum

nächsten Morgen zu bleiben, wurde immer geringer. Erfahrungs-
gemäß waren alle Grausamkeiten der Vergangenheit an den Tutsis grundsätzlich in der Nacht passiert. Ich begann meine Nachbarn zu beobachten. Bis dahin zeigten sie sich unverkrampft mir
gegenüber. Doch in den Tagen nach der Schreckensnacht mußte
ich mich einmal bei Marie vor einer Gruppe von Hutu-Nachbarn
einer Vernehmung über Alois unterziehen. Zwei Tage nach der
schrecklichen Nacht erfuhr Marie am Telefon, daß einige ihrer
Familienmitglieder in Kigali am hellichten Tage von bewaffneten
Regierungssoldaten vernichtet wurden. Ihr Onkel, seine Frau und
die Kinder wurden in ihrem Hause ermordet. Ich stand dabei und
sah, wie Marie plötzlich den Hörer fallen ließ, als ob sie vom
Blitz getroffen sei. Ich begriff sofort, daß es sich um eine schreckliche Nachricht handeln mußte, wobei ich vergebens versuchte,
etwas von ihr zu erfahren. Sie konnte minutenlang kein Wort
sprechen.

Als sie wieder zu sich kam, begann sie laut zu heulen. Einige
Minuten später, immer noch schluchzend, kam der Name ihres
sehr bekannten Onkels heraus: »Sie haben die ganze Familie Ka-
rambizi vernichtet.« Eine absurde Situation! Daß nun eine Hutu-
Familie ermordet wurde, war ein böses Zeichen für die verdor-
bene Situation im Lande. Nur die Tutsis sollten unter der ganzen
Situation leiden, hatte ich erwartet.

In diesem Zusammenhang haben die Nachbarn Marie regelmäßig einen Mitleidsbesuch abgestattet. Das ist üblich in Ruanda. In einem Treffen mit fünf anderen Nachbarn wurde ich einmal systematisch und sorgfältig über Alois befragt. Ich verstand
gleich ihre Erwartungen und antwortete ihnen ohne Umschwei-
fe. Einer der Radikalsten schien mir äußerst interessiert. Er wollte genau wissen, wer Alois war. Ich merkte aber auch, daß alle
Anwesenden sich bereits Gedanken über Alois gemacht hatten.
Jeder von ihnen hat irgendeine Frage gestellt. Die Gelegenheit
war günstig, um alle Verdächtigungen aus dem Weg zu räumen.
Es ging auch um meine eigene Sicherheit. Nach einer langen
und mühsamen Rechtfertigung gelang es mir, zu beweisen, daß

Alois kein Rebell war. Ich fühlte mich unheimlich erleichtert, nachdem alle Beteiligten beruhigt und vor allem überzeugt zu sein schienen.

Auch andere Faktoren trugen zu meinem Überleben bei. Schon in den ersten Wochen des Oktober 1990 gab es eine Plünderungswelle, die gar nichts mit dem ethnischen Problem zu tun hatte. Die Einbrecherbanden profitierten von dem Ausnahmezustand, indem sie in der Nacht unbehelligt Läden plünderten. Unser Viertel wurde echt davon terrorisiert. So konnte es nicht weitergehen. Es gab Vorschläge über Sicherheitsmaßnahmen unter den Einwohnern selbst. An jeder Straße sollten verschiedene Gruppen in sich ablösenden Schichten auf Streife gehen. Wir erhielten eine besondere Genehmigung dafür. Ich mußte auch mitmachen. Die Aktion wurde von anderen Einwohnern der benachbarten Straßen ebenfalls befolgt, so daß keine isolierte brutale Aktion in der unmittelbaren Umgebung mehr begangen wurde. Das war die heilsamste Maßnahme für mich in diesen grausamen Tagen. An meiner Straße wohnten nur zwei Tutsi-Familien. Der nächste Tutsi-Nachbar saß schon im Gefängnis; nur seine Frau war verschont geblieben. Wir waren noch zu dritt in dieser Straße: die Frau, Alois und ich. Auch die Tatsache, daß in meinem Viertel überwiegend gut ausgebildete Menschen wohnten, hat uns bestimmt geholfen. Der Chef meiner Wachgruppe war ein Arzt, der außerdem eine glückliche Ehe mit einer Tutsi-Frau führte. Viele solcher Personen waren im Laufe der Zeit vorurteilsfrei geworden, was die Tutsi-Hutu Beziehungen anbelangte. Selbst wenn diese neue Lage wieder viele von ihnen aufgereizt hatte, war die Agressivität sowie der fanatische Haß bei ihnen weniger spürbar als bei den Soldaten. So fühlte ich mich in meiner Wacharbeit die ganze Nacht eher geschützt, während die anderen Tutsis in Angst lebten. Manche Nächte verbrachte ich sogar in einer recht normalen Stimmung. Die ganze Zeit bei der Streife hatte man einander viel zu erzählen, damit die Langeweile vertrieben wurde. Ich lernte zum ersten Mal einen reichen Nachbarn kennen. Er hatte ziemlich viel Einfluß in unserem Viertel.

Während der Unterhaltung entdeckte ich, daß er genau wie ich gern auf Reisen ging. Ich erfuhr von ihm, daß er eine abgelegene Gegend im primären Urwald, Ituri genannt, im Nordosten Zaires kannte. Dort leben noch echte Ureinwohner, die Pygmäen, die kaum Außenkontakte haben. Ich hatte schon einmal eine Gelegenheit gehabt, die Gegend zu besuchen, was ihn sehr überraschte. Wir haben in der ersten Nacht lange über diese Gegend geredet. Es entstand eine gute Stimmung in der ganzen Gruppe mit allerlei Fragen über diese Reise. Die Gegend hatte ich sehr jung besucht, und durch das Gespräch konnten auch die anderen verstehen, daß es schon lange her war. Die Gruppe bestand ungefähr aus zehn Mann. Der Radikale, der über Alois die Vernehmung durchgeführt hatte, war dabei. Zu einem Zeitpunkt sagte er mir in einem unerwartet freundlichen Ton: »Und die Leute im Rundfunk erzählen uns, daß die Inkotanyi erst im Oktober ins Land einmarschiert sind. Du bist aber schon lange Inkotanyi!« Inkotanyi, so wurden die Tutsi-Rebellen genannt. Allein durch die Tatsache, daß er sich so einen Tabu-Scherz bei mir erlaubt hat, wußte ich, daß ich sein Vertrauen gewonnen hatte. Also hatte ich von den direkten Nachbarn anscheinend nicht mehr viel zu fürchten.

Zu diesem Zeitpunkt hatte ich also zwei Gefahrenquellen überstanden, nämlich die Kneipen und die Nachbarn. Jetzt sah ich meine Probleme nur noch bei den Kollegen im Betrieb. Die Umstellung der üblichen Arbeitszeit fiel mir schwer, da ich die Gewohnheit hatte, durch meinen Mittagsschlaf neue Energie zu sammeln. Das war eine wohltuende Sache in dieser Tropenhitze. Die drei ersten Wochen im Oktober hielt ich durch wie alle anderen von 8 Uhr bis 16 Uhr mit einer halben Stunde Pause. Ich bemerkte aber, daß ich schon in der kurzen Zeit stark abnahm und allmählich schwach wurde. Ich vermißte nicht nur meinen Mittagsschlaf, sondern auch das Mittagessen. Ich aß nur abends. Die anderen Kollegen haben auch durch diese Umstellung gelitten; sie konnten aber in manchen Restaurants in der Umgebung die dreißig Minuten nutzen, um etwas zu essen. Ich hatte meine verständlichen Gründe, nicht dorthin zu gehen. Da ich eine besondere Arbeit verrichtete, in der ich grundsätzlich nur direkte Arbeitsverbindung zu Herrn Degroot hatte, im Gegensatz zu den anderen in der Fabrik, bat ich Herrn Degroot um eine Ausnahme. Er stimmte zu, so daß ich wieder zwei Stunden Mittagspause machen durfte. Der ohnehin schon bestehende Haß von Innocent und vielen anderen Kollegen wurde durch diese Sonderregelung noch verstärkt. Die Hutu-Kollegen waren unzufrieden, da ich mich nach ihrer Meinung wie ihr Vorgesetzter verhielt.

Eines Tages zeigte mir plötzlich ein junger Mann eine provokative Haltung. Früher hatte unter Kollegen eine ausgesprochene Freundlichkeit geherrscht. Nun wußte ich, daß sie fast alle einen Vorwand suchten, um mich zu lynchen. Nur ein geringer Anlaß hätte genügt, eine solche barbarische Aktion auszuführen und einigermaßen rechtfertigen zu können.

An dem Tag bekam ich eine offene Bemerkung von dem jungen Mann mit, der behauptete, ich würde zu gut bezahlt für eine Arbeit, die er auch leisten könnte, während er sich nur mit wesentlich weniger Geld begnügen müßte. Ich verstand das versteckte Spiel. Er hatte tatsächlich eine Ausbildung in der Buchhaltung, was eine meiner Hauptaufgaben war. Er hatte aber noch nicht in diesem Fach gearbeitet, da er gleich nach seinem Schulabschluß und auch erst seit kurzem in der Firma angefangen hatte. Einige Monate vor dem Krieg war er in meinem Büro erschienen. Er war von dem Sohn meines Arbeitgebers geschickt, damit ich einen Eignungstest mit ihm durchführe. Er sollte später eine Arbeit im Betriebslager aufnehmen. Ich hatte ihn vorher oft in der Firma gesehen, ohne sein Anliegen zu kennen. Inzwischen war es mir aufgefallen, daß er behindert war. Eines seiner Beine war amputiert worden. Er mußte mit einem Holzbein und einer Krücke herumlaufen. Ich hatte Mitleid mit ihm. Er nahm in den folgenden Tagen die Arbeit im Lager auf und zeigte sich sehr lernfähig. Ich half ihm in der Anfangszeit, und er erwies mir später seine Dankbarkeit. Nach dem Kriegsausbruch und besonders nachdem ich einmal den Wunsch geäußert hatte, den Krieg möglichst durch friedliche Verhandlungen zu stoppen, zeigte er mir schlagartig ein feindliches Gesicht. Ironie des Schicksals: Die einzige Person, auf die ich mich in diesen bedrückenden Zeiten verlassen wollte, war zu meinem schlimmsten Feind geworden. Nach Innocent war er der Gefährlichste. Hätte sich eine Gelegenheit geboten, hätte er mich zweifellos allein mit seiner eisernen Krücke totschlagen können. Durch seine Äußerungen wußte ich deutlich, daß ich auf keinen Freund mehr in der ganzen Hutu-Belegschaft zählen konnte.

Meine Angst, einmal in meinem Büro angegriffen zu werden, was mit anderen Worten bedeutet, ermordet zu werden, nahm seitdem ständig zu. Es gab Meldungen, daß die Angriffe unter den Schülern in manchen Internaten schon Tote unter den Tutsi-Schülern gefordert hatten. Die Präfektur Gisenyi stand an der Spitze. Dies konnte in allen Gesellschaften passieren.

Der Firmensekretär, Aphrodise, ein Hutu, saß im selben geräumigen Büro neben mir. Nur einige niedrige Regale trennten unsere jeweiligen Sitzplätze. Er war trotz seines tiefen religiösen Glaubens ein engagierter Verteidiger der Hutu-Herrschaft. Es wurde vermutet, daß er enge Beziehungen zum berüchtigten Geheimdienst Ruandas pflegte. Wir kannten uns ziemlich gut, da wir uns sehr offen über verschiedene Themen unterhalten hatten, dies allerdings vor dem Kriegsausbruch. Wahrscheinlich hat er sich auch während der Verhaftungswelle für meinen Schutz eingesetzt. Es war jedenfalls kein Zufall, daß ich nicht verhaftet wurde. Während der ganzen Krise hat er sich mitleidvoll gezeigt, wenigstens für manche seiner Gemeindemitglieder, die auch von der Lage grausam betroffen waren. Ungewöhnlich war auch die Tatsache, daß er mit einem Tutsi aus seiner Gemeinde die Wohnung teilte. Das war eine Seltenheit. Sein Glauben hatte bei ihm doch Vorrang vor allen ethnischen Betrachtungen. Eines Tages gestand er mir seine Betroffenheit, als einer der frommsten Menschen seiner Gemeinde unter greulichen Umständen verhaftet wurde. Es ging um einen älteren Tutsi, der über 60 war. In der ruandischen Gesellschaft und Tradition ist das ein Alter, von dem man annimmt, daß keine Gewalttaten von so einem Menschen zu befürchten sind. Aber auch dieser alte Mann wurde nicht verschont. Eines Nachmittags während der Verhaftungswelle befand er sich im Hof vor seinem Haus, als die Soldaten bei ihm eintrafen. Sie hatten den Auftrag, sein Haus zu durchsuchen. Die Gerüchte über die untergetauchten Rebellen hatten zu diesem Zeitpunkt ihren Höhepunkt erreicht. Die Soldaten fragten ihn, ob sich jemand im Haus befände. Da beging er einen tödlichen Fehler, da er nicht wußte, daß zwei seiner Söhne im Haus schliefen. Er verneinte. Als die Söhne von den aggressiven Tönen im Schlaf gestört wurden, kamen sie nichtsahnend aus dem Haus heraus. Sie wurden ohne weiteres kaltblütig erschossen. Ich kannte den einen persönlich. Wie durch ein Wunder wurde der Vater selbst nicht erschossen. Daraufhin fragten die Soldaten im Anblick der Leichen, ob er in Waffenbesitz sei. Er antwortete schlagfertig: »Ja, ich habe eine Waffe im Haus!« und ging ins Haus, um seine angebliche Waffe zu holen. Als er wieder herauskam, waren die Soldaten bereit, schneller abzuschießen als er. Er hatte aber die Bibel in seinen Händen, die er hochhielt, und sagte: »Das ist meine Waffe. Sie tötet aber nicht, wie die, die Sie da haben, sondern sie rettet.« Er wurde direkt verhaftet und durfte nicht an der Beerdigung seiner Söhne teilnehmen. Auch er mußte wie alle anderen sechs Monate im Gefängnis sitzen, ohne jeglichen Grund.

Daß Aphrodise beim Erzählen dieser Geschichte aufrichtig Mitleid zeigte, hat mich überzeugt, daß er kein radikaler Typ war. Ein radikaler Hutu hätte bei dieser Geschichte keinerlei Reue gezeigt. Da kannte ich andere Geschichten, wo nach ähnlichen Vorfällen wie im Siegestaumel überall laut gesungen wurde. So hoffte ich, im Betrieb auf seinen Beistand zählen zu können. Die Tatsache, daß er nicht in den von mir vermuteten konspirativen Gesprächen in der Belegschaft ausgeschlossen sein konnte, ließ mich hoffen, daß ein Wort von ihm mich retten könnte. Deshalb lernte ich, äußerst behutsam mit ihm umzugehen. Ich zeigte ihm, daß ich ihm völlig vertraute. Wir wagten trotz meiner lähmenden Vorsicht noch einmal, einige für Hutus unerträgliche Wahrheiten anzusprechen. Ich darf heute behaupten, daß ich viele nützliche Informationen von ihm erhielt, die in irgendeiner Weise meine Sicherheit verbessert haben. Keiner aus der Belegschaft außer ihm hätte mir offen und freundlich vieles über die Lage erzählen können. Er konnte mir natürlich nicht alles sagen, vielleicht auch in meinem eigenen Interesse.

Im Laufe der Zeit merkte ich, daß die Kollegen immer während meiner Abwesenheit in der Mittagspause Zusammenkünfte abhielten. Das war auch die Pause für Herrn Degroot. Es ging um eine fünfköpfige Gruppe, die sogenannte Elite der Firma, die Treffen organisierten. Die Versammlung löste sich komischerweise immer auf, sobald ich am Eingangstor erschien. Auch Aphrodise beteiligte sich an diesen Versammlungen. Vom Eingangstor aus konnte ich die Bewegungen in meinem Büro erkennen, und manchmal haben sie ruhig weiter debattiert, bis ich ganz in der Nähe war, so daß ich jeden einzelnen deutlich erkennen konnte. Da sie mir kein einziges Mal über Monate hinweg Gelegenheit gegeben hatten, an diesen seltsamen Versammlungen teilzunehmen, wußte ich, daß es hauptsächlich um die Tutsis und den Krieg ging, wenn nicht um mich. Ich war äußerst wachsam geworden. Dennoch wußte ich, daß ich keine Überlebenschance hätte, falls es zu Zusammenstößen käme. Diese Angst, von den Kollegen angegriffen zu werden, blieb unvermindert bis zu meiner Ausreise.

Da ich den Eindruck gewonnen hatte, von den Nachbarn verschont zu bleiben, verbrachte ich zu meiner Sicherheit möglichst die ganze Zeit nach der Arbeit zu Hause. Wahnsinnige Angst überfiel mich aber Ende Oktober. Zu dieser Zeit, schon ein Monat im Krieg, saßen fast alle meine Bekannten und Verwandten im Gefängnis, wovor ich mich weiterhin fürchtete. Die Verhaftungen hielten an. In dieser hoffnungslosen Lage erfuhr ich von einer guten Bekannten, daß ich persönlich vom Geheimdienst gesucht wurde. Sie erfuhr das von einem Geheimdienstmitarbeiter. Es ging um eine Tutsi-Frau, die familiäre Verbindung mit den Hutus hatte und somit gute Beziehungen zu ihnen pflegte. Sie hatte vor ein paar Tagen erfahren, daß ich von Deutschland aus gesucht wurde. Sie überlegte lange, ob es sinnvoll wäre, mir so eine bestürzende Nachricht zu übermitteln. Endlich entschloß sie sich, mir die ganze Geschichte zu erzählen, und bat mich, möglichst schnell das Land zu verlassen. Da mein Bruder, der in Deutschland lebte, als einer der gefürchteten Oppositionsführer anerkannt war, hatte der ruandische Botschafter in Bonn nach mir gefragt. Seit dem Kriegsausbruch wurde ich als Komplize meines Bruders im Land betrachtet. Das war ja unausbleiblich. Das Komische daran war, daß ich im Land nicht bekannt war und nun aus Bonn gesucht wurde. Zum Glück kannte der ruandische Botschafter in Deutschland weder meinen Namen – weil ich nicht denselben Namen wie mein Bruder trage – noch meine Arbeitsstelle. Er wußte nur, daß ich in Kigali lebte. Als er sich an eine Person aus seinem Stamm wendete, stieß er auf die Person, die ich zu Recht heute noch als meinen besten Freund aller Hutu-Bekannten bezeichnen darf. Dieser kannte zwar meine Adresse und meine Verwandtschaft mit Jean-Marie, gab diese Informationen aber nicht frei. Dann informierte er unverzüglich diese Frau. So haben meine Ohren die Geschichte gehört! Ich geriet in Panik, als ich davon erfuhr. Ja, der Himmel brach zusammen. Nächtelang schlief ich jeweils nur eine Stunde frühmorgens, nachdem ich vergeblich die ganze Nacht eine Lösung gesucht hatte. Allerdings war schon fast ein Monat vergangen, ohne daß ich verhaftet worden war.

Ich versuchte also, Ruhe zu bewahren und weiterhin mein Leben so normal wie möglich zu führen. Alois hat mir dabei mehrmals geistigen Beistand geleistet. Die idealste Lösung war eben zu fliehen. Aber wie? Alle Wege waren gesperrt. Wir, besonders die Tutsis, saßen wie in einem gut bewachten Gefängnis. Ich mußte eine Methode finden, um unversehrt so schnell wie möglich das Land zu verlassen. Ich hatte keine Verbindung zu meinem Bruder. Die Briefe wurden so sorgfältig von den Behörden zensiert, daß ein Brief an seinen Namen keinesfalls hinausgegangen wäre.

Die Telefone wurden abgehört, und die Nummern des Empfängers und natürlich die des Anrufers konnte man ablesen. Und wenn der Anruf zustande gekommen war, konnte man ihn auch speichern. Vor einigen Jahren war nämlich in Ruanda eine elektronische Rechnungslegung bei der Telekom eingeführt worden. In dieser Hinsicht wäre also das Telefonieren die höchste Gefahr gewesen, der ich mich aussetzen konnte. So stand ich allein vor einer Tür, die kaum nachgeben wollte. Ich fand einfach keine Lösung und ergab mich in mein Schicksal. Den ganzen November plagte mich diese Geschichte immer wieder. Der Botschafter in Bonn war selbstverständlich die direkt zuständige Person, die die Äußerungen meines Bruders dementieren mußte. Er sollte dafür sorgen, daß mein Bruder keine weiteren Aussagen und Kritiken über die ruandische Regierung verbreitet.

In den ersten Monaten des Krieges ging es ja um zwei Arten von Kriegen, nämlich Waffenkrieg und Medienkrieg. Die beiden waren gleich wichtig. Da mein Bruder durch die Medien die Wahrheit über Ruanda international bekannt gemacht hatte, rückte er sehr in den Mittelpunkt des Botschaftsinteresses. Deshalb kam der Botschafter zu der Information, daß Jean-Marie einen jüngeren Bruder hätte, der sich derzeit in Kigali aufhielt. Obwohl mir die Nachricht zum Alptraum wurde, hat sie stark dazu beigetragen, mich rechtzeitig in Sicherheit zu bringen. Wenn ich erwischt worden wäre, hätte das unbedingt eine qualvolle Folter bedeutet, um zunächst die sozusagen in mir versteckten verräterischen Geheimnisse herauszuholen und dann ... dann mein Leben auszulöschen.

Erstaunlich war allerdings, wie ich verschont bleiben konnte, während so viele eigentlich unverdächtige, ebenfalls unschuldige Tutsis starben. Todesfälle wurden regelmäßig mal wegen Folter, mal wegen schlechter Lebensbedingungen in den überfüllten Gefängnissen gemeldet. Die letzte Hoffnung verlor ich aber ein paar Tage später.

Am 30. Oktober 1990 erfuhr ich aus offiziellen Meldungen, daß die Rebellen endgültig besiegt worden waren. Der vorher von mir erhoffte Sieg, also meine einzige absehbare Rettung, war plötzlich verschwunden. Alle diese Nachrichten trafen meinen Kopf wie ein Hammerschlag. Die Verzweiflung wurde immer größer. Aber ich ließ den Kopf nicht hängen. Ich hatte noch die unmittelbare Freiheit, die Arbeit und meine Gesundheit. Ich ging ruhig arbeiten.

Als der Sieg der Regierungsarmee angekündigt wurde, tauchten nun die wahren Zeichen des Hasses auf. Als Tutsi war man für jeden Hutu vogelfrei. Die echte Gefahr lauerte nun auf den Straßen. Was ich nie vorher gefürchtet hatte, mußte ich diesmal als akute Gefährdung wahrnehmen. Ich hatte allmählich die nötige Ruhe gewonnen, daß ich von den Nachbarn und von den Kollegen keine Lebensbedrohung mehr zu fürchten hatte. Auf der Straße hingegen konnte ich nicht mit Nachsicht rechnen, um so weniger, als ich das Unglück hatte, von weitem als Tutsi erkannt zu werden.

Die Tutsis unterscheiden sich von den Hutus durch besondere Körpergröße, ein langes Gesicht und eine lange Nase. Außerdem sind die Tutsi-Frauen schnell erkennbar durch ihren Körperbau und ihre zarte Haut, wobei die meisten Tutsi-Frauen eine helle Haut haben. Im Laufe der Jahre wurde alles daran gesetzt, um die auffallenden körperlichen Merkmale unter den beiden Stämmen hervorzuheben. Der Fehler, den die Belgier von Anfang an begangen hatten, wurde von den Hutus beibehalten und absichtlich immer wieder betont. Ein zehnjähriges Kind wußte diese Merkmale deutlich zu unterscheiden, bis zu den vielen anderen kleinen Unterschieden, die für einen Ausländer kaum wahrzunehmen wären.

Meine körperlichen Merkmale identifizierten mich eindeutig als Tutsi. Wenigstens vom Körperbau her. So fühlte ich mich nicht mehr sicher auf den Straßen. Ich war plötzlich wie ein Fremder im eigenen Land. Trotz meiner relativen Freiheit wurde ich Gefangener meines eigenen Bewußtseins.

An manchen schlechten Tagen sagte mir Herr Degroot, daß er die Lage auf der Straße unsicher fand. Er hatte sich bereit erklärt, mich nach Hause zu fahren, wenn ich mich unsicher fühlen sollte. Die Ausländer hatten keine Probleme in Ruanda, und Herr Degroot kannte sehr gut die ganze Problematik unter den beiden Stämmen. Zum Glück kam es nicht dazu, daß er mir in dieser Hinsicht helfen mußte, obwohl die Lage auf der Straße ständig gefährlicher wurde. Eines Tages – es muß Ende November gewesen sein – kam ich erst spät aus dem Büro. Spät heißt, kurz vor Sonnenuntergang, weil es sonst gefährlich und verboten gewesen wäre, draußen zu sein. Der Ausnahmezustand erlaubte den Bürgern am Tag nur bis 18 Uhr draußen zu bleiben. Die Dunkelheit war auch an sich zum Gespenst geworden. Es war absolut gefährlich für einen großen Menschen wie mich, nach Einbruch der Dunkelheit auszugehen. Jeder Hutu könnte die Gelegenheit ausnutzen, um sich an dem unbekannten Tutsi zu rächen. Das war mir völlig bewußt. Ich mußte mich beeilen. Als ich schon einen Kilometer zu Fuß zurückgelegt hatte, wurde ich an einer Kreuzung in der Nähe des bekannten Hotels »Chez Lando« von einem jungen Mann angesprochen. Jemand, der mich kannte, hatte ihn gebeten, mich von der anderen Seite der Straße zu holen, weil er mich dringend sprechen wollte. Ich hatte wissentlich die andere Seite der Straße vermieden, da einige Soldaten dort standen.

Alle großen Kreuzungen wurden in Kigali von der Regierungsarmee oder den französischen Legionären überwacht. Es hatte sich herausgestellt, daß die Soldaten auch viele Missetaten an Tutsi-Bürgern begingen oder manchmal auch nur zusahen, wenn diese von anderen Hutu-Zivilisten begangen wurden. Die Person, die mich sprechen wollte, sollte sich in der Gruppe der Soldaten befinden. Ohne weitere Bedenken ging ich dorthin. Die Soldaten durften sowieso Ausweise von Passanten überprüfen, deshalb mußte ich ihre Befehle befolgen. Ich brauchte aber auch keine Angst zu haben, weil ich alle erforderlichen Papiere in Ordnung hatte. Welch ein Schreck! Die unbekannte Person war niemand anderes als Alois. Die Soldaten hatten ihn also gefangengenommen. So wird er heute bestimmt abgeführt werden, sagte ich mir. Alois erzählte mir mit einer müden Stimme, daß er seit etwa einer Stunde vorläufig verhaftet war. Ich hörte ihm tief erschüttert zu. Seine Verhaftung war seltsam. Während er eine Cola in einer nahegelegenen Bar trank, so erzählte er mir in Anwesenheit der Soldaten, befanden sich einige Zivilisten dabei. Sie hatten plötzlich seinen Personalausweis verlangt, weil sie ihn nie zuvor in dem Wohnviertel gesehen hatten. Er hatte ihnen trotz ihrer unberechtigten Handlung alle Papiere gezeigt. Alles ging so schnell, daß er nach vielen normalen sowie unnormalen Fragen letztlich von dort zu den Soldaten, etwa vierhundert Meter entfernt, geführt wurde. Die Zivilisten hatten ihn verhaftet.

Ich fragte die Soldaten, wie dies geschehen sei. Die Soldaten antworteten zu meinem Erstaunen höflich und gaben selbst zu, daß sie keinen ersichtlichen Grund für seine Verhaftung sahen. Sie konnten ihn jedoch nicht freilassen, weil sie nicht für diese Verhaftung verantwortlich waren. Einer sagte mir: »Wenn wir ihn freilassen, dann wird uns vorgeworfen werden, ihn gegen Geld freigelassen zu haben.« Sie wußten weder, wer die Personen waren, noch, wo sie wohnten. Die einzige Chance für Alois wäre dann, daß die für die Verhaftung verantwortlichen Personen vor der Ankunft ihrer Wachablösung wiederkämen, um ihn freizulassen. Die Ablösung sollte um 19 Uhr erfolgen, und dieselben Wagen sollten dann gleichzeitig zum Transport der jeweiligen Verhafteten dienen.

So eine Ungerechtigkeit hatte ich nur in Büchern gelesen; aber ich hatte es noch nicht erlebt. Das war nun geschehen. Die gesamte Lage der Tutsis verschlechterte sich rasant von einem Monat zum anderen. Ich wußte nicht, wie ich Alois helfen konnte. Ich war völlig verblüfft, und die Nacht rückte schnell heran. Als ich versuchte, weiter mit den Soldaten zu verhandeln, sagte mir der junge Mann, der mich auf der anderen Straßenseite angesprochen hatte, daß er den Verantwortlichen für die Verhaftung kannte. Er hatte der Verhaftung beigewohnt. Das war ein gewisser Kizito, ein Hutu, der vor kurzem arbeitslos geworden war, wie ich später erfuhr. Der junge Mann kannte nämlich seine Wohnung und gegebenenfalls seine Bar. Die Soldaten versprachen mir, Alois freizulassen, wenn Kizito es erlauben würde. Einer von ihnen schien aufrichtig zu sprechen. Ich ging sofort mit dem jungen Mann hin. Ich mußte schnell handeln, um nicht alles zu verspielen, nämlich Alois' Freilassung und meine eigene Freiheit, wenn ich Alois nicht innerhalb der geregelten Zeit freibekommen würde. Es hatte leicht zu regnen begonnen, als wir die Wohnung von Kizito, etwa 400 Meter entfernt, erreichten. In seiner Wohnung war der Mann nicht. Ich sprach mit seiner Frau, die nach ihrem Aussehen eine Tutsi sein mußte und uns draußen vor der Tür ansprach. Ich erzählte ihr die ganze Geschichte. Sie wußte nicht oder, nach meiner Ansicht, wollte mir nicht sagen, wo ihr Mann war. Ich verabschiedete mich schnell. Die Zeit drängte. Als wir wieder auf der Straße vor dem Haus standen, schlug mir der junge Mann vor, daß wir in einer 200 Meter entfernt liegenden Kneipe vorbeischauen sollten. Er hatte den Mann gelegentlich dort gesehen. Halbnaß kamen wir dort an, und tatsächlich war er da. Er saß an einem halb überdachten Balkon in einer Gruppe von acht Mann. Der junge Mann zeigte ihn mir von der Straße aus. In diesem Moment spürte ich ein leichtes Unsicherheitsgefühl, auf die Leute zuzugehen. Ich hatte nicht damit gerechnet, mit so einer großen Zahl von Hutus konfrontiert zu werden, die natürlich auch gegen mich wären. Mein Selbstvertrauen war durch die ganzen Umstände im Lande schon sehr beeinträchtigt. Ich war vorsichtiger, sogar ängstlich geworden. Allerdings konnte ich mich rechtmäßig ausweisen und durfte deshalb auf keinen Fall als Rebell betrachtet werden. Ich hatte nicht nur alle erforderlichen Papiere, sondern auch Bekannte in diesem Viertel. Alois hatte zwar auch alle Papiere, aber er kannte die Stadt noch nicht so gut wie ich. Alle verdrehten Fragen hatten dazu geführt, ihn für verdächtig zu halten.

Um jede Vermutung aus dem Weg zu räumen, zeigte ich Kizito gleich nach meiner Begrüßung und ohne sein Verlangen meinen Ausweis. Daraufhin erklärte ich in aller Höflichkeit und möglichst ruhig mein Anliegen. Alle sahen mich mißtrauisch an, und jeder nahm sich Zeit, meinen Ausweis zu prüfen. Sie waren angetrunken. Die Gruppe bestand nur aus Männern zwischen vierzig und sechzig, die der Verhaftung beigewohnt und sie unterstützt hatten. Mindestens drei von ihnen stellten mal vernünftige, mal unvernünftige Fragen über meine Beziehung zu Alois. Sie wollten sich vergewissern, ob er wirklich kein Rebell war. Zum Beispiel fragten sie mich, wie ich in meinem Alter mit jemandem zusammen wohnen könne, der über fünfzig ist und aus einer anderen Region des Landes kam? Ich verhielt mich ruhiger, als ich tatsächlich war. Ich wollte die Freilassung Alois' durch keine falsche Reaktion aufs Spiel setzen. Es gelang mir, sie oder besser Kizito zu überzeugen. Nach etwa fünf Minuten ausgiebiger Diskussion stand er auf und ging in die Richtung des Streitfalls. Alle anderen blieben sitzen. Der junge Mann folgte uns unauffällig. Wir liefen mit schnellem Schritt, der bei Kizito mal sicher, mal schwankend war. Der leichte Regen hielt weiter an. Wir wechselten kein Wort mehr. Manchmal hörte ich von ihm unklare Worte, als ob er über die ganze Situation schimpfte. Alois wartete seit etwa zwanzig Minuten auf unsere Rückkehr. Als er uns sah, war er offenbar genauso erleichtert wie ich. Aber die Sache war noch lange nicht beendet. Im Gegenteil begann Kizito uns, Alois und mich, zu beschimpfen. Vermutlich aufgrund der Tatsache, daß die Soldaten dabei waren, wobei sie automatisch auf seiner Seite stehen sollten, nützte er die Gelegenheit, um uns zu beschimpfen. Er sagte mit klaren Worten, daß die Tutsis erbarmungslos »korrigiert«, eigentlich irgendwie unterdrückt werden sollten. Als ich darauf wütend reagierte, schob er mich so gewaltig nach hinten, daß ich nur durch reinen Zufall nicht auf den Boden fiel. Wenn er nicht betrunken gewesen wäre, wäre es bestimmt zu heftigen Handgreiflichkeiten gekommen. Die Soldaten haben ohne eigene Beteiligung nur zugesehen. Sie merkten, daß er sich sehr provokativ benahm und betrunken war. Hätte einer der Soldaten sich eingemischt, wäre Alois auf der Stelle freigelassen worden. Leider war es so, daß keiner der kleinen Soldaten einem unbekannten Tutsi helfen wollte. Ich versuchte vergebens, Kizito so ruhig wie möglich allein zu überzeugen, so daß ich am Ende nicht verstand, aus welcher Motivation er überhaupt seine Bar freiwillig verlassen und so lange in diesem Regen gestanden hatte. Jedenfalls war mein ursprünglicher Wunsch eindeutig formuliert. Wir diskutierten etwa dreißig Minuten von nun unzähligen Schaulustigen umgeben, ohne zu einer Lösung zu kommen. Ich bedauerte die verlorene Zeit, als die Lastwagen der ablösenden Schicht in der Dämmerung auftauchten und zu meiner Empörung Alois mitnahmen. Kizito hatte gesiegt. Ich sah, wie die auf dem Lastwagen befindlichen Soldaten Alois mit ihren Stiefeln stießen und ihn schimpfend zwangen, sich auf den nassen Boden des Lastwagens zu setzen. Ich dachte mir entsetzt: »Ja, der langjährige Universitätslehrer muß jetzt von Analphabeten getreten werden, nur weil er Tutsi ist.«

Tief betrübt blieb mir nur eins: Mich selbst schnell in Sicherheit zu bringen. Es war schon ganz dunkel geworden. Ich verabschiedete mich von dem jungen Mann. Einige Tage später freute ich mich darauf, ihn wiederzusehen und ihm ein Dankeschön geben zu können. Da ich die besten Schleichwege in Remera kannte, wo sich keine patrouillierenden Soldaten befanden, kam ich ohne Zwischenfall nach Hause. Sonst hätte man mich nach geltendem Recht verhaften können wegen Verletzung der Ausgangssperre, die schon über eine halbe Stunde in Kraft getreten war.

Ich dachte lange über diese Ungerechtigkeit nach. Es war sehr gut möglich, daß ich Alois nie wiedersehen würde. Ein Menschenleben war nicht mehr wert als ein Spielzeug. Ich dachte an seine Kinder. Ich ging ziemlich zeitig ins Bett, und bevor ich einschlief, hörte ich jemanden an die Tür klopfen. Es war Alois. Er erzählte mir nun die echten Gründe seiner Verhaftung und die ganze Geschichte nach unserer Trennung. Zum Glück wurde er nicht gefoltert. Nachdem ihn die zuständigen Beamten angehört hatten, stellten sie fest, daß er alle Papiere in Ordnung hatte. Das war eine schnell erledigte Sache. Da aber dieser Verdacht, er sei ein getarnter Rebell, weiterhin bestand, wurde er verhört. Die Fragen lauteten unter anderem, wo er studiert habe? Zufälligerweise hatte er vor mehr als dreißig Jahren mit dem amtierenden ruandischen Generalstabschef studiert. Dies reichte aus, um verschont zu bleiben. Daraufhin wurde er unverzüglich freigelassen. Der zuständige Beamte sorgte sogar noch dafür, daß ihn die Soldaten der nächsten Wachablösung wieder mit nach Remera nahmen. Sonst hätte er zwangsläufig die Nacht dort verbringen müssen.

Er erzählte mir weiter, unter welchen Umständen er von den Zivilisten verhaftet wurde. Er wollte eine der plötzlich geforderten Genehmigungen bekommen. Die Gemeindeverwaltungsbüros waren ausnahmsweise während des Krieges abends nach der üblichen Arbeitszeit geöffnet, um eben den Einwohnern zu ermöglichen, die notwendig gewordenen Erlaubnisse und Genehmigungen nach der Arbeitszeit zu bekommen. Als er dort ankam, war das Büro noch nicht auf. Er entschied sich in dieser Wartezeit, in einer nahe gelegenen Kneipe etwas zu trinken. Während er in einer Ecke ruhig seine Cola trank, hörte er, wie die achtköpfige Gruppe sich empört und deutlich beklagte, daß der Hutu-Präsident der Bevölkerung nicht erlaube, die Tutsis auszurotten. Als Alois diese Worte vernahm, da einer ziemlich laut sprach, war er zunächst über das seltsame Gespräch sehr erschrocken. Er versuchte, seine Cola so schnell wie möglich auszutrinken, um diese Kneipe zu verlassen. Es war leider zu spät. Derjenige, der unbehelligt laut solche Rede hielt, war Kizito. Als Kizito sich umsah, bemerkte er die Anwesenheit Alois'. Gleichzeitig erkannte er teils verschämt, teils entsetzt seine Unvorsichtigkeit, denn Alois war ein Muster von einem Tutsi, und er hatte mit Sicherheit diese Äußerung gehört. Er machte die anderen darauf aufmerksam. So gingen zwei auf Alois zu und verlangten von ihm seinen Ausweis. Der Ausweis wies darauf hin, daß er tatsächlich ein Tutsi war. Es begann ein unendliches Verhör, das leider mit seiner Verhaftung endete.

Es war wie ein Wunder, daß diese Geschichte doch noch glücklich ausging. Viele Tutsis wurden unter ähnlichen Umständen verhaftet und kamen nie wieder zurück.

Die Geschichte hat die anhaltenden Gerüchte über die von Hutus erwünschte Ermordung aller Tutsis bestätigt. Ich wußte auch bislang nicht, daß die Zivilisten Verhaftungen vornehmen durften, nur weil sie Hutus waren. Seitdem mied ich sämtliche Hutu-Milieus. Die Tutsis sprachen von apokalyptischen Zeiten.

DIE FLUCHT

Am 5. Dezember, kurz vor 15 Uhr, klingelte das Telefon auf meinem Arbeitstisch. Lässig nahm ich den Hörer ab. Als ich ihn am Ohr hielt, wartete ich einen Augenblick, ohne daß sich jemand meldete. Das schien mir seltsam. Nachdem ich schon zweimal vergebens »Hallo!« gesagt hatte, vernahm ich ein Signal, das nur für weit entfernte Länder gilt. Ich konzentrierte mich ganz auf dieses Gespräch und versuchte dabei, meine Gedanken über die Arbeit abzuschalten. Es kam wieder eine Wartezeit, und dann hörte ich eine männliche Stimme: »Hallo! Guten Tag, kann ich mit Thomas sprechen, bitte?« fragte der Mann auf französisch. Schon in diesem Moment erkannte ich die Stimme. Es war Jacques! »Wie kann das sein?« fragte ich mich so hörbar, daß Jacques es deutlich vernahm. Das war mehr als eine Überraschung. Ich spürte, wie mein Herz regelrecht vor Freude sprang. Die Rettung schien mit diesem Anruf gekommen zu sein. Jacques ist gebürtiger Schweizer und hatte ein Jahr lang mit mir in Ruanda gearbeitet. Er war mein Abteilungsleiter in einem Finanzexpertenbüro.

In dieser Zeit haben wir uns so gut verstanden, daß er sich mir gegenüber nicht mehr wie mein Chef, sondern wie ein freundlicher Kollege verhielt. Dies galt auch im allgemeinen für alle anderen Kolleginnen und Kollegen in der Firma. Die Firma hatte überall im Land Verträge abgeschlossen, grundsätzlich mit den von der Schweiz finanzierten Entwicklungsprojekten. Wir sollten über die Genauigkeit der Finanzen in den jeweiligen Projekten in regelmäßigen Abständen berichten. Landesweit hatten wir auch andere Verträge in privaten oder staatlichen Betrieben. Wir mußten deswegen sehr oft gemeinsam verreisen, was uns menschlich näher brachte. Unterwegs mußten wir oft mit schlechten Bedingungen fürliebnehmen. Das betraf sowohl die schlechten Straßen als auch die Lebensbedingungen in manchen abgelegenen Gegenden auf dem Land. Dabei mußte er allein mit den langen Fahrten zurechtkommen. Ich half ihm manchmal auf guten

Straßen, denn ich hatte noch keine lange Erfahrung im Autofahren. Die größten Entwicklungsprojekte beschäftigten sich mit der Aufforstung in schwer zugänglichen Gegenden. Diese Umstellung war für Jacques eine schwierige Übung. Zu meiner Bewunderung hat er recht gut ausgehalten. Manchmal mußten wir drei oder vier Tage unter solchen Bedingungen arbeiten. Unsere Firma konnte leider nicht lange bestehen, da sie in illoyaler Konkurrenz und allerlei Sabotagen erlag und die größten Märkte verlor. Wir verloren auf einen Schlag alle staatlichen Betriebe, was einen riesengroßen Verlust für unsere Firma darstellte.

Kurz darauf nahm ich eine neue Arbeit in der Kartonfabrik auf. In den folgenden Monaten verließ Jacques das Land und ging in die Schweiz zurück. Bevor er aber das Land verließ, hatte ich Gelegenheit gehabt, ihm meine neue Arbeitsadresse zu geben, unter anderem die Telefonnummer. Das hatte ich inzwischen völlig vergessen. Seine Adresse in der Schweiz hatte ich nicht aufgeschrieben. Seitdem ich erfahren hatte, daß ich gesucht wurde, dachte ich oft an ihn als meinen möglichen Lebensretter. Ich versuchte seitdem vergebens, seine Adresse von den anderen damaligen Kollegen zu erhalten. Den ganzen Monat November nutzte ich alle Mittel und Wege, vergeblich. Noch in derselben Woche hatte ich die letzte Hoffnung aufgegeben. Ich schätzte bereits meine Überlebenschancen als sehr gering ein, da ich das Land nicht verlassen konnte. Auf illegale Weise das Land zu verlassen, käme absolut nicht in Frage. Aller zehn Kilometer gab es eine Straßensperre, wo strenge Kontrollen von der Armee durchgeführt wurden, besonders wenn die betreffende Person wie ein Tutsi aussah. Es wäre also äußerst gefährlich für mich gewesen, auf illegalem Weg Kigali zu verlassen. Das hätte nur zum nächsten Gefängnis oder gar zum Tod geführt.

Die einzige Lösung war, eine legale Ausreise zu beantragen. Dazu brauchte man eine besondere Ausreisegenehmigung, die von hochrangigen Landesbehörden erteilt werden mußte. Dafür mußte man triftige Gründe darlegen. Eine Ausreisegenehmigung für die Nachbarländer zu beantragen, selbst wenn ich überzeugende Gründe gehabt hätte, wäre bestimmt der größte Fehler meines Lebens gewesen. In den Nachbarländern waren nämlich die Rebellen am stärksten vertreten. Ein Visum für Uganda zu beantragen, woher die Tutsi-Rebellen kamen, oder für Burundi, wo eine große Tutsi-Flüchtlingsgemeinschaft lebte, hätte nur die Aufmerksamkeit der Geheimdienste erregt. All dies war mir völlig klar, und eine solch gefährliche Herausforderung hätte mir auf gar keinen Fall zur rettenden Lösung werden können.

Hingegen war ein Visum für andere, weiter entfernte Länder die ideale Lösung. In dieser Hinsicht hatte ich mir im November schon den Kopf zerbrochen. Meine ganze Hoffnung richtete sich auf Jacques. Es war sicherlich kein Zufall. In dieser ausweglosen Situation klingelte das Telefon. Es war Jacques!

Nachdem ich festgestellt hatte, daß ich ihn am Telefon hatte, wußte ich nicht recht, wie ich mich verhalten sollte. An eines erinnere ich mich: Die ganze Gesprächszeit, die sicherlich über zwanzig Minuten ging, habe ich völlig aufgeregt so laut gesprochen, als ob er mich damit besser verstehen könnte. Meine Hände schwitzten, so daß ich den Hörer mehrere Male wechseln mußte. Ja, die Aufregung war groß, wenn auch die Hitze, die in dieser Zeit herrschte, zum Teil dazu beitrug. Zum Glück kam niemand während des Gesprächs ins Büro. Aphrodise saß ruhig in seiner Ecke. Er hatte verstanden, daß ich mit Jacques sprach. Meine dringendste Frage an Jacques war, woher er meine Adresse haben konnte. Er sagte mir erfreut: »Sie haben mir Ihre Adresse kurz vor meiner Ausreise gegeben. Ich habe sie in ein Notizbuch eingetragen; aber ich konnte nicht das richtige Notizbuch finden, trotz aller Bemühungen seit Beginn des Krieges in Ruanda. Heute bin ich zufällig auf die Adresse gestoßen und rufe Sie unverzüglich an.« Ich erzählte ihm auch von meiner vergeblichen Mühe bei der Suche nach seiner Adresse. Daraufhin haben wir über meine gegenwärtige Situation debattiert. Wir redeten ohne die gewöhnliche lähmende Angst, von den Landesbehörden abgehört zu werden. Ich fühlte mich erleichtert, als ob ich schon befreit wäre. Ich hatte sowieso nichts mehr zu verlieren. Jetzt oder nie, hieß jetzt meine Devise!

Ich nutzte die einmalige Chance, um meine ganzen Ängste und meine Verzweiflung auf ihn abzuladen. Daß ich gesucht wurde, konnte allerdings nicht angesprochen werden, da wir sicher abgehört wurden.

Ein relativer Vorteil für mich lag darin, daß ich keine einflußreiche beziehungsweise verdächtige Person war, die mit besonderen Lauschanlagen abgehört werden konnte. Aber die Angst im allgemeinen, abgehört zu werden, war begründet; deshalb versuchten wir ab und zu Englisch zu sprechen. Nicht alle Geheimdienstmitarbeiter konnten Englisch.

In diesem Gespräch äußerte ich gleich meinen Wunsch, das Land zu verlassen. Jacques erklärte sich sofort bereit, alles zu tun, was in seiner Kraft stünde, um mir zu helfen. Erstaunlicherweise kannte er die Situation in Ruanda nur so flüchtig, daß er die Gefahr unterschätzte. Die Hintergründe des Hasses und alle politischen Machenschaften kannte er überhaupt nicht. Einmal hatte ich kurz das Thema angesprochen, ohne ihn davon überzeugen zu wollen, daß es eine ständig wachsende soziale und politische Spannung im Land gab. Ich hatte aber zu diesem Zeitpunkt kein Interesse, über die Ängste und die Demütigung der Tutsis zu sprechen, solange die Lage verhältnismäßig ruhig war. Er hätte mich damals sicherlich nicht verstehen können, denn er glaubte mich glücklich.

In diesen zwei Kriegsmonaten hatte er nun gehört, wie die Tutsis verfolgt wurden. Mit seinem Anruf wollte er prüfen, ob ich immer noch frei sei. Wir besprachen auch gleich alle denkbaren ungefährlichen Hilfsmittel, die mir erlauben würden, das Land unversehrt zu verlassen. Das Beste wäre, mir eine Einladung zu schicken, damit ich als Tourist ausreisen könnte. Sobald ich in der Schweiz sein würde, sollte ich mich dann schnell in eine Hochschule aufnehmen lassen. Jeder Weg, der mir die Ausreise erlauben konnte, war bedingungslos anzunehmen. Doch nur als Tourist auszureisen, ohne jede Vorbereitung getroffen zu haben, ließ mich zögern. Für ein touristisches Visum bekam man nur zwei Monate Aufenthalt in der Schweiz. Da die Schritte zu dieser beabsichtigten Schulaufnahme bestimmt eine längere Zeit in Anspruch nehmen würden als die zwei Monate, wurden wir schon darüber einig: Jacques sollte anfangen, eine Hochschule oder eine Universität zu suchen, um die ersten Schritte frühzeitig vorzubereiten. Ich wünschte mir, möglichst mit einem Studentenvisum mein Land zu verlassen. Ich fürchtete mich, möglicherweise wieder in ein unberechenbares Abenteuer zu stürzen. Dazu brauchte er die Unterlagen über meine abgeschlossene Ausbildung.

Am folgenden Tag schickte ich ihm eine Ablichtung meines Abschlußzeugnisses. Ich gab ihm zugleich die Telefonnummer meines Bruders in Deutschland, mit dem er sich unverzüglich in Verbindung setzte. Sie trafen sich schon bald und bereiteten meine Ausreise gemeinsam vor.

Ich hatte mich sozusagen zwangsweise entschieden, in meinem Alter weiter zu studieren, was ich vorher nicht geplant hatte. Doch das schien mir der einzige Weg, mich zu retten. Meine Fluchtvorbereitung hatte schon mit diesem Anruf begonnen. Ein unvergeßlicher Tag in meinem Leben!

Nach dem Gespräch konnte ich mich minutenlang nicht mehr genügend konzentrieren, um die anspruchsvolle Arbeit fortzusetzen. Ich wollte Aphrodise etwas über das glückliche Ereignis erzählen. Ich tat es, weil er nicht nur zu meinem Vertrauten in der ganzen Belegschaft geworden war, sondern vielmehr, um jeden Verdacht aus dem Weg zu räumen. Von Jacques hatte ich ihm schon flüchtig erzählt. Doch ein Gespräch, das mal auf französisch, mal absichtlich auf englisch geführt wurde, konnte viel verbergen und folglich rasch zur Verdachtsquelle werden.

Hinsichtlich meiner Sicherheit unter den Kollegen wußte ich, daß ich völlig auf Aphrodise angewiesen war. Seine Aussagen könnten verhängnisvoll oder hilfreich für mich sein. Ich erzählte ihm, daß ich es wie ein Wunder betrachtete, wobei ich weiterhin die Grenze zwischen uns erkennen mußte und die Pläne meiner Flucht vor ihm geheimhielt.

Jacques hat mich dann mindestens zweimal im Monat für ein ausführliches Gespräch angerufen, um weitere Auskünfte über meine Ängste einzuholen, um mich zu ermutigen, denn er berichtete immer über ein Fortschreiten unseres Vorhabens. Unsere telefonischen Gespräche taten mir außerordentlich gut. Ich hatte nie zuvor eine nicht verwandte Person gehabt, die mir so als psychische Stütze gedient hat, wenn ich auch nie zuvor eine so gravierende Situation erlebt hatte. Sein überwältigendes Verständnis und sein persönliches Engagement haben mich immer wieder ermuntert. Es gab Momente, in denen ich glaubte, die Grenze der Verzweiflung erreicht zu haben. Aber sobald er mich anrief, vergaß ich für eine relativ lange Zeit die verheerenden Umstände rund um mich und lebte ruhig. Es gibt nichts Angenehmeres als ein paar passende Worte zu hören, wenn man in solch niedergedrückter Stimmung ist.

Selbst wenn ich persönlich relativ frei war, hielten doch die Greueltaten an den Tutsis im ganzen Land an. Einzig die Tatsache, daß ich eines Tages der Hölle entkommen würde, ließ mich hoffnungsvoll bis zu meiner Abreise ausharren. Alles schien am Anfang schnell und gut vonstatten zu gehen. Doch der Weg bis zu meiner Ausreise war noch voller Hindernisse.

Die Post unterlag sehr strenger Zensur, und der Briefverkehr zwischen uns wurde sehr schwierig. Die meisten auf beiden Seiten telefonisch angekündigten Briefe verschwanden spurlos. Wir entschlossen uns deshalb, die zu schreibenden Informationen nur über Fax auszutauschen. Es entstand nun ein großes Problem mit den Dokumenten, bei denen das Original verlangt wurde, so daß sie nicht mit Fax geschickt werden konnten. Im Januar schickte mir Jacques Immatrikulationsformulare von der von ihm ausgesuchten Universität durch die Post. Ich sollte sie ausfüllen, unterschreiben und schnell zurückschicken. Dies war die wichtigste Sendung überhaupt. Meine Geduld wurde auf eine fürchterliche Probe gestellt. Jeden Tag wartete ich auf etwas, das nie ankommen sollte.

Auch der Krieg ging unvermindert weiter, trotz des angekündigten Sieges der Regierungsarmee, der nur eine strategische Lüge darstellte. Die Landesbehörden beteuerten, das umkämpfte Gebiet sei von der Armee durchkämmt und somit frei von Rebellen. Als einer der besten Kommandeure, Major Rwendeye, in diesem Gebiet von den Rebellen getötet wurde, konnte die Bevölkerung nicht mehr leichtgläubig bleiben. Viele Regierungssoldaten waren an einer von der Regierung verheimlichten Front gestorben. Da Major Rwendeye ein sehr bekannter Mann war, konnte man seinen Tod nicht vertuschen.

In den ersten Monaten des Jahres 1991 wurde das schlimmste Gefängnis im Lande, das sich in Ruhengeri befindet, von den Rebellen kurze Zeit besetzt. Die bekanntesten politischen Gefangenen wurden befreit. Es ging um Hutus im allgemeinen, unter anderem den ehemaligen langjährigen Geheimdienstchef, dem vorgeworfen worden war, Anfang der achtziger Jahre einen gescheiterten Putsch gegen den Präsidenten organisiert zu haben. Die befreiten Gefangenen zogen mit den Rebellen nach dem von ihnen besetzten Gebiet.

Ruhengeri liegt im Inland weit von der Grenze entfernt. Außerdem war Ruhengeri nach Kigali die Stadt, in der die Armee am stärksten vertreten war. Daß dies nun den Rebellen gelang, war ein warnender Hinweis darauf, daß es zu einem dauerhaften verheerenden Krieg kommen würde. Durch diese Gefangenenbefreiung wurde deutlich, daß die Rebellen zu fürchten waren. Einige Hutus waren allmählich der Meinung, es sei an der Zeit, mit den Rebellen offene Verhandlungen in Gang zu setzen. Sie waren aber die gemäßigten Hutus, eigentlich nur eine kleine Anzahl im Land. Sie wurden auch von da an im Auge behalten und schwebten genauso in Gefahr wie die Tutsis. Für die Radikalen kam so eine Verhandlung überhaupt nicht in Frage. Im Gegenteil begannen die Landesbehörden systematisch, Ermordungen an den Tutsis in dieser Region zu begehen. Ein friedliches Tutsivolk der Region um Ruhengeri, die Bagogwe, wurde fast ausgerottet unter dem Vorwand, es seien Kollaborateure der Rebellen in dieser Gefangenenbefreiung gewesen. Über fünftausend Bagogwe starben einen qualvollen Tod. Über diese Greueltaten wurde berichtet, wie manche der zu ermordenden Personen in einem Wald, Gischwati genannt, selbst ihre eigenen Gräber schaufeln mußten, bevor sie kaltblütig von der Regierungsarmee ermordet wurden. Aber auch viele Tutsis aus anderen Gegenden, die sich in dieser Gegend aufgehalten hatten, konnten diesem Tod nicht entrinnen.

Mein guter Freund, Théogène, der als erfolgreicher junger Bauunternehmer einige Monate vor dem Krieg einen guten Vertrag in der Gegend abgeschlossen hatte, wurde ebenfalls unter solchen Umständen ermordet. Wir hatten uns zum letzten Mal bei einer Hochzeitsfeier unseres gemeinsamen Hutu-Freundes zwei Tage vor dem Kriegsausbruch getroffen.

Als die Ermordungen an den Bauern losgingen (die Bagogwe waren grundsätzlich Rinderzüchter), wußte ich, daß ich mir keine Wartezeit mehr erlauben durfte. Sonst könnte es schon bald zu spät sein. Ich durfte nicht mehr auf die Post warten. Über vier Monate waren sowieso schon verflossen, seitdem Jacques mir die Sendung angekündigt hatte, während die übliche Post innerhalb eines Monats ankam. Nun mußte ich so schnell wie möglich ohne weitere Bedingungen mein Heimatland verlassen. Ich konnte nicht mehr hoffen, mit einem Studentenvisum auszureisen. So akzeptierte ich den ursprünglichen Vorschlag, als Tourist ohne vorherige Schritte in der Schulaufnahme auszureisen. Das war das Risiko, das ich eingehen mußte, egal wie die ganze Geschichte ausgehen sollte. Zum Glück nahm Jacques jeden Vorschlag an, den ich ihm machte. Seine Haltung war überaus ermutigend. Ich lebte also zwischen ermutigenden Hoffnungen und erstickenden Zweifeln, abgelöst von qualvoller Ungeduld.

Endlich bekam ich im Juli 1991 von ihm eine Einladung per Fax, ein normales Schreiben. Nunmehr wollte ich alles möglichst beschleunigen. Doch etwas trat immer wieder dazwischen. Meine Hoffnung und meine Geduld wurden erneut auf die Probe gestellt.

Als ich mich mit dem wertvollen Dokument freudig in der schweizerischen Botschaft in Kigali einfand, um ein Visum zu beantragen, traf ich dort eine Tutsi-Frau, die die ersten Schritte der Visumserteilung bearbeitete. Trotz ihres scheinbar guten Willens sollte sie mich doch enttäuschen.

Um ein Visum für eine Einladung zu erhalten, brauchte ich zusätzlich noch eine Bestätigung von der kantonalen Ausländerbehörde in der Schweiz. Daß dies zu einem unausweichlichen Verfahren wurde, bedeutete für mich eine weitere Wartezeit und für Jacques einen weiteren Zeitaufwand. Ich war regelrecht bestürzt. Die Frau merkte es sicherlich und nahm sichtlich an meinem Problem Anteil. Sie gab mir gleich gute Anweisungen, die mir die nächsten bösen Überraschungen ersparen sollten. Sie fügte freundlicherweise hinzu, um mir Zeitverlust zu ersparen, daß die von den kantonalen Ausländerbehörden bestätigte Einladung direkt zur Botschaft gefaxt und als ausreichender Beweis akzeptiert würde. Das war ein überaus beruhigender Vorschlag, denn ich wollte nichts mehr in dieser Phase mit der Post zu tun haben. Jede Minute war kostbar. Ich erhielt die Faxnummer der schweizerischen Botschaft, die ich auch gleich per Fax an Jacques weiterleitete. Ich erklärte ihm telefonisch alle aufgetretenen Schwierigkeiten.

In der Zwischenzeit hatte ich mit Freunden über meine erwartete Sendung diskutiert. Einige hatten gute Bekannte in der Postbelegschaft. Sie bestätigten, daß die Zensur zum gängigen Verfahren geworden war, um die mutmaßlichen Komplizen der Rebellen zu entlarven. Sobald es um einen Ruander ging, war alles möglich. Es gibt Namen, die ausschließlich als Tutsi-Namen gelten. Es bestand daher kein Zweifel, daß eine Sendung mit solch einem Namen zensiert wurde. Da mein Name, Mazimpaka, ein typischer Tutsi-Name ist, wußte ich also, daß ich keine Chance hatte, dieser Zensur zu entkommen.

Nunmehr kämpfte ich mit einem schrecklichen Gegner, nämlich der Zeit. Jacques kämpfte aber auch mit. Das ganze Rätsel entschlüsselte sich im August. Ich bekam einen Anruf von ihm, in dem er mir mitteilte, daß er gerade die verlangten Unterlagen per Fax zur schweizerischen Botschaft geschickt hatte. Ich rief gleich dort an. Die Frau bestätigte den Empfang. Von Jacques' Seite war nun alles getan. Die längste und schwierigste Phase meiner

Ausreise war im wesentlichen überstanden. Einen gültigen ruandischen Paß, ein Flugticket hin und zurück und Paßbilder in der Botschaft vorzulegen, war die nächste Etappe.

Dieser Rückflug machte mir zu schaffen. Ich wußte ja, daß ich mit höchster Wahrscheinlichkeit nicht gleich nach Ruanda zurückkommen würde; deswegen war dieser Rückflug überflüssig. Dies war aber eine unausweichliche Bedingung für eine Visumserteilung. Um mein Leben zu retten, war ich zu allem bereit. Das größte Problem bestand nun darin, daß ein Flugreiseticket in ausländischer Währung bezahlt werden mußte. Das wußte ich nicht. Die Geldwechseloperationen waren ausschließlich von der ruandischen nationalen Bank unter strengen Bedingungen erlaubt. So stand ich vor einem ganz schwierigen Problem, von dem ich zuvor nichts geahnt hatte. Der legale Weg zum Geldwechsel wäre über bestimmte Bedingungen gelaufen, die ich nicht erfüllen konnte. Außerdem konnte der Geldwechsel nur in langen bürokratischen Verfahren vorgenommen werden. Dazu fehlte mir einfach die Zeit.

Ich begann mit einer Stange im Nebel zu stechen. Die Lösung mußte unbedingt schnell gefunden werden. Ich suchte meinen Freund Védaste auf, der gute Erfahrungen im Bereich Reisen hatte. Er vermittelte mich einem seiner ausländischen Freunde, der ein kleines Reisebüro leitete. Der Ausländer besorgte mir ein Ticket, das er bei der Ethiopian Airlines Fluggesellschaft gekauft hatte. Ich sah mich jedoch genötigt, sehr tief in die Tasche zu greifen, da ich einen schwarzen Wechselkurs bezahlen mußte. So bezahlte ich fast das Doppelte vom normalen Preis. Das Problem mit dem Ticket war damit allerdings schnell erledigt.

Ich gab die erforderlichen Unterlagen für die Visumserteilung in der schweizerischen Botschaft ab. Nach vier Tagen bekam ich das Visum. Doch mit diesem gelungenen wichtigen Schritt hatte ich längst noch nicht das Ende des Fadens in der Hand. Ich mußte nämlich die Ausreisegenehmigung beantragen, was mich nicht weniger Energie und Zeit kostete und vor allem mit Furcht verbunden war. Eine Ausreisegenehmigung wie diese, die ich brauchte, wurde in Kigali ausschließlich vom Präfekt erteilt. Es war nicht auszuschließen, daß die Genehmigung mir als Tutsi willkürlich verweigert würde, egal welch überzeugende Gründe ich auch immer vorbringen konnte. Ich hatte aber vorher zahlreiche Vorprüfungen bei allen Unterbehörden der Gemeinde und der Kommunen erfolgreich bestanden. Erst wenn diese Unterbehörden bestätigt hatten, daß man ein anständiger Bürger war, durfte man einen Ausreiseantrag stellen. Ich hatte diese Zwischenbescheinigungen längst gesammelt, bevor ich die endgültige Einladung von Jacques bekam. So war ich einigermaßen sicher, die Ausreisegenehmigung zu erhalten, solange keine Willkür dazwischen treten würde. Aber ich hatte vor allem Angst vor einer längeren Wartezeit. Der Präfekt war gleichzeitig die höchste Militärbehörde in Kigali. Natürlich hatte in einer Kriegszeit militärische Vorsorge Priorität vor den anderen Verwaltungsakten.

Ein positiver Aspekt war, daß die langwierigen Verwaltungsverfahren durch gute Bekannte möglicherweise beschleunigt werden konnten. Im Gegensatz zu vielen anderen Ländern Afrikas spielte in Ruanda die Bestechung im allgemeinen keine Rolle, besonders bei solchen Verwaltungsverfahren. Wenn ich versucht hätte, durch Bestechung das Land zu verlassen, hätte ich mir selbst damit den Weg versperren können.

Die Tutsis waren wie in einem Gefängnis, in dem jeder Hutu in einem solchen Amt gewissenhaft Wachdienst leistete. Eine ungeschickte Handlung eines Tutsis hätte nur die Aufmerksamkeit der zu bestechenden Person auf ihn lenken können. Das war mir völlig klar.

Deshalb begann ich unter meinen Freunden zu fragen, wer einen Bekannten beziehungsweise einen Freund in der Präfektur hätte, um meinen Fall zu beschleunigen oder sogar eine eventuell abschlägige Antwort positiv zu beeinflussen. Das ging schnell.

Wieder Védaste. Er war mit der zuständigen Person befreundet, die die ersten Vorprüfungen des Ausreiseantrages ausführte. Er veranlaßte für mich eine direkte Verbindung mit dem Mann. Ich überreichte ihm den Antrag mit allen vollständigen Papieren und bekam von ihm ein freundliches Versprechen, daß er auch alles daransetzen würde, um spätestens in einer Woche alles in Ordnung zu bringen. Nach einer Woche war tatsächlich alles in Ordnung. Ich bekam meine Ausreisegenehmigung Anfang September und durfte somit legal ausreisen.

Ich ging gleich zur Ethiopian Airlines für die Bestätigung des Reisetages. Der ruandische Geschäftsführer, John, war mein Freund. Ich erfuhr von ihm, daß alle Flugverbindungen der nächsten Woche schon ausgebucht waren. Wieder ein Problem? Ich wollte nicht mehr eine Woche in Kigali warten. Als ich ihm erklärte, daß ich dringend ausreisen wollte, versuchte er eine Zwischenlösung zu finden. Er schlug mir vor, einen vierundzwanzigstündigen Transitaufenthalt in Addis Abeba, Äthiopien, zu verbringen.

Da die gesamten Kosten von der Fluggesellschaft übernommen werden mußten, nahm ich diese Variante mit großem Vergnügen an, während John es für eine Belastung hielt. Ich freute mich auf die Möglichkeit, Addis Abeba kennenzulernen, eine Stadt, von der ich schon soviel Schönes gehört hatte.

Es wurde in der Geschichte berichtet, die Tutsis kamen aus der Gegend des heutigen Äthiopien, früher Abessinien. So habe ich mich schon seit meiner Jugendzeit sehr für Äthiopien interessiert. Die Gelegenheit war also unerwartet günstig. Schnell aus dem Feuer und gleich Äthiopien kennenzulernen, war wie eine doppelte Belohnung.

In meinem Betrieb hatte ich schon alles in Ordnung, da ich unter anderem dem Ausreiseantrag einen Urlaubsschein des Arbeitgebers beifügen mußte. Die Sache war meinem Arbeitgeber längst klar. Unter den Kollegen kannte nur Aphrodise meinen angeblichen Studienplan. Alles war den anderen aus Sicherheitsgründen geheimgehalten worden.

Als alle Vorbereitungen schon erledigt waren, ging ich am Tag vor meiner Abreise zum Grab meiner Mutter. Unterwegs nutzte ich die Gelegenheit, von meinem Freund Védaste, der unweit vom Friedhof wohnte, Abschied zu nehmen.

Es war ein Samstag. Er war zu Hause. Inzwischen hatte er die Freundin geheiratet, über die wir uns am Tag des Kriegsausbruchs unterhalten hatten. Sie waren sehr glücklich und hatten vor ein paar Tagen ihr erstes Kind bekommen. Wir redeten über Erinnerungen, aber auch über Hoffnungen für die Zukunft. Es grenzte schon an ein Wunder, daß alles für meine Ausreise bislang ohne größere Schwierigkeiten gelaufen war. Védaste hatte eine sehr aktive Rolle gespielt. Seine Schwester Spéciose, die ich auch gut kannte, lebte seit einigen Jahren in der Schweiz. Ich bekam mündliche Mitteilungen für sie.

Aus Sicherheitsgründen hatte ich keinen einzigen Brief mitgenommen, da es am Flughafen immer Schwierigkeiten gab. Die Geheimdienstmitarbeiter kontrollierten alles, was verdächtig war. Briefe wären eine echte Gefahr, wenn zum Beispiel etwas über die Leiden der Tutsis in einem Brief stehen würde. Ich bekam die Adresse von Spéciose, dann nahmen wir voneinander Abschied. In diesem Moment ahnte ich noch nicht, daß ich ihn nie wiedersehen würde.

In meiner Wohnung hatte ich die wertvollen Sachen unauffällig verkauft. Manche Gegenstände waren schon abgenommen, manche sollten von den Freunden erst nach meiner Ausreise abgeholt werden, um mich möglichst vor jedem Verdacht zu schützen. Damals wurde jede Ausreise eines Tutsis grundsätzlich als Flucht betrachtet.

Auch Marie kannte meinen Studienplan. In ihren Abschiedsworten äußerte sie sich so freundlich, daß ich oft an sie dachte, als die Hutu-Tutsi-Beziehungen später zu einer Katastrophe wurden. Wir hatten zwar eine gute Nachbarschaft in diesen schwierigen Zeiten gehabt, doch was sie für ein wirklich guter Mensch war, entdeckte ich erst am Vorabend meiner Abreise. Die schönen Worte, die ich von ihr hörte, begleiten mich heute immer noch. Am frühen Morgen bin ich sogar von ihrem Lebensgefährten, einem Hutu aus Gisenyi, zum Flughafen gefahren worden. Trotz der frühen Stunde gab es noch einige Freunde, die zu meinem Abschied kamen. Alois war auch dabei. Zu dem Zeitpunkt ahnte ich auch nicht, daß ich ihn nie wiedersehen würde.

Als ich am Flughafen ankam, spürte ich wahnsinnige Angst. Der Flughafen war in bezug auf die Landessicherheit einer der sensiblen Punkte, wo der Geheimdienst folglich massiv vertreten war. Ich hatte zwar alle erforderlichen Papiere in Ordnung, doch ich könnte im letzten Augenblick gestoppt werden, wie es vielen anderen Tutsis passiert war. Ein Bekannter war sogar vor kurzem nach allen vollständigen Formalitäten aus dem Flugzeug herausgeholt und geradewegs ins Gefängnis geschickt worden. Zur Vorbeugung kleidete ich mich einfach, auf jeden Fall keinen Anzug. Den Geheimagenten wollte ich möglichst nicht auffallen.

Am Flughafen bestanden die Reiseformalitäten aus zwei Etappen: Die Gepäckkontrolle im Erdgeschoß, die Reisepapierkontrollen und die anderen Sicherheitsvorkehrungen in der ersten Etage. Nach der Gepäckkontrolle wechselte ich hastig die letzten Abschiedsworte mit meinen Begleitern, bevor ich allein die Treppe hinaufging. Die entscheidende Minute war nun gekommen. Dort oben passierten die meisten Verhaftungen. Derjenige, der die Gesundheitsbescheinigungen kontrollieren mußte, wohnte in meiner Nachbarschaft. Er verfolgte seit einer mir unbekannten Zeit sehr nahe meinen Fall. Er hatte sich sogar vor kurzem erlaubt, Alois zu fragen, warum und wann ich in die Schweiz reisen würde. Woher er von meiner bevorstehenden Reise erfahren hatte, blieb mir unklar. Auf jeden Fall war er darüber informiert. Es war durch seine Arbeit am Flughafen auch zwangsläufig, daß er dem Geheimdienst angehörte. Alois hatte mich darüber verständigt, und ich wußte von da an, daß der Mann mir zweifellos auf den Fersen war. Seitdem fürchtete ich, daß meine Ausreise möglicherweise in der letzten Minute sabotiert werden könnte.

Als ich in dem Saal ankam, stand ich vor ihm. Ich wollte jede private Beziehung zu ihm meiden und händigte ihm nur mein Impfungsheft aus. Er nahm zunächst das Heft. Dann reichte er mir die Hand, ohne jedoch ein Wort zu sprechen. Da habe ich mir gedacht:»Das muß ein Judas-Gruß sein. Er muß alles schon mit den Kollegen besprochen haben, nämlich daß die Person, der er die Hand reichen wird, ohne ein Wort, die verdächtige Person sein wird.« Nachdem er seine Kontrolle durchgeführt hatte, ging es weiter mit der Paßkontrolle. An dieser Stelle wurde das wichtigste Dokument, nämlich die Ausreiseerlaubnis, nicht verlangt. Ob sie nun unter den Behörden so gut organisiert waren, um zu wissen, ich hätte alles völlig in Ordnung, ist mir ein Rätsel geblieben. Ebenfalls wurde ich nicht nach Briefen oder anderen eventuell kompromittierenden Papieren durchsucht. Alles ging gut.

Nur ein Geheimdienstmitarbeiter, der da stand, starrte mich mit bösem Blick an. Um meine innere Unruhe zu verbergen, starrte auch ich ihn lange an. Hat das geholfen? Immerhin, nach allen erforderlichen Kontrollen und Vorkehrungen durfte ich mich in den Transitraum begeben.

Nach etwa zwanzig Minuten, die mir aber wie eine Ewigkeit schienen, wurden wir aufgefordert, uns zur Maschine zu begeben. Die Maschine war aus Bujumbura gekommen, und an Bord befand sich eine berühmte Fußballmannschaft aus Burundi, unterwegs nach Kairo. Ich saß neben dem Trainer, den ich gut kannte, den ich aber erst viel später erkannt habe, denn ich stand immer noch unter Druck. Nun zählte ich jede Minute. Das Flugzeug begann zu rollen, und schon bald erhob es sich vom Boden. Wunderbar! Das vor einigen Monaten begonnene Wunder war nun vollbracht. Ich lehnte mich auf meinem Sitz zurück und atmete tief durch, als ich die schöne Landschaft in den rötlichen Strahlen der aufgehenden Sonne durch das Fenster verschwinden sah. Ich war in Sicherheit.

Ich verließ das Land der tausend Hügel oder des ständigen Frühlings, wie auch immer die Europäer es nennen, am 8. September 1991. Ich habe fast ein Jahr dazu gebraucht, ein Jahr im blutigen Krieg, in dem der Haß zwischen Hutus und Tutsis schon stark spürbar war. Ich verließ gerade noch rechtzeitig mein Heimatland, über das bald eine Katastrophe hereinbrechen sollte; ja, in dem alles nie wieder wie früher sein wird.

Die Maschine landete kurz in Uganda und setzte nach dreißig Minuten ihren Flug nach Äthiopien fort. In den Mittagsstunden landeten wir in Addis Abeba, wo ich die Nacht verbringen sollte. Am Flughafen liefen alle Transitformalitäten ohne Probleme. Da habe ich meine Kenntnisse in Englisch zum ersten Mal anwenden müssen. Alle vom Transit betroffenen Passagiere wurden mit einem Bus gemeinsam in die Stadt befördert und in die jeweiligen Hotels gebracht. Ich wohnte im Hotel Ghion.

Nachdem ich mein Gepäck in das Hotelzimmer gebracht hatte, ging ich zum Restaurant. Nach dem Mittagessen ging ich gleich hinaus, um meine Erkundungsreise zu beginnen.

Als ich an der Schwelle der Eingangstür stand, kamen zwei junge Männer auf mich zu. Sie fragten mich in ausgezeichnetem Englisch, ob ich die Stadt besichtigen wolle. Später konnte ich verstehen, daß sie die Gewohnheit hatten, den neu Angekommenen solchen Service gelegentlich anzubieten. Sie kamen mir jedenfalls freundlich vor. Ich hatte mir einen ersten Eindruck von der Stadt durch die Fahrt vom Flughafen zum Hotel verschafft und schätzte Addis Abeba sehr groß ein, etwa 4 Millionen Einwohner lebten dort, wie ich später erfuhr. Ich wußte, daß ich allein nicht viel Interessantes in so einer kurzen Zeit erleben konnte. Es war also günstig, mit Hilfe von jemandem, der die Stadt kannte, die Sehenswürdigkeiten zu besichtigen. Ich nahm mit Vergnügen ihr freundliches Angebot an.

Die Besichtigung begann gleich in der Stadtmitte, wo sich das Hotel Ghion befindet. Nach einigen Minuten entschuldigte sich der Jüngere von den beiden. Er hatte einen wichtigen Termin und konnte nicht weiter mitmachen. Es tat mir leid, da er besser Englisch sprach und somit besser erklären konnte als sein Freund. Er gab seinem Freund dabei gute Hinweise, wo wir am besten hingehen konnten, um möglichst viel zu besichtigen. Ich hatte ihnen schon gesagt, daß mir nur der Nachmittag zur Verfügung stand. Der Ältere hatte Zeit und versprach mir, mich den ganzen Nachmittag zu begleiten. Wir gingen ein Stück zu Fuß, und nach etwa einer Stunde nahmen wir ein Taxi, wie sie es auch dort nennen, genauso wie in Kigali. Die Taxis waren kleine Lieferwagen, die man durch den Einbau von zwei Sitzbänken in »afrikanische Taxis« umgewandelt hatte. Solche waren am häufigsten zu sehen in Addis Abeba, und im Vergleich zu den normalen Taxis waren sie wesentlich billiger. Die Stadtbesichtigung wurde immer spannender.

Als wir in einem bestimmten Stadtteil ankamen, stand ich vor einer Aussicht, die ich früher auf einem Bild gesehen hatte. Ich hatte regelmäßig durch meinen Freund Védaste, der auch früher bei Ethiopian Airlines gearbeitet hat, eine Zeitschrift »Selamta« gelesen, die nur an Fluggäste verteilt wird. Darin gab es oft Bilder über die touristische Seite Äthiopiens, unter anderem die schönsten Stadtteile von Addis Abeba. So kam auch oft eine Ansicht der berühmten Churchill Avenue vor. Ich wußte nicht, daß ich das Bild in meinem Gedächtnis behalten hatte. Aber als wir an dieser Straße ankamen, kommentierte mein Begleiter: »Diese ist eine der größten und schönsten Straßen von Addis Abeba.« Wir standen nun wie auf einer kleinen Anhöhe und hatten eine sehr gute Aussicht über diese breite Allee, deren zwei Fahrbahnen von einer regelmäßig geschnittenen Hecke getrennt waren. Von meinem Aussichtspunkt aus verlief die Allee mit leichtem Gefälle über eine hügelige Welle, die jedoch niedriger als mein Aussichtspunkt war und endete in der Ferne hinter einem Hügel. Herrlich! Plötzlich wußte ich, daß ich diese Straße schon gesehen hatte, nämlich in der Zeitschrift »Selamta«. Ohne daß der Straßenname schon gefallen war, sagte ich: »Ich kenne die Churchill Avenue.« Ich merkte, wie mein Begleiter einen skeptischen Blick auf mich warf. Seine Reaktion war völlig begründet, denn er konnte nicht begreifen, wie das möglich sein konnte. Ich hatte ihm vorhin gesagt, daß ich mich zum ersten Mal in Addis Abeba aufhielt. Ich erklärte ihm meine Liebe zu Äthiopien und erzählte von der Zeitschrift »Selamta«. In dem Augenblick, in dem ich das Bild über diesem Teil der Stadt erkannte, durchflutete mich das angenehme Gefühl, daß ich tatsächlich weit weg von meiner Heimat war. Ja, ich war wirklich weit entfernt und somit in Sicherheit. Dasselbe Gefühl bekam ich auch, als wir auf einem bestimmten Platz das Standbild von König Menelik, in kriegerischer Haltung auf einem Pferd sitzend, betrachteten. Gleichzeitig wurde mir bewußt, daß ich in eine andere Kultur und Tradition gelangt war, da Pferde in der Geschichte Ruandas völlig unbekannt sind.

Immer wieder war ich von der Schönheit Äthiopiens begeistert. Einmal blieb ich lange stehen und besah mir die wunderschönen Kinder. Mein Begleiter merkte, daß ich wirklich abgelenkt war, ohne jedoch den Grund zu begreifen, bis er mich fragte, ob wir den Weg fortsetzen konnten. Zwischendurch besuchten wir kurz eine bekannte Familie meines Begleiters. Ich hatte ihn darum gebeten, mir einen Besuch in irgendeiner Familie zu ermöglichen. Schließlich gingen wir in eine Bar, um gemeinsam etwas zu trinken. Als sich die Dämmerung näherte, entschied ich mich, zum Hotel zurückzufahren. Da ich mit meinem Begleiter zufrieden war, gab ich ihm ein kleines Dankeschön. Er zeigte mir ein Taxi, das am Ghion Hotel vorbeifahren sollte, ehe wir uns voneinander verabschiedeten.

Am nächsten Tag ging es früh wieder los, diesmal allein. Ich ging zu Fuß zu den bekanntesten Plätzen, die ich auch schon vorher auf Bildern gesehen hatte, wie dem Hilton Hotel, dem Sitz der Organisation der Afrikanischen Einheit, dem Palast des ehemaligen Kaisers Haile Selassie und viele andere, die sich unmittelbar in der Stadtmitte befinden.

An diesem Vormittag standen mir etwa drei Stunden zur Verfügung, da der Bus alle Passagiere um 11 Uhr abholen sollte, um uns zum Flughafen zu fahren. Der Bus kam pünktlich. Am Flughafen verliefen die Formalitäten ohne Probleme. Ich verließ Addis Abeba in den Mittagsstunden. Der Flug sollte nach Rom gehen. Von dort sollte ich mit Swissair nach Genf weiterfliegen.

Während des Fluges aus Addis Abeba saß ich neben einem jungen Mann äthiopischer Herkunft, Tamrat, der sich auf dem Weg nach Kanada befand. Dort wollte er ein Literaturstudium aufnehmen. Tamrat konnte perfekt Englisch und hatte einen internationalen Wettbewerb in englischer Literatur gewonnen. In diesem Zusammenhang hatte er dann von einer kanadischen Universität ein Stipendium erhalten, um dort weiter zu studieren. Er machte meine schöne Reise noch angenehmer. Alles, was ich besser über Äthiopien verstehen wollte, brachte er mir noch bei. Die Reisezeit von fünf Stunden zwischen Addis Abeba und Rom ging vorüber wie im Flug, und das im wahrsten Sinne des Wortes. Auch stillte ich meine Neugier über die Wüste Sahara und den Nil.

Eine ziemlich lange Zeit flogen wir über dem Nil. Da ich am Fenster saß, nutzte ich die Gelegenheit, den Vorhang kurz aufzumachen und den Nil voller Begeisterung zu betrachten. Ich mußte leider schnell wieder den speziellen Vorhang hinunterschieben, denn die anderen Fluggäste verfolgten einen interessanten Film. Ich fragte mich nur: Wieso zogen sie alle den Film diesem wunderschönen Panorama vor? Das war an einem sonnigen und wolkenfreien Tag. Die ganze Kabine der riesigen Maschine war dunkel, um den Film besser zu sehen. Schade, daß ich diese Aussicht nur so kurze Zeit genießen konnte.

Gegen 18 Uhr landeten wir in Rom, wo die Maschine eine kurze Zeit Aufenthalt hatte, bevor sie nach London weiterflog. In Rom hatte ich etwa zwei Stunden Aufenthalt. Ich ging in den Transitraum, um die Reiseformalitäten für Swissair zu regeln. Dies sollte in der Wartezeit erfolgen. Am entsprechenden Schalter saß eine Frau. Nachdem sie sorgfältig mein Flugticket überprüft hatte, befragte sie den Computer. Kurz darauf stand sie auf, gab mir mein Ticket zurück, nahm ihre Tasche, schloß den Schalter und ging fort. Sie ließ mich ihre Verachtung spüren, da sie mich ohne ein Wort der Erklärung einfach stehen ließ. Was hatte ich bloß falsch gemacht? Ich sah der Frau lange nach, bis sie am Ende der Halle verschwand. Man hatte mir gesagt, daß in Europa alles schneller läuft als in Afrika. Das war tatsächlich schnell gegangen. Sie war überhaupt die erste Person in Europa, mit der ich zu tun hatte. Ich sah die Frau nie wieder.

Verunsichert nahm ich mein Flugticket wieder zurück und ging zum Monitor, wo ich den richtigen Schalter abgelesen hatte,

um mich noch einmal zu vergewissern. Alles schien mir über-
einzustimmen. In dem Ticketheft stand vor der Verbindung von
Rom nach Genf ein OK, was bedeuten sollte, mein Platz für diesen Flug wäre schon reserviert und bestätigt. Zumindest der in
meinem Ticket angemeldete Flug war tatsächlich auch auf dem
Monitor vorhanden. Ich entschied mich, ruhig zu bleiben und
abzuwarten. Ich saß in einem fast leeren riesigen Saal über eine
Stunde, ohne jegliche konkrete Hinweise auf möglicherweise
aufgetretene Änderungen. Die Zeit verfloß, und die Verunsicherung wuchs in mir ständig. Auch zu der festgesetzten Zeit für
die Abfertigung dieses Flugs kam niemand an den Schalter.

Ich begann aller fünf Minuten am Monitor zu prüfen, um jede
mögliche Änderung rechtzeitig festzustellen und keine bösen
Überraschungen zu erleben. Die Ungeduld begann unerträglich
zu werden. Doch dann sah ich endlich jemanden an den Schalter
kommen. Es war kurz vor 20 Uhr, und der Flug sollte um halb
neun starten. Ich ging hastig gleich auf ihn zu. Inzwischen hatte
ich aber bemerkt, daß auch einige andere Leute ungeduldig auf
die Abfertigung warteten. Auch sie warfen regelmäßig prüfende
Blicke zum Schalter und sahen ständig auf die Uhr. Nur eine
Beobachtung gefiel mir während dieser Wartezeit. Die Sonne um
20 Uhr zu erleben, die kurz danach unterging. Dies war für mich
ein merkwürdiges Erlebnis. Was ich theoretisch über die Sonne
und ihr Verhalten durch die Jahreszeiten und an verschiedenen
Orten der Erde gelernt und mir nicht vorstellen konnte, hatte ich
nun gesehen. Alle Reisenden standen nun in einer Schlange vor
dem Beamten. Ich war der zweite. Als ich herankam, prüfte der
Beamte im Computer, genauso wie die Frau es vorhin gemacht
hatte. Er schien allmählich besorgt zu werden. Er wiederholte
dieselbe Probe, so nahm ich an. Er rief irgendwohin an. Dann
forderte er mich in Englisch auf, zu warten und den anderen
Passagieren den Weg zu ihm frei zu machen. Ich fragte ihn tief
besorgt, aus welchen Gründen das geschah, daß es bei mir nicht
vorankam, denn er hatte ebenfalls mein Flugticket gerade beisei-
te gelegt. Er beantworte meine Frage nicht, sondern ließ mich

mit Handgesten verstehen, noch einen Augenblick abzuwarten. Er wollte sich nachher ruhiger um meinen Fall kümmern, so verstand ich. Ich wurde aber unruhig. Sollte es eine Unregelmäßigkeit in meinem Flugticket geben? Nachdem er alle Anwesenden abgefertigt hatte, was etwa zwanzig Minuten dauerte, rief er wieder an, als er mein Ticket vor seine Augen hielt.

Nun bangte ich um die Zeit. Die Maschine, mit der ich weiter fliegen sollte, war schon vor einigen Minuten gelandet. Alle Passagiere gingen vom Schalter aus geradewegs zur Maschine. Dann kam eine Frau in Uniform, so wie es in den Fluggesellschaften üblich ist, auf mich zu. Sie grüßte mich, bevor sie mein Ticket von dem Mann verlangte. Sie sprach zu mir auf französisch, und als sie vor mir stand, erkannte ich das Zeichen von Swissair an ihrer Uniform. Das beruhigte mich, da mein Problem wenigstens ernst genommen worden war. Ich verstand, daß sie wahrscheinlich die Person war, mit der der Beamte am Telefon gesprochen hatte. Sie prüfte das Flugticket, ohne zum Computer zu gehen. Sie stellte mir schnell einige Fragen, um Auskünfte über den Flug von Kigali nach Rom einzuholen. Ich erklärte ihr, daß ich bisher keine Schwierigkeiten gehabt hatte. Ich war nun der letzte am Schalter, während ich zu Beginn der erste gewesen war. Sie sprach kurz mit dem Beamten, bevor sie mich endlich aufforderte, ihr in Richtung Maschine zu folgen.

Am Eingang der Maschine erklärte sie den Besatzungsmitgliedern, worum es ging. Ich würde einen Platz bekommen, falls ein Sitzplatz übrigbliebe. Sie bat mich, mit ihr weiter in die Passagierkabine hineinzugehen. Wir standen nun vor allen Passagieren, um abzuwarten, bis alle einen Sitzplatz hatten.

Ohne mir einer Schuld bewußt zu sein, stand ich plötzlich unter einem seelischen Druck, der mich zusätzlich belastete. Bislang wußte ich nicht, was falsch war. Die Frau hat mir bis zum Ende nicht gesagt, was eigentlich fehlte. So fürchtete ich die Verantwortung tragen zu müssen, sollte keine Lösung gefunden werden. Wir standen vielleicht zehn Minuten da. Zu meinem Glück blieb ein freier Platz, gleich in der ersten Reihe. Die Frau zeigte mir den Platz und ging zurück, nachdem ich mich gesetzt hatte. Ich fühlte mich erleichtert. Kurz darauf starteten wir nach Genf.

Meine ersten Stunden in Europa brachten mir nur Überraschungen. Auf dieser Reise wurde ich auch noch von einer Stewardeß offen verachtet. Als der Dienst im Flugzeug begann, bekam ich mein kleines Eßpaket wie alle anderen Fluggäste. Gleichzeitig fragte die Stewardeß, ob man etwas für die Unterhaltung haben wolle. Die meisten forderten eine Zeitung an. Jedenfalls bekam mein Nachbar eine. Sie haben auf deutsch gesprochen, so nahm ich an. Ich wußte, daß der nördliche Teil der Schweiz Deutsch spricht, und außerdem sollte der nächtliche Flug dort enden, nämlich in Zürich.

Die Frau fragte auch mich mit einer Kopfbewegung, was ich als eine Aufforderung verstand, mich für eine Zeitung zu entscheiden, denn ich hatte schon mein Eßpaket in der Hand. Ich sagte mit einer müden Stimme auf französisch: »Ich möchte irgendeine Zeitung auf französisch bekommen.« So war es klar, daß ich keinen bestimmten Titel kannte, daß ich aber bereit war, jede vorhandene Zeitung auf französisch anzunehmen. Ich wünschte mir, wie die anderen Passagiere die Flugzeit beschäftigt zu überbrücken. Darauf starrte sie mich an und sagte laut in einem verächtlichen Ton auf französisch: »Quoi?«, also »Was?«, indem sie bei dieser Frage absichtlich den Ton in die Länge zog. Jeder in den folgenden Reihen hat verstanden, daß die Frau unhöflich war. Trotzdem wiederholte ich meinen Wunsch, obwohl ich deutlich durch ihre Art und Weise verstanden hatte, was dahintersteckte. Ich wollte mich vergewissern, ob sie möglicherweise nicht verstanden hatte, denn meine Stimme war schwach.

Daraufhin sah sie mich wieder mit verächtlichem Blick an, bevor sie ihren Servierwagen weiterschob. Ich drehte mich erstaunt um, um ihr mit den Augen zu folgen. Als sie sich nicht wieder umdrehte, fragte ich mich vergeblich, was ich schon wieder falsch gemacht hätte. Innerhalb von drei Stunden wurde ich von zwei Personen verachtet. Die ausgebliebene Antwort sollte erst ein paar Jahre später kommen. Der Nachbar, ein Mann Mitte dreißig, der sicherlich alles mitbekommen hatte, lächelte mich an, als ob er mir sein Mitleid zeigen wollte. Ich fühlte mich die ganze Flugzeit so unbequem, denn während die anderen lasen, langweilte ich mich gewaltig. Wäre es nur heller wolkenfreier Tag und könnte ich aus dem Fenster schauen. Diese Reise zwischen Rom und Genf kam mir oft in Erinnerung, als ich viel später immer wieder dieselbe unerklärliche Verachtung spürte. Wir landeten planmäßig in Genf kurz nach 22 Uhr. Nach den Einreiseformalitäten, die ohne Schwierigkeiten abliefen, ging ich aus dem Transitraum. Jacques war da, um mich zu empfangen. Es war ein schönes Gefühl, ihn wiederzusehen. Er war mit einem jungen Mann aus Ruanda gekommen, der sich wegen eines Praktikums in der Schweiz aufhielt. Wir, Jacques und ich, hatten den jungen Mann während unserer Arbeit in Kigali kennengelernt. Er gehörte dem Hutu-Stamm an. Unterwegs von Genf nach Lausanne, wo Jacques wohnte, redeten wir fast nur über die Flugreise. Sie hatten Marie im Laufe des Tages angerufen, um sich zu vergewissern, ob ich schon unterwegs war. Sie wußten also im voraus, daß ich mit dem Flug ankäme, bevor sie nach Genf fuhren, das etwa sechzig Kilometer von Lausanne entfernt ist. Jacques kam zu der Frage, wie der Service im Flugzeug von Swissair war. Da er aber nie negative Erfahrungen gemacht hatte, lobte er die schweizerische Fluggesellschaft bereits, bevor ich selbst antworten konnte. Da reagierte ich in meiner offenen Weise, die ich immer in unseren Unterhaltungen zu verwenden pflegte: »Alle sind dieselben, Jacques. Swissair ist nicht besser als Ethiopian Airlines.« Darauf fragte er mich unbekümmert weiter: »Sie haben Schokolade bekommen, Thomas, nicht war?« Tatsächlich hatte ich eine Schokolade bekommen. Er erklärte mir weiter, wie es fast zur Tradition bei der Swissair geworden war, während des Fluges Schokolade zu servieren.

Eins war aber sicher: Der Flug mit Swissair hatte mir nicht gefallen, während der Flug von Addis Abeba nach Rom mich in jeder Hinsicht begeistert hatte. Inzwischen hatte ich aber den Vorfall mit der Stewardeß schon vergessen. Die Freude, in der Schweiz angekommen zu sein, also das rettende Ufer erreicht zu haben, hatte schon die unangenehmen Gedanken aus meinem Kopf gelöscht.

Obwohl ich keine Spur einer Verletzung bei Jacques bemerkt habe, fühlte ich mich später doch daran erinnert. Ich widersprach ja seinem Lob, ohne den Grund dabei zu erwähnen, obwohl einer vorhanden war, wenn auch schon vergessen. Als ich später meine Erfahrungen mit Rassismus und Nationalismus machen mußte, verstand ich, daß eine solche Äußerung leicht verletzen kann.

In einem Stadtteil von Lausanne wohnte der Ruander. Nachdem er uns verließ, erzählte ich Jacques schon unterwegs einiges über meine Erlebnisse in Ruanda, wie ich Todesangst gelitten hatte. Er hatte nie gewußt, daß ich persönlich von den ruandischen Behörden gesucht wurde. Für ihn war es unbegreiflich, daß man verfolgt wird, nur aus dem einzigen Grund, daß man einem anderen Stamm angehört.

Wir kamen zu Hause an. Jacques hatte ein eigenes Haus und war ledig. Er wohnte mit seiner Tante Monique zusammen, die zu diesem Zeitpunkt nicht da war. Nachdem er mir das Haus und alle wichtigen Räumlichkeiten gezeigt hatte, gingen wir gleich zu Bett. Am Tag danach mußte er früh arbeiten gehen.

Ich war also in der Schweiz unversehrt angekommen. Die erste Etappe meiner Flucht war gelungen. Im Bett dachte ich lange über meinen zurückgelegten Weg nach, bevor ich in einem tiefen Schlaf versank.

Am nächsten Tag lernte ich Monique kennen. Da sie ziemlich spät arbeiten ging, frühstückten wir immer gemeinsam. Tagsüber war ich allein zu Hause. Am selben Tag setzte ich mich mit meinem Bruder telefonisch in Verbindung. Als ich ihn erreichte, war er sehr erstaunt und zugleich froh, daß ich den verheerenden Umständen in Ruanda entkommen war. Er sagte mir aber gleich, daß er nur auf diese Gelegenheit gewartet hatte. Er schlug mir vor, nach Deutschland zu kommen. Weil er gehofft hatte, ich könne über diesen Weg die Schweiz erreichen, hatte er schon beim ersten Treffen mit Jacques darauf bestanden, daß er alles daran setzen würde, für mich in Deutschland ein Stipendium zu erhalten.

Am Telefon sagte er mir, er hätte schon Kontakt zu einer Organisation aufgenommen und deren Zusage für ein Stipendium erhalten, sobald ich in Deutschland ankäme. Die einzige Voraussetzung war, daß ich eine Aufenthaltsgenehmigung erhielt. Der Weg zum Asylantrag war längst die einzige Möglichkeit, zu dieser Aufenthaltsgenehmigung zu gelangen, denn ich entsprach dem Fall einer berechtigten Anerkennung in Deutschland. Wir besprachen all dies am Telefon.

Da es um ein Stipendium ging, was ich in der Schweiz nicht erhoffen durfte, konnte ich mir nichts besseres wünschen. Als ich unvorbereitet meine Heimat verließ, wußte ich, daß ich mit erheblichen Schwierigkeiten in der Schweiz rechnen mußte, sogar möglicherweise mit der erzwungenen Rückkehr in meine Heimat. Sollte ich in der Schweiz bleiben, so mußte ich kleine Jobs abends und am Wochenende annehmen, um meine Unterhaltskosten zu finanzieren. Das wäre schwierig, aber möglich.

Die Gelegenheit, ein Stipendium zu erhalten, war mir wie eine Rettungsmaßnahme. Mein einziges Problem war im Moment die deutsche Sprache, aber die kann man ja lernen. Jedenfalls wäre ich auf diese Weise ziemlich sicher, nicht gleich nach Ruanda zurückkehren zu müssen. Mein Bruder lebte schon fast zwanzig Jahre in der Bundesrepublik Deutschland. Es war vorteilhaft, in seiner Nähe zu leben. Ich konnte also zu dem Zeitpunkt keine bessere Entscheidung treffen, als nach Deutschland weiterzufahren und dort einen Asylantrag zu stellen. Mein Bruder war in diesem Monat sehr beschäftigt. Er hatte deswegen keine Zeit, in den darauffolgenden Tagen in die Schweiz zu kommen, um mich abzuholen. Er bat mich um Geduld, bis er in der Lage sein würde, dies zu tun. Das wichtigste war, ihm Ablichtungen meiner Abschlußzeugnisse zu schicken, damit er schon weitere Schritte unternehmen konnte. Am Tag danach schickte ich ihm alle erforderlichen Dokumente.

Ich freute mich, noch eine Weile in der Schweiz zu bleiben, die ich gern kennenlernen wollte. Als Jacques abends nach Hause kam, teilte ich ihm meine Entscheidung mit. Er erklärte mir, daß mein Bruder von Anfang an diesen Wunsch geäußert hatte. Ich konnte es jedoch nicht rechtzeitig erfahren, weil es unvorsichtig gewesen wäre, solche Mitteilungen am Telefon zu wagen. Jacques hatte keinen Einwand dagegen, fürchtete nur die Schwierigkeiten, die durch die Sprache bedingt sein würden.

Ziemlich beruhigt nahm ich in den nächsten Tagen Kontakte mit Freunden und Bekannten in der Schweiz auf. Es ging los mit Spéciose, der Schwester von Védaste. Ich hatte ja mündliche Mitteilungen von ihrem Bruder, und weil wir uns auch kannten, wollte ich sie wiedersehen. Ich rief sie an. Als ich mich am Telefon meldete, fing sie plötzlich an zu schluchzen und konnte das Gespräch nicht richtig weiterführen. Ich fragte sie besorgt, warum sie so weinte. Sie antwortete lediglich, es kämen viele Erinnerungen auf, die sie zum Weinen brachten. Ich konnte das nicht verstehen. Solche emotionalen Reaktionen kannte ich nur bei Menschen, die sich lieben und sich nach einer langen Zeit unerwartet wiederfinden, was zwischen uns nicht der Fall war. Wir kannten uns durch ihren Bruder; sie war immer nett zu mir gewesen, aber wir hatten keine besondere persönliche Beziehung.

Gleich verabredeten wir, uns in den nächsten Tagen zu treffen. Sie wohnte in Fribourg, etwa sechzig Kilometer von Lausanne entfernt. Zum Glück arbeitete Jacques dort und konnte mich an dem vereinbarten Tag mitnehmen. Am Bahnhof trafen wir uns. Sie schlug mir vor, in ein Café nebenan zu gehen. Dort konnten wir besser in Ruhe reden als in ihrer Wohnung, die sie mit anderen Leuten teilte. Ich erzählte ihr von ihrem Bruder und ihrer ganzen Familie und natürlich von der unheilvollen Situation in der Heimat.

Es kam dann zum spannendsten Gespräch. Sie sagte mir: »Thomas, weißt du, warum ich am Telefon geweint habe?« Völlig neugierig verneinte ich. Offensichtlich erneut berührt, fuhr sie fort: »Für uns lebst du nicht mehr seit dem Kriegsausbruch in

Ruanda.« So wie sie das in meiner Muttersprache gesagt hat, bestand kein Zweifel, daß es um meinen eigenen Tod ging. Und mehr amüsiert als erschrocken fragte ich sie: »Wieso denn?« Das Unbegreifliche wurde mir langsam klar. Sie sagte: »Wir haben regelmäßig Listen von ermordeten Tutsis erhalten. Auf einer Liste standest du auch. Für viele unserer Landsleute war es klar, daß der Bruder von Jean-Marie in der ersten Welle der Ermordungen getötet wurde.«

Ich muß ehrlich zugeben, es ist schön, etwas über seinen eigenen Tod zu erfahren! So versuchte ich mir vorzustellen, ich wäre längst gestorben und vergessen. In ihren weiteren Erklärungen ließ sie mich verstehen, sie hätten im Freundeskreis Bemerkungen über mich gemacht, wie sie tatsächlich sonst nur für Verstorbene gelten. Dies war wie eine Bestätigung ihrer festen Überzeugung von meinem Tod. Ich erzählte ihr meine vollständige Geschichte seit dem Kriegsausbruch bis zu diesem Zeitpunkt. Aber ihre Geschichte werde ich nie vergessen!

In den folgenden Tagen sah ich mehr Freunde und Bekannte wieder, als ich zuvor geahnt hätte. Alle Menschen ruandischer Herkunft trafen sich regelmäßig in den Vereinen, besonders häufiger nach dem Kriegsausbruch in Ruanda. Dort konnte man sich über die Lage in Ruanda unterhalten und Informationen über die von der Regierung umgebrachten Menschen austauschen. Viele meiner Bekannten und Freunde hatten an meinen Tod geglaubt.

Einer von ihnen war Joseph, ein Student in Genf, den ich in Kisangani, Zaire, kennengelernt hatte. Wir hatten etwa vier Jahre zusammengelebt. Er war jünger als ich, aber wir hatten uns damals gut verstanden. Als er das Abitur bestanden hatte, erhielt er eine Gelegenheit durch Familienmitglieder, seine Ausbildung in der Schweiz fortzusetzen. Er hatte auch von meinem Tod erfahren, und da er meinen Bruder persönlich kannte, hatte er ihn schon angerufen, um sein Beileid auszusprechen.

Als ich in der Schweiz ankam, war mein Tod für ihn eine längst vergessene Geschichte. Nun erfuhr er, daß ich in Lausanne sei. Er glaubte den anderen nicht und kam unverzüglich nach Lausanne, um sich zu vergewissern, ob die angemeldete Person tatsächlich der Thomas war, den er kannte. Eines Sonntagmorgens traf er bei Jacques mit anderen Bekannten ein, die mich schon gesehen hatten. Ich war unter der Dusche. Sie warteten einen Augenblick. Als ich im Wohnzimmer erschien, sah ich drei junge Männer. Zwei davon waren mir bekannt, der eine unbekannt. Der Unbekannte war Joseph. Da er eine Brille trug, was einst nicht der Fall war, erkannte ich ihn nicht gleich, selbst wenn er mich mit dem ruandischen traditionellen Gruß umarmte. In dem Augenblick fragte ich mich, wer konnte wohl der unbekannte junge Mann sein. Er umarmte mich sehr herzlich, als ob wir uns schon lange kannten. Ich hatte gemerkt, wie er mich mit aufgerissenen Augen ansah, als ich auf sie zuging. Als er bemerkte, daß ich ihn nicht gleich erkannte, fragte er mich: »Erkennst du mich nicht, Thomas?«

Ich erkannte zunächst die Stimme, und als ich ihn genau ansah, erkannte ich Joseph. Es waren schon sieben Jahre her, seitdem wir uns zum letzten Mal gesehen hatten. Er war ja nicht mehr der Junge, den ich damals kennengelernt hatte. Als wir später in Ruhe reden konnten, erzählte er mir dieselbe Geschichte über meinen Tod wie Spéciose.

Während meines Aufenthaltes in der Schweiz kannte ich keine Langeweile. Ich wurde von Bekannten und Freunden besucht und hin und wieder eingeladen. Alphonse, einer meiner besten Freunde in der Oberschule, lebte seit einigen Jahren in der Schweiz. Er wohnte in Delémont, leider ziemlich weitab von Lausanne, und war verheiratet. Aber sehr oft kam er nach Lausanne zu Besuch, so daß er mir in manchen Situationen mehr geholfen hat als die Leute, die in Lausanne selbst wohnten. Zum Glück hatte er derzeit Urlaub. So konnte er mich in der ersten Woche bei der Erledigung der Formalitäten bei der Ausländerbehörde begleiten und mir viele schöne Stätten von Lausanne zeigen. Seine Schwester Hélène hatte ein Geschäft in Lausanne, in dem sie exotische Produkte verkaufte. Wir hatten uns vor langer Zeit in Bujumbura kennengelernt, bevor sie in die Schweiz kam. So befand ich mich in einem Freundeskreis.

In Jacques' Familie hatte ich es auch sehr gut. Seine ganze Familie war so nett zu mir, daß ich mich keine Minute bei ihnen fremd fühlte, sondern ganz wie zu Hause. Nur einmal befand ich mich mit der Mutter und der Tante von Jacques allein, und wir redeten über Jacques. Wir hatten uns schon eine ganze Weile unterhalten, als ich sagte: »…Jacques hat mir das Leben gerettet.« Die beiden Schwestern reagierten gleichzeitig und wie eingeübt: »Übertreibe aber nicht!« Allerdings wußten sie kaum etwas über die Lage in meiner Heimat. Ich versuchte einige Erlebnisse zu nennen, die darauf hinwiesen, daß mir eine akute Gefahr gedroht hatte. Daraufhin schienen sie mit mir einverstanden zu sein. Nach meinem ausführlichen Bericht sagte die Mutter von Jacques: »Wir wissen ja nicht, was dort unten los ist. In unseren Zeitungen erscheinen nur kurze Meldungen über Ruanda.« Die Wahrheit über Ruanda war damals noch schwer verständlich zu machen. Heute ist es nicht mehr der Fall. Ich freute mich immer wieder darauf, mit Jacques´ Mutter über verschiedene Themen zu diskutieren. Die heutige Lage in der Welt, die Unterschiede zwischen Kulturen, die Umweltzerstörung und viele andere Probleme waren interessante Themen, über die wir oft redeten. Sie schlug mir einmal vor, daß wir dort in Afrika, wo die Natur noch gesund ist, der Umwelt zuliebe auf Autos verzichten sollten. Ich erinnere mich an eine lange und schöne Diskussion an einem gemütlichen warmen Abend, an dem die ganze Familie beisammen war. Nach fast einem Monat Aufenthalt in der Schweiz kam mein Bruder. Ich war hin und her gereist, allein oder in Begleitung, und ich war nun wirklich erholt und bereit, meine Flucht nach Deutschland fortzusetzen.

Das einzige Problem, das ich kaum mit meinem Bruder am Telefon diskutiert hatte, waren die Bilder, die ich aus Deutschland sah. Die Lage im September 1991 war kritisch. Es gab zahlreiche Überfälle auf Ausländer, vor allem auf Asylbewerber. Man sah demütigende Bilder.

Eines Tages, als ich im Fernsehen verbrannte Busse sah, die Asylbewerber befördert hatten, fragte ich meinen Bruder, welche Chance ich hatte, diese Überfälle zu überstehen. Ich mußte auch einen Asylantrag stellen und in solchen Einrichtungen leben. Er antwortete mir gelassen: »Das ist kein Problem. Wir leben mit solchen Bildern seit einiger Zeit. Du mußt dich auch daran gewöhnen.«

Mein Bruder hatte einiges in der Schweiz zu erledigen, und in drei Tagen unternahmen wir viel zusammen. Dann verabschiedete ich mich von Jacques' Familie. Eine Nacht verbrachten wir in Romont, unweit von Lausanne, bei einem ruandischen Freund meines Bruders, bevor wir am 8. Oktober 1991 nach Deutschland reisten.

ANKUNFT IN DEUTSCHLAND

Die Reise von Romont bis an die deutsche Grenze verlief an diesem sonnigen Nachmittag sehr gut. Nach einer kurzen Pause in Bern verließen uns zwei Freunde. Von Bern reisten wir nun zu zweit in dem Kleinbus meines Bruders. An der Grenze bei Basel wurden wir nicht kontrolliert, obwohl ein Polizeibeamter dastand. Er gewährte uns gleich mit einem Handzeichen Weiterfahrt. Wahrscheinlich hat das amtliche Kennzeichen von der Stadt Karlsruhe, das der Wagen meines Bruders trug, seine Entscheidung beeinflußt.

Karlsruhe ist die nächste große Stadt nach dem Grenzübergang Weil am Rhein. Es wäre also kaum denkbar unter normalen Bedingungen, jedes Auto von den anliegenden Städten mit einem so häufigen Kennzeichen unbedingt unter die Lupe zu nehmen, weil sicherlich hunderte davon diesen Grenzübergang täglich passieren. Trotzdem entschied mein Bruder, mich gleich an der Grenze anzumelden. Wir stellten den Wagen auf einem angrenzenden Rasthofparkplatz ab und gingen zur Polizeistelle zurück. Als wir an einem Fenster vorbeiliefen und einen Polizeibeamten sahen, murmelte mein Bruder spontan: »Da sind sie, die Polizeibeamten mit ihren Uniformen«, wie mir schien, weniger um mir etwas mitzuteilen, als vielmehr aus einer plötzlichen Verunsicherung heraus. Ich wußte überhaupt nichts über die Asyllage in Deutschland.

Wir gingen hinein und wandten uns an den am Schalter sitzenden Beamten. Ich hielt schon meinen Reisepaß griffbereit und gab ihn meinem Bruder, als der Beamte ihn verlangte. Dann saßen wir auf der dafür zur Verfügung stehenden Bank in dem kleinen Korridor am Haupteingang und warteten. Nach etwa zehn Minuten wurden wir aufgefordert, uns in ein Büro zu begeben, in dem ich oder besser wir uns einem Interview unterziehen mußten. Ich konnte nämlich kein Wort Deutsch, was das Interview voraussetzte. Mein Bruder mußte daher für mich bürgen. Ich hatte nur dabeizusitzen.

Wir saßen vor einem jungen Polizeibeamten, und eine lange Diskussion begann. Wenn ich auch kein Wort verstand, konnte ich mir jedoch nach den Gesichtsausdrücken einen Eindruck über die gesamte Situation machen. In der Pause stellte ich meinem Bruder Fragen, die mir Klarheit über die vorangegangene Phase brachten. Die Beamten waren sehr höflich. Nachdem der Beamte ziemlich lange die Gesetzbücher in unserer Anwesenheit nachgeschlagen hatte, sagte er meinem Bruder, daß ich wieder in die Schweiz zurück müsse. Er begründete seine Entscheidung damit, daß ich mich in der Schweiz relativ lange aufgehalten hatte, was nach den gesetzlichen Bestimmungen die Einreise in die Bundesrepublik Deutschland für einen Asylantrag unzulässig machte.

Mein Bruder übernahm die Verantwortung und erklärte, daß alles von seinen eigenen Fehlern herrührte. Er erklärte, daß ihm die Zeit gefehlt hatte, als ich mich sofort nach meiner Ankunft in Lausanne gemeldet hatte.

Die Diskussion über meine gefährdete Lage in Ruanda konnte dann fortgesetzt werden. Mein Bruder versuchte weitere überzeugende Gründe darzulegen, die auch manchmal zu weiteren Beweisen führten. So mußte ich in einer offensichtlich kritischen Phase meinen ruandischen Personalausweis, in dem der Ethnie-Vermerk stand, vorzeigen. Dadurch wurde bewiesen, daß ich tatsächlich ein Tutsi war. Ironie des Schicksals: Was sich immer als Nachteil erwiesen hatte, sollte mir nun zum ersten Mal in meinem Leben nützlich sein. Denn der Beamte schien überzeugt. Mein Bruder mußte auch erklären, warum er sich in der ruandischen politischen Opposition aktiv beteiligte, während er eine deutsche Bürgerschaft genoß. Er mußte weiterhin die Frage beantworten, ob ich wirklich sein Bruder sei, und viele andere Fragen. Der Polizeibeamte, der uns mit Handzeichen kurz zuvor durchfahren ließ, mußte sich rechtfertigen, da er sofort in das Nebenbüro eingeladen wurde. Er hat bestimmt seinen Fehler erkannt.

Daraufhin schien der junge Beamte die Sache ernst zu nehmen, denn er wollte meine eigene Aussage hören. Nach seiner Angabe konnte er ein bißchen Französisch sprechen. Ich gab meine eigene Version an. Wenn ich auch kein Wort als Rückfrage von ihm gehört habe, um eventuell die Sache besser zu verdeutlichen, hat er jedoch meinen Vortrag aufmerksam verfolgt. Jedenfalls hatte ich den Eindruck, daß er mich richtig verstanden hatte. Ohne weiteres stand er auf, bat uns, weiter sitzen zu bleiben, und ging in das gegenüberliegende Büro, wo einige seiner Kollegen beisammen saßen. Er bat bestimmt um Rat bei den erfahrenen Kollegen. In der Zwischenzeit diskutierte ich mit meinem Bruder. Er erklärte mir die wichtigsten Punkte in der vorangegangenen Diskussion. Nach etwa zehn Minuten kam ein anderer Beamter, der älter und offensichtlich eher zuständig als der vorherige war, mit meinen beiden Dokumenten in der Hand. Der jüngere blieb in dem anderen Büro, wo er die Debatte über meinen Fall offenbar mit drei anderen Kollegen weiterführte. Ich konnte es von meinem Sitzplatz durch die offen gebliebene Tür und die Glaswand des Büros beobachten, in dem sie sich befanden. Ich verfolgte alles, denn ich hatte keine andere Beschäftigung.

Zu dem Älteren habe ich nichts gesagt. Nur ab und zu warf er einen behutsam prüfenden Blick zu mir, offensichtlich um zu sehen, ob ich Ähnlichkeit mit meinem Bruder hätte. Die Diskussionen schienen diesmal unheimlich zäh, ja sogar beängstigend. Als ich einen Blick aufs Gesicht meines Bruders warf, las ich daraus Zeichen von Verzweiflung ab. Diese Dikussion dauerte etwa zwanzig Minuten. Da ging der Beamte wieder zu den anderen Kollegen. Ich hatte sehnlich auf diese Minute gewartet und fragte sehr gespannt meinen Bruder, was sie da beschlossen hatten. Das war nichts Erfreuliches! Ich müßte tatsächlich in die Schweiz zurückkehren, sagte mir mein Bruder. Er hatte aber gleich darum gebeten, seinen Rechtsanwalt anrufen zu dürfen, um sich über die gesetzlichen Bestimmungen in einer solchen Situation zu erkundigen und gegebenenfalls um seine Hilfe zu bitten. Deshalb versuchten die Beamten, die Frage behutsamer zu behandeln und noch einmal zu beraten, bevor die endgültige Entscheidung fiel. Etwa dreißig Minuten lang berieten die Polizeibeamten unter sich. Es war mir fürchterlich langweilig, da sämtliche Verhandlungen über eine Stunde dauerten.

Nach dieser Debattenrunde kam wieder der jüngere Beamte. Er gab an, es sei nach einem telefonischen Gespräch mit der zuständigen Behörde im Bundesinnenministerium in Bonn für meinen Fall die endgültige Entscheidung gefallen, nämlich meine sofortige Abschiebung in die Schweiz. Eine immer noch höfliche, aber heftige Diskussion entstand. Mein Bruder wollte nämlich nicht nur seinen Rechtsanwalt anrufen, sondern auch dieselbe Behörde in Bonn. Nach einer kurzen Zeit ging der Beamte wieder in das andere Büro.

Mein Bruder wurde zusehends ratloser. Er erklärte mir die letzten Vorgänge. Die Angst erfaßte mich. Die Minute war entscheidend. Da mir aber alle Ausländerprobleme in Deutschland unbekannt waren, konnte ich damals nicht richtig begreifen, wie schwierig meine Einreise war. In dieser Etappe begann ich dennoch die möglichen Konsequenzen vorherzusehen. Es war nunmehr durchaus möglich, daß ich wieder nach Ruanda zurückgeschickt werden würde. In die Schweiz zurückzukehren, bedeutete unvermeidlich, nach Ruanda zurückzukehren, denn ich hatte die Bedingungen für eine Visaerteilung in der schweizerischen Botschaft in Kigali unterschrieben.

Alle Botschaften westeuropäischer Länder in der sogenannten Dritten Welt stellen ein Touristenvisum nur unter strengen Bedingungen aus. Der Bewerber unterschreibt ein Dokument, in dem er sich selbst verpflichtet, unter anderem keinen Asylantrag zu stellen. Außerdem war es mir nunmehr bewußt, daß ich die Chance, in der Schweiz zu bleiben, zum größten Teil versäumt hatte. In diesem Monat meines Aufenthalts hatte ich gar nichts unternommen, um etwas über das geplante Studium in der Schweiz frühzeitig zustande zu bringen. Allein um Jacques Ärger zu ersparen, hätte ich sicherlich entschieden, wieder nach Ruanda zurückzukehren. Ich hätte nicht zulassen können, daß jemand sein Ansehen verliert wegen mir. So bestand in diesem Augenblick, in dem ich im Grenzschutzamt am Rhein saß, immer noch die Möglichkeit, nach Ruanda zurückzukehren. Ich begann über die Lage regelrecht zu grübeln.

Mein Bruder hatte offensichtlich alles ausführlich erzählt, was sich dort abspielte. Ich hatte auch selbst erklärt, so gut ich konnte, wie groß die Gefahr war. Es vergingen noch einmal zehn Minuten. Wir saßen schweigend nebeneinander, und mit jeder Minute wuchs die beängstigende Spannung. Ich dachte an die schreckliche Situation in Ruanda. Doch dann kam der jüngere Beamte wieder mit einem Papier, das mir die Einreise erlaubte.

Das Papier sollte mir zugleich als Ausweis für einen Tag dienen. Er gab meinem Bruder Anweisungen, daß ich mich am nächsten Tag in der Aufnahmestelle in Karlsruhe melden mußte, um meinen Asylantrag dort zu stellen. Mein Reisepaß und mein Personalausweis mußten vorläufig im Grenzschutzamt bleiben und von der Polizei direkt nach Karlsruhe geschickt werden. Welch eine Erleichterung!

Als wir herauskamen, war die strahlende Sonne verschwunden; aber es war immer noch Tag. Wir liefen in Richtung Rasthof. Als wir uns nicht mehr in Sichtweite der Polizeibeamten befanden, reichte mir mein Bruder die Hand und sagte in Französisch erfreut: »Sei willkommen in Deutschland!«

Gut, daß ich in diesem Augenblick nicht wußte, welche Probleme mir bevorstanden, denn ich hatte mich auf diese Einreise allzusehr gefreut.

Wir gingen gleich in das Rasthofrestaurant nebenan, um etwas zu trinken, besonders, um auf unseren Erfolg anzustoßen. Mein Bruder sagte mir, als wir hineingingen: »Wir sollten auch hier gleich Abendbrot essen, denn ich weiß nicht, wie es zu Hause aussieht.« Ich verstand seine Überlegung nicht. Wir suchten uns ein Essen in der Selbstbedienung aus und saßen in einer ruhigen Ecke. Kurz nachdem wir angefangen hatten zu essen, erklärte er mir, warum er nicht wußte, wie es bei ihm zu Hause aussah. Er sagte mir in meiner Muttersprache: »Ich stehe im Scheidungsprozeß mit Dorothea« und versuchte dabei meine Reaktion über die unerwartete Nachricht in meinen Augen zu verfolgen. Dorothea war der Name seiner Frau. Ich sah ihm dabei tief in die Augen und sagte ihm: »Ich hatte es schon geahnt.« In der Tat hatte ich eine Vorahnung gehabt, denn jedes Mal, wenn ich ihn anrief, hatte er entweder selbst am Telefon geantwortet, oder der Anrufbeantworter hatte sich eingeschaltet. Er lebte seit einem Jahr von seiner Frau getrennt. Sein Sohn, Jean Pierre, war schon 9 Jahre alt und hätte am Telefon antworten können, obwohl ich nichts verstanden hätte, da er nur Deutsch spricht; immerhin wäre es ein Lebenszeichen gewesen. Seine Tochter, Caroline, war erst 3 Jahre alt. So müßte eigentlich seine Frau in den späten Abendstunden zu Hause sein. Das war mir schon bei meinen zahlreichen nächtlichen Anrufen aufgefallen. Ich wollte aber nicht an eine Trennung glauben, denn kurz vor dem Krieg ging es ihnen sehr gut. Ich hatte seine Frau kennengelernt. Als sie noch verlobt waren, kamen sie zusammen nach Bujumbura, Burundi, wo ich damals Oberschüler war. Ich hatte den Eindruck gewonnen, daß mein Bruder eine gute Frau getroffen hatte. Wir konnten uns auf englisch unterhalten. Sie waren schon zehn Jahre verheiratet ohne Probleme. Wie dies so weit kommen konnte, war mir schwer verständlich. So empfand ich es als ein sehr großes Problem, sowohl in seinem eigenen Leben als auch in unserer Familie. Er erklärte es mir.

Als der Krieg in Ruanda ausbrach, wurde mein Bruder überfordert, sowohl finanziell als auch zeitlich. Das war natürlich eine große Umstellung für die Familie. Nächtliche Anrufe aus allen Kontinenten störten ständig die erforderliche Ruhe. Die zunehmende Gefahr, Opfer möglicher Vergeltungsmaßnahmen der ruandischen Regierung zu werden, womöglich einer Entführung der Kinder, konnte Dorothea nicht verkraften. Es kam also zu dieser Entscheidung.

In der Tat, als Ende Oktober 1990 der ruandische Präsident ankündigte, den Krieg gegen die Tutsi-Rebellen gewonnen zu haben, schwor er auch gleichzeitig im Rundfunk Racheaktionen gegen den bekannten Rebellenführer. Diese Scheidung war eine der indirekten Wirkungen. Ich saß da, sprachlos vor der unangenehmen

Überraschung. So waren die ersten Eindrücke von Deutschland nicht gerade die angenehmsten.

Nach dem Abendbrot machten wir uns wieder auf den Weg weiter nach Karlsruhe. Die Nacht war noch nicht richtig angebrochen, als wir das Restaurant verließen. Man hatte noch eine gute Sicht. Wir brauchten über zwei Stunden bis nach Karlsruhe. Die ersten dreißig Minuten konnte ich noch beschaulich die Schönheit des Rheintales genießen, soweit meine Sicht in der Dämmerung reichte. Die echte Dunkelheit brach erst herein, als wir die Gegend des Schwarzwaldes erreicht hatten. Man sah jetzt undeutlich den Wald rechts auf einer Anhöhe. Mein Bruder erzählte mir dabei, daß es sich um ein schönes Erholungsgebiet handelt, in dem er auch häufig die Gelegenheit nutzte, sich richtig zu erholen.

Er sagte mir: »In den nächsten Monaten, wenn du deine Papiere in Ordnung hast, werden wir hinfahren. Ich fahre gern dorthin.« Wenn er nur diese Zeit in Jahren statt in Monaten gerechnet hätte! Auf der Fahrt lernte ich schon mein allererstes Wort auf deutsch, nämlich »Ausfahrt«. Als ich so häufig das Wort »Ausfahrt« auf den Schildern am Rande der Autobahn sah, fragte ich meinen Bruder, was es bedeutete.

Die Reise führte nach Neureut, einen Stadtteil von Karlsruhe, wo mein Bruder wohnte. Mein Bruder hatte ein eigenes Haus. Das war ein großes Haus, das aus zwei Stockwerken, Erdgeschoß und Keller bestand. Nach der Trennung wohnte Dorothea in dem Obergeschoß mit den Kindern, mein Bruder in der ersten Etage und eine Mieterin im Erdgeschoß. Mein Bruder zeigte mir die gesamte Wohnung. Ich hatte also Deutschland erreicht und begann über meinen zurückgelegten Weg und meine Zukunft nachzudenken. Wenn ich auch zufrieden war, ein sicheres Ufer erreicht zu haben, wußte ich, daß solche Etappen im Leben, wo man alles neu beginnen muß, oft Überraschungen bergen.

Am nächsten Tag fuhren wir zur Aufnahmezentrale für Asylbewerber in Karlsruhe, um mich anzumelden. Das Empfangsverfahren war in drei wichtige Phasen geteilt, nämlich die Eintragung in ein Register beim Pförtner, die Erhaltung eines Termins für den Asylantrag und die Anhörung, in der man sich über die Asylgründe äußerte. Ich meldete mich beim Pförtner. Dort bekam ich gleich drei Gutscheine von verschiedener Farbe für die drei verschiedenen Mahlzeiten des Tages. Man mußte dann unbedingt im Restaurant den jeweiligen Schein vorzeigen, um Essen zu bekommen.

Ich erinnere mich daran, als sich mein Bruder mit dem Pförtner unterhielt, gab der Pförtner zu, daß er trotz des massiven Polizeiaufgebots in ständiger Angst vor den Rechtsradikalen arbeitete. Die Polizei mußte ständig da sein, nicht nur für die Vorbeugung eventueller Ausschreitungen von Rechtsradikalen, sondern auch für die Sicherheit unter den Asylbewerbern selbst.

Für alle diese Etappen mußte man in langen Schlangen stehen, bis seine Zeit kam. Es gab an dem Tag eine große Menschenmenge, die ihren Termin erhalten wollte. Nach der Reihenfolge und dem gewöhnlichen Bearbeitungstempo mußte ich mindestens zwei Tage warten, um allein den Termin für die Anhörung und zugleich den Asylantrag zu erhalten. In diesem Empfangslager war die Unterbringungslage sehr schlecht. Ohne den Termin für die Anhörung erhalten zu haben, durfte man nicht in ein Lager ziehen, dessen Bedingungen besser geschätzt waren, wie zum Beispiel das in der Durlacher Allee 100. So bemühten sich die meisten, so schnell wie möglich den Termin zu erhalten und somit bessere Unterbringungsbedingungen zu genießen.

An dem Tag fuhr ich also mit meinem Bruder nach Hause zurück, nachdem eine freundliche Polizeibeamtin ihm geraten hatte, lieber an dem Tag nicht mehr auf den Termin zu warten. In der Tat gab es schon lange Warteschlangen in einem unvorstellbaren Gedränge, so daß es nutzlos war, dort zu bleiben. Die ersten Antragsteller standen schon seit um sieben Uhr früh. Wir waren erst um neun Uhr angekommen.

Als wir zu Hause ankamen, gingen wir Dorothea und die Kinder begrüßen. Dorothea war immer nett geblieben, und ich konnte kaum verstehen, daß es eine Zwietracht unter ihnen gegeben hätte. Zum ersten Mal sah ich die wunderschönen Kinder meines Bruders, die ich nur auf Bildern gesehen hatte. Wir sahen uns hin und wieder abends, und manchmal nahm mein Bruder sie auf eine Tour mit, ohne jegliche Probleme mit der Mutter. Die Kinder hatten ständig Kontakte mit beiden Eltern gehalten.

Der Strom in der Aufnahmezentrale riß nicht ab. Ich mußte in den darauffolgenden Tagen um einen Termin regelrecht kämpfen, der schließlich eine Woche später, am 17. Oktober angesetzt wurde. In derselben Woche traf ebenfalls meine Cousine bei meinem Bruder ein. Sie stellte auch gleich einen Asylantrag. In dieser Wartezeit suchte ich meine Entdeckungslust zu stillen. Mit Straßenbahnen fuhr ich hin und her in Karlsruhe, mal allein, mal mit meiner Cousine. Es gab auch Tage, an denen ich viele Kilometer zu Fuß lief. Die buntfarbige Natur zu betrachten, war ein unglaublich schönes Erlebnis. In den tropischen Gegenden, wo ich vorher gelebt hatte, bleibt die Natur grün das ganze Jahr hindurch.

Abends spielten wir meistens mit Jean Pierre und Caroline, leider ohne reden zu können. Mein Bruder mußte notfalls die Rolle eines Dolmetschers übernehmen.

Schließlich entschied ich mich doch, bis zu meiner Anhörung in dem Empfangslager zu wohnen; schließlich mußte ich es später auch. So fand ich, daß es besser wäre, mich frühzeitig an die neuen Bedingungen zu gewöhnen. Das Recht, dort zu wohnen, hatte ich vom ersten Tag an bekommen. Die allerersten Tage wollte ich jedoch bei meinem Bruder bleiben; wir hatten noch viel zu besprechen. Meine Cousine war auch bereit, in dem Lager zu wohnen.

Eines Nachmittags fuhr uns mein Bruder dorthin. Ehe er nach Hause zurückfuhr, hielt er es wenigstens für nötig, unsere Zimmer kennenzulernen. So begleitete er uns bei allen Zwischenformalitäten, zumal er helfen konnte. Er war bislang zu unserem freiwilligen Dolmetscher geworden. Ich nahm meine beiden Gepäckstücke dorthin mit, einen Handkoffer und einen Reisekoffer, wie ich sie auf der Reise aus Ruanda hatte. Als wir im Hof ankamen, fielen wir offensichtlich auf. Eine Gruppe von jungen Schaulustigen kam auf uns zu. Einer von ihnen fragte mich neugierig: »Asyl?« Ich bejahte. Es standen dort drei alte hohe Gebäude nebeneinander, jeweils mit drei Stockwerken. Sie waren von kleinen Zwischenräumen getrennt, in denen man Kinderspieleinrichtungen sah. Wir gingen gleich zum Empfangsbüro, das am Haupteingang ausgeschildert war. Ein junger Mann reichte mir einen Schlüssel, ein komplettes Eßbesteck und eine Decke ohne Bettwäsche, deren Empfang ich unterschrieb.

Wir, meine Cousine, mein Bruder und ich, gingen zu dem angegebenen Zimmer im dritten Stock in einem der Gebäude. Wir liefen durch eine so enge Treppe hinauf, daß ich dabei große Schwierigkeiten hatte, meinen schweren Koffer hinaufzutragen. Mein Bruder hatte meinen Handkoffer bei sich.

Im dritten Stock kamen wir zu einem ebenfalls engen Korridor und suchten das dem Schlüssel entsprechende Zimmer. Als ich mich näherte, hörte ich zu meinem Erstaunen Stimmen darin. Die Tür war nicht fest zu. Ich klopfte. Ein junger Mann kam heraus und begrüßte uns freundlich. Ich fragte ihn keuchend auf englisch, ob er in dem Zimmer wohne. Er bejahte. Ich teilte ihm mit, daß mir auch für das Zimmer Zutritt gewährt worden war. Darauf bot er mir ein offenes Willkommen mit einer einladenden Geste. Er fügte aber in schlechtem Englisch hinzu, während er kurz hineinging und einen prüfenden Blick in eine Ecke warf: »Es gibt noch ein freies Bett, das aber nicht mehr in einem guten Zustand ist.« Ich stand schon an der Schwelle, ehe er seinen Satz vollendete, und konnte das Bett aus der nun weit geöffneten Tür sehen. Das Bett hatte keine Matratze. Vielleicht meinte er das, ohne fähig zu sein, es auf englisch auszudrücken. Als ich mit ruhigem prüfendem Blick ins Zimmer hineinschaute, erschrak ich regelrecht vor der sich mir bietenden Szene. Es war erbarmungswürdig.

Das Zimmer war ziemlich dunkel und so voll Rauch, daß ich nicht alles, was sich im Zimmer befand oder abspielte, überblicken konnte. Die Rauchwolke war an sich kein Drama; aber das Bild von sicherlich über zehn Menschen in diesem kleinen Raum, am Tag, manche auf den Betten sitzend, andere auf den Stühlen, manche sogar auf dem Boden, war einfach jämmerlich.

Ich werde das nie vergessen: Ein alter Mann, zweifellos über 70, zum Skelett abgemagert, in ein einfaches weißes Tuch gehüllt, saß auf dem Fußboden. Ich sah fast nur ihn an. Seine Augen lagen tief in den Augenhöhlen. In meiner Erregung trat ich einen Schritt zurück und forderte unauffällig meinen Bruder auf, die klägliche Szene anzusehen. Auch wenn das für mich zur Verfügung stehende Bett in Ordnung gewesen wäre, hätte ich dort nicht bleiben können, solange mir ein Bett bei meinem Bruder zur Verfügung stand.

Mein Bruder sagte mir, nachdem er die Szene angesehen hatte: »Wir fahren gleich zurück nach Hause. Hier kannst du nicht bleiben.« Wir entschuldigten uns bei dem offenbar gut gelaunten jungen Mann. Aus Neugier sahen wir uns um. Gleich daneben befand sich ein verhältnismäßig sauberes Zimmer, das leer und nicht zugeschlossen war. Wir gingen hinein. Dort standen drei Betten, ebenfalls ohne Matratzen. Ich hörte meinen Bruder sagen: »Zumindest dieses Zimmer ist bewohnbar, und wenn es nur um die Matratzen gehen sollte, könnte ich euch Matratzen besorgen.« Allerdings hörten sich die Worte wie ein Scherz an. Gleich darauf gingen wir wieder die Treppe hinunter und fuhren nach Hause zurück. So schlief ich glücklicherweise keine einzige Nacht in diesem ersten Empfangslager.

Am 17. Oktober sprach ich in dem für die Anhörung zuständigen Büro vor. Das Büro befand sich in den Gebäuden der von Asylbewerbern begehrten Unterkunft an der Durlacher Allee 100, die auch Transitlager genannt wurde.

Ich wurde von einer Frau empfangen, die Englisch sprach und offenbar vom Namen her eine Ausländerin war. Sie stellte mir Fragen über alle erforderlichen Informationen für das Asylverfahren. Inzwischen hatte sie schon meine beiden Dokumente von der Polizei am Grenzübergang Weil am Rhein erhalten. Sie gab mir auch Informationsmaterial über das Asylverfahren auf englisch. Sie erklärte, alles mündlich, wie die ersten Schritte verlaufen würden. Sie bat mich, alles, was meinen Asylantrag als Vorgänge oder Beweise unterstützen könnte, vertrauensvoll ausführlich niederzuschreiben. Die erhaltenen Auskünfte werden streng geheim bearbeitet. Es bestünde keinerlei Gefahr, wenn ich die Verfolgungen in meinem Land unbefangen beschriebe. Sie fügte ferner hinzu, daß ich in meiner Muttersprache schreiben könne, denn Dolmetscher aus aller Welt stünden dem Bundesamt für die Anerkennung ausländischer Flüchtlinge zur Verfügung. So schrieb ich eine halbe Seite auf kinyaruanda. Das war ein Fehler. Ich hätte auf französisch schreiben müssen, denn Dolmetscher für Kinyaruanda zu finden, sollte später zum größten Problem in meinem Asylverfahren werden.

Nach diesem geschriebenen Interview begab ich mich an eine andere Stelle, um die Vorbereitungen für eine Ausweiserteilung durchzumachen, nämlich Paßbildaufnahme und die Abnahme von Fingerabdrücken. All dies war nur durch lange Wartezeit und schwieriges Gedränge zu erreichen. Nachher bekam ich ein Zimmer in dieser Unterkunft, diesmal mit anständiger Bettwäsche. Man bekam auch Gutscheine für eine ganze Woche und konnte im Restaurant essen.

Das Zimmer war klein, etwa 20 Quadratmeter, für acht Personen. Ich wohnte mit anderen Afrikanern aus Burkina Faso und der Elfenbeinküste zusammen. Wir verstanden uns gleich, weil alle gut Französisch sprachen. Ich schlief dort ein paar Tage auch ziemlich schlecht, weil so viel geraucht wurde. Fünf von ihnen rauchten ständig. Die Nächte waren schon kalt in diesen letzten Oktobertagen, so daß es undenkbar gewesen wäre, das Fenster eine Stunde in der Nacht offen zu halten. Ich rauche nicht. So mußte ich die Lage erdulden. Normalerweise ertrage ich den Rauch von Zigaretten, denn ich habe mit Rauchern zusammengewohnt, ohne große Schwierigkeiten. Aber diesmal fiel es mir sehr schwer, im Rauch zu schlafen. Ich wartete auf den Augenblick, in dem keine angezündete Zigarette zu sehen war, um kurz das Fenster aufzureißen. Alle haben auch Verständnis dafür gehabt, und manche öffneten selbst das Fenster, um mich zu entlasten. Weiterhin konnte ich manche Nächte bei meinem Bruder verbringen.

Allerdings erfolgte die Unterbringung in diesem Lager wieder nur für eine kurze Zeit. Man mußte mit einer baldigen weiteren Zuweisung in ein anderes Lager rechnen. Alle zwei oder drei Tage wurden Listen dafür angebracht. Wer den angesetzten Zuweisungstermin verpaßte, konnte das Aufenthaltsrecht dadurch verlieren. Um diese Gefahr nicht einzugehen, gab ich einem jungen Mann meiner Zimmerkollegen die Telefonnummer meines Bruders und bat ihn, mich anzurufen, falls mein Name und der Name meiner Cousine angebracht werden sollten. Meine Cousine wohnte auch schon in diesem Lager.

Am nächsten Tag wurden unsere Namen angebracht, leider mit unterschiedlichen Wohnorten. Das sagte uns schon der junge Mann am Telefon. Wir sollten am Tag darauf mit Bussen hinfahren. Inzwischen hatten wir, meine Cousine und ich, darum gebeten, uns möglichst für den nächsten Transfer zusammenzuhalten. Wir hatten deutlich gemacht, daß wir derselben Familie angehören. Ein Mitarbeiter in dem sogenannten Sozialservice hat unseren Namen offenbar mit Sorgfalt aufgeschrieben und uns versprochen, daß dies prinzipiell machbar wäre. Leider sah die Wahrheit nach einer Woche anders aus. Meine Cousine wurde nach Heilbronn geschickt und ich nach Ludwigsburg, etwa vierzig Kilometer voneinander entfernt. Am Morgen fuhren wir zum Heim und gingen zum Sozialservice, um zu fragen, ob etwas gegen diese Entscheidung unternommen werden könnte. Es war schon zu spät.

Wir waren aber nicht die einzigen, denn ich sah vor meiner Abreise Mädchen bitter weinen, die von ihren Freunden durch dasselbe Verfahren getrennt worden waren.

Um 9 Uhr stieg ich in den Bus nach Ludwigsburg ein, nachdem ich nur eine Woche in diesem Transitlager gewohnt hatte. Meine Cousine fuhr auch am selben Tag nach Heilbronn.

Nach einer Autostunde kam der Bus in Ludwigsburg, Riedle 7, an. Das war mein Zuweisungsort, ein von einem Drahtzaun umgebenes Barackenlager. Die vorderen Gebäude waren Barakken, aber hinten, wo der erste Blick von der Straße nicht hinreichte, standen schönere Häuser. Ein riesiges Gelände, wo ungefähr dreihundert Asylbewerber untergebracht werden konnten. Ich erreichte dieses Lager am 24. Oktober 1991. Ich hoffte immer noch, daß ich dort bleiben konnte bis zur endgültigen Entscheidung über meinen Asylantrag, die nach meiner damaligen Hoffnung bald fallen sollte. Es war überhaupt nicht weit von Karlsruhe. So konnte ich mich oft mit meinem Bruder treffen.

Wir wurden von dem Heimleiter empfangen, der uns alle Anweisungen und Erklärungen über allgemeine Regelungen und Disziplin im Lager gab. Gleich fügte er hinzu, daß das Lager immer noch als vorläufige Unterbringung diente und daß wir unbedingt mit einer baldigen weiteren Überstellung rechnen mußten. Erst die nächste Zuweisung sollte dann als endgültige Adresse bis zur Anerkennung gelten. Dies sollte nach drei bis vier Wochen erfolgen. Ich erfuhr zum ersten Mal, daß wir nicht die Stadt Ludwigsburg verlassen durften. Ludwigsburg ist ein Vorort der Stadt Stuttgart. Jedenfalls war es einem Asylbewerber verboten, ohne Erlaubnis von Ludwigsburg nach Stuttgart zu fahren. Die Polizei achtete sehr streng darauf.

In diesem Lager durften wir selbst unser Essen zubereiten, im Gegensatz zu den Lagern in Karlsruhe. Wir erhielten diesmal alles für die Küche und das Geschirr. Man bekam zweimal das frisch zuzubereitende Essen in Paketen und einmal mehr ein zusätzliches frisches Brot.

Zufälligerweise war ich mit einigen meiner Zimmerkollegen von Karlsruhe mitgereist. Sie bekamen ein anderes Zimmer, meinem gegenüber. Es gab auch andere Afrikaner, und die Stimmung war recht gut in den wenigen Tagen, die ich dort verbracht habe. In meinem Zimmer, etwa 16 Quadratmeter, wohnten zwei Algerier und ein junger Mann aus Zaire. Die Algerier kamen selten ins Zimmer, denn sie verbrachten ihre Zeit bei den Freundinnen in der Umgebung. Der andere Kollege war auch tagsüber bei den anderen Landsleuten nebenan. So hatte ich im Zimmer genug

Platz und Freiheit, um mich an die Arbeit zu machen. Ich wollte die deutsche Sprache lernen.

Ein paar Tage nach meiner Ankunft erfuhr ich von einem Nigerianer, der schon über drei Monate da wohnte, daß es möglich war, einen Lehrgang für die deutsche Sprache durch den Sozialservice zu besuchen. Ich suchte gleich eine Frau amerikanischer Herkunft auf, die dort arbeitete. Sie hatte tatsächlich einmal zuvor Leuten geholfen. Für Anfänger war sie noch mal bereit, Deutsch zu unterrichten, unter der Bedingung, daß mehrere Teilnehmer interessiert wären. So versuchte ich überall, Teilnehmer zu sammeln, was mir zum Glück gelang. Am angesetzten Termin saßen in dem kleinen Schulraum acht Teilnehmer, Zairianer, Eritreaer und ich. Zum ersten Mal lernte ich die Grußwörter auf deutsch. Leider wurde die Bereitschaft der Lehrerin enttäuscht, als wir nie wieder zu ihr gingen. Der einzige Tag hatte mir nicht viel gebracht.

Vor dem nächsten Termin erhielten einige Eritreaer ihre Zuweisungsbescheide, die nach der ehemaligen DDR führen sollten. Das Wort »DDR« hörte ich zum ersten Mal in diesem Lager. Ich kannte nur die Bezeichnung Ostdeutschland. Das Wort »DDR« hörte sich wie ein Schimpfwort an und war sehr unbeliebt bei Asylbewerbern, wobei es bei allen Asylbewerbern als noch nicht abgeschafft galt.

Eines Tages stand ich nichtsahnend vor einem völlig verzweifelten jungen Eritreaer, einem der Lehrgangsteilnehmer. Er war bislang immer freundlich zu mir gewesen. Ich hatte den Eindruck gewonnen, daß die meisten nicht sehr begeistert waren, Deutsch zu lernen. Ich war hingegen auf ihre Teilnahme angewiesen. Deshalb fragte ich ihn beiläufig, ob er den Tag danach an dem Lehrgang teilnehmen würde. Wir befanden uns in einem Zimmer mit dreien seiner Landsleute. Ich bekam von ihm eine nicht erfreuliche Antwort. Er erwiderte rücksichtslos in einem agressiven Ton, sobald ich meine Frage gestellt hatte: »Erzähle mir keine Dummheiten mehr!« Ich war zunächst schockiert und, ehe ich mir Sorgen darüber machte, sagte mir einer von den anderen: »Er hat gerade seine Zuweisung erhalten. Er muß leider in die DDR fahren.« Ich versuchte seinen Gesichtsausdruck dabei weiter zu verfolgen, um zu sehen, ob er irgendwie Spaß machen wollte, denn er hatte mich unerwartet unfreundlich behandelt. Als er nichts unternahm, um den unangenehmen Vorfall wiedergutzumachen, verstand ich, daß er einfach nicht mehr der fröhliche junge Mann war, den ich vor einigen Tagen kennengelernt hatte. Er war außer sich. Er konnte diese Entscheidung der Behörde nicht verkraften. Kurz vor dem Zuweisungstermin tauchte er unter.

Dies geschah in meiner ersten Woche in Ludwigsburg. Seitdem versuchte ich mich in den nächsten Tagen zu informieren, warum so eine tiefe Verzweiflung bei den Asylbewerbern ausbrach, sobald sie erfuhren, sie seien in den Osten überstellt worden. Ich tat es in meinem eigenen Interesse.

Es war immer die Rede davon, daß Asylbewerber im Osten ihr Leben riskierten, besonders wenn sie dunkelhäutig waren. Jedenfalls gab es schon mehr Tote und Verletzte unter Afrikanern im Osten als im Westen. Der junge Mann war auffallend dunkelhäutig, wie ich. Das ging mich also auch an. Ich hoffte aber, daß ich nicht weit entfernt von meinem Bruder überstellt werden würde, denn ich hatte in Karlsruhe sehr darum gebeten, möglichst in seiner Nähe zu bleiben.

Hinsichtlich des Lehrganges unterrichtete ich die freiwillige Lehrerin über die Unmöglichkeit, unseren Lehrgang fortzusetzen. Ich bat sie gleich um Rat, wie ich autodidaktisch weiter lernen konnte. Sie hatte flüchtig am ersten Tag ein Lehrbuch mit Begleitkassette für Anfänger erwähnt. Zum Glück war es möglich, das Lehrbuch aus der Stadtbibliothek Ludwigsburg zu leihen. Ich holte mir das Buch und die Begleitkassette am nächsten Tag. Das war Ende Oktober 1991. Seitdem lernte ich allein ununterbrochen die Sprache mit einer Neugier, die ich nie zuvor empfunden hatte.

Ich erinnere mich noch daran, daß ich in den ersten Tagen in Deutschland zufälligerweise in einem Text ein unheimlich langes Wort, das fast eine ganze Zeile einnahm, sah. Vermutlich ging es um eine in Wörtern geschriebene Zahl. Fast hoffnungslos sagte ich mir leise: »Wie kann ich bloß so ein Wort behalten. Ich werde nie Deutsch sprechen können.« Erstaunlicherweise ist mir nie wieder so ein langes Wort begegnet!

An schönen Tagen ging ich allein in der Stadt spazieren. Ich besichtigte das Schloß zu Ludwigsburg mit wunderschönen Gärten, die Gegend unten am Neckar.

Eines Vormittags in der zweiten Woche, als ich nicht mehr allein spazierengehen wollte, vereinbarten wir, zwei junge Männer, der eine aus Burkina Faso, der andere von der Elfenbeinküste und ich, gemeinsam in die Stadt zu gehen. Wir liefen vom Heim durch die Stadt am Bahnhof und dann am Marktplatz vorbei, bis wir endlich zu einem großen Einkaufszentrum gelangten. Ich hatte noch nicht diesen Stadtteil besichtigt und freute mich, diesmal mit Leuten zusammenzusein, die die Stadt sichtlich besser kannten. Einer schlug vor, in das Kaufhaus hineinzuschauen. Ich hatte keine Absicht, irgend etwas zu kaufen, aber da ich Zeit hatte, nahm ich den Vorschlag an. Unser Besuch begann im Untergeschoß, wo Bekleidung verkauft wurde. Wir diskutierten über die schönen Sachen so gemächlich, wie es uns die Zeit erlaubte. Von dort gelangten wir in die Kosmetikabteilung, eine Etage oder zwei höher. Dort kaufte der junge Mann von der Elfenbeinküste eine Zahnbürste und bezahlte gleich an der unmittelbar in der Nähe gelegenen Kasse. Er steckte die Quittung in seine Jackentasche. Als wir weiterhin in derselben Abteilung Waren ansahen, bemerkte ich eine junge Frau an einer anderen Kasse, die unablässig auf uns starrte. Sie war die Kassiererin. Es war wenig Betrieb an ihrer Kasse. Als wir weitergingen, konnte sie uns nicht mehr so gut beobachten. Sie stieg auf einen Gegenstand, um noch höher zu stehen und uns dadurch besser beobachten zu können. Das seltsame Spiel dauerte einige Minuten, bis wir diese Abteilung verließen und uns in die oberen Etagen begaben.

In der nächsten Abteilung gab es Toiletten, und einer von uns wollte kurz austreten. Ehe wir die ziemlich versteckte Toilette betraten, sahen wir eine Weile die schönen Sachen an. Wie ich später erfuhr, wurden wir dabei von einer kleinen blonden jungen Frau ständig begleitet, die für uns eine normale Kundin zu sein schien. Meine Freunde dachten, die Kundin hätte auch genug Zeit, um in Ruhe alles anzuschauen.

Als wir später eine Toilette aufsuchen wollten, tauchten gleich an der Schwelle die blonde Frau, die sich ständig neben uns befand, und ein junger Mann auf. Der Mann versperrte uns den weiteren Weg. Er war fast außer Atem und aufgeregt. Er zeigte dem jungen Mann von der Elfenbeinküste eine kleine Karte, auf der sein Paßbild zu erkennen war. Er war der Hausdetektiv.

Ich wollte die Karte genau ansehen. Seine Hand zitterte, so daß ich die Karte nur ansehen konnte, indem ich sie ebenfalls kurz festhielt. Diese Sekunde war für mich ein besonderer Vorgang, wie ich ihn kaum zuvor erlebt hatte. Es ging schnell wie im Traum. Meine erste Reaktion war Angst. Dieser Teil des Gebäudes war ziemlich abgelegen. Nur eine Treppe, die der Mann benutzt hatte, führte zum Toiletteneingang. Eine Sekunde Gefahr ist eine lange Zeit, um alles ringsherum wahrzunehmen. Keine fremde Person war in der Nähe. Ehe ich jedoch an einen Überfall denken konnte, wie immer in den Medien berichtet wird, daß die Ausländer in Deutschland ständig in Gefahr leben, hatte der Detektiv die kleine Karte gezogen und uns gezeigt. Das beruhigte mich zunächst; es war kein Überfall.

Der Freund sah mich an, als wolle er mich fragen, ob ich verstehe, worum es hier gehe. Ich fragte den Detektiv auf englisch, was er von uns möchte. Ich hatte schon den Eindruck gewonnen, daß fast alle Deutschen in seinem Alter Englisch sprechen können. Meine zwei Freunde konnten kein Englisch sprechen. So redete ich gezwungenermaßen an Stelle meines Freundes. Bis zu diesem Zeitpunkt hatte weder die Frau noch der Mann ein Wort gesprochen. Auf meine Frage bekam ich keine Antwort, sondern der Detektiv fiel über meinen Freund her, riß den Reißverschluß seiner Jacke auf, stieß seine Hand tief in eine der Jackentaschen hinein und brachte ohne Worte die Zahnbürste heraus.

Ich hatte immer noch nicht verstanden, was das ganze Theater bedeutete. Ich stand da, sprachlos. Ich wußte auch nicht, daß mein Freund eine Zahnbürste gekauft hatte, geschweige denn in welcher Tasche sie war. Dies zeigte mir, wie wir sorgfältig beobachtet worden waren. Als der Detektiv die Zahnbürste herauszog, begnügte er sich nur damit, sie demonstrativ vor die Augen des jungen Mannes zu halten. Er wollte damit in seiner stummen Sprache sagen: »Sieh dir das genau an, du erwischter Dieb!« In dem Augenblick verstand ich, daß es sich um einen schmutzigen Vorwurf handelte, nämlich um den Vorwurf des Ladendiebstahls. Mein Freund hatte auch verstanden und zog augenblicklich die Quittung aus der gleichen Tasche und reichte sie mir. Welch ein Glück!

Ich zeigte sie dem Detektiv. Die Frau schien überrascht zu sein und sagte in Englisch:

»Die Frau an der Kasse hat einen Fehler begangen.« Ich erwiderte überrascht: »Wieso?« »Die Frau an der Kasse sagte mir, diese Zahnbürste sei nicht bezahlt worden«, erklärte sie. Sie entschuldigte sich, ehe sie wieder zusammen mit dem Detektiv die Treppe hinunterging. All dies dauerte höchstens eine Minute. Der Detektiv hat während der ganzen Zeit kein Wort gesprochen. Kein anderer Mensch hat den Vorfall beobachtet.

Nun konnten wir in die Toiletten gehen, als wäre nichts geschehen. Die beiden Freunde erinnerten sich, im Gegensatz zu mir, die blonde Frau schon die ganze Zeit über im Kaufhaus neben uns bemerkt zu haben. Nachdem wir die Toiletten verlassen hatten, standen wir oben auf der Treppe. Von dort hätten wir direkt hinausgehen können, ohne durch das Kaufhaus gehen zu müssen. Meine Angst wandelte sich in Entrüstung, nachdem ich über diese Verdächtigung nachgedacht hatte.

Ich schlug meinen Freunden vor: »Laßt uns die junge Frau an der Kasse fragen, ob sie es wirklich gesagt hat.« Meine Freunde überredeten mich, es zu vergessen, weil keine erhebliche Schwierigkeit dadurch entstanden war. Sie konnten mich aber nicht genug überzeugen, da ich aufgebracht war. Im Gegenteil gelang es mir, sie zu überzeugen. Ich bat um die kleine Quittung und ging zu der angegebenen Frau. Diesmal war viel Betrieb an ihrer Kasse. Ich wartete, bis sie frei wurde. Dann erzählte ich ihr ruhig die ganze Geschichte. Sie antwortete zum Glück in perfektem Englisch: »Ja, ich habe nicht gesehen, wann er bezahlt hat.« Die Antwort war auch nicht überzeugend, aber vor allem die verächtliche Art und Weise, wie sie mir sagte, führte mich dazu, meine Beherrschung zu verlieren. Ich zeigte ihr die Quittung und bat sie, sich zu entschuldigen. Sie lehnte das ab. Sie wurde hingegen frecher, was die Situation noch verschlimmerte. Ich sagte ihr: »Ich wollte den Vorfall unter uns bereinigen, aber wenn es so sein soll, möchte ich mit Ihrem Geschäftsführer sprechen.«

Erstaunlich, wie die Kunden in einem Augenblick an die Kasse strömten. Es stand sofort eine lange Schlange. Die Kasse war damit gesperrt. Ich stand unbeweglich da.

Die Frau an der anderen Kasse, wo die Zahnbürste bezahlt worden war, verfolgte die heißen Diskussionen. Zuvor hatte ich mich auch an sie gewandt, um die Echtheit der Quittung bestätigen zu lassen. Die betroffene Kassiererin wollte nicht den Leiter rufen, vielleicht in der Hoffnung, daß ich nachgäbe. Ich konnte nicht nachgeben, soweit ich mich im Recht befand und diese ganze Ungerechtigkeit noch dazu von Verachtung begleitet wurde.

Als die Warteschlange unerträglich lang wurde, kam die Frau von der anderen Kasse und überredete die andere Kassiererin. Sie blieb dabei als Ablösung und nahm das Geld von den nun ungeduldigen Kunden entgegen. Die Kassiererin ging mit mir zum Direktor. Die Freunde hatten Abstand gehalten. Man konnte nicht erkennen, daß wir zusammen waren. Ich bat nur den Verdächtigten, mit mir zu kommen.

Wir kamen zuerst in ein von vier Menschen besetztes Büro. Dort gab es einen Abteilungsleiter, der leider kaum Englisch sprechen konnte, was der Klärung unseres Problems hinderlich war. Die Kassiererin erklärte auf deutsch, worum es ging. Der Leiter wandte sich an mich. Ich erklärte so langsam wie möglich das Vorgefallene. Er verstand nicht viel davon. Niemand unter den anderen Mitarbeitern konnte uns sprachlich helfen. Nur die Kassiererin konnte es, aber sie konnte nicht gleichzeitig Kläger und Verklagte sein. Ehe ich auf diese ausweglose Verhandlung verzichten wollte, kam ein Mann aus dem Nebenbüro und fragte in gutem Englisch: »Was geht hier vor?« Ich wußte nicht, daß es der Direktor war; aber als ich merkte, daß er besser Englisch sprach, wandte ich mich erleichtert an ihn: »Zumindest einer, der mir helfen kann.« Zu meinem großen Erstaunen sagte die Kassiererin ziemlich befangen: »Er ist der Geschäftsführer.« Ich wandte mich an ihn: »Herr Direktor, gut, daß Sie kommen.« Ich erklärte nochmals das Problem und fügte hinzu, daß ich mit der Haltung seiner Mitarbeiterin nicht zufrieden war. Die Kassiererin schilderte ihre Version auf deutsch. Der Geschäftsführer ordnete an, die blonde Frau herbeizurufen und ging in sein Büro zurück.

Als die Blonde kam, wurden wir aufgefordert, alle gemeinsam zum Geschäftsführer zu gehen. Mein Freund, der Verdächtigte, und ich nahmen Platz vor ihm; die Frauen blieben stehen. Die blonde Frau begann und erzählte alles. Die Kassiererin wurde ebenfalls aufgefordert zu reden. Ich verstand kein Wort. Ich wiederholte vor allen, was ich vorhin gesagt hatte. Der Freund hat kein Wort gesagt. So fing der Geschäftsführer an, sich zu entschuldigen, indem er sagte: »Für mich sind alle Menschen gleich, egal ob Schwarze oder Weiße.« Obwohl ich auch schon deutlich verstanden hatte, worum es grundsätzlich ging, erwiderte ich gelassen: »Ich wußte bis heute nicht, daß ich schwarz bin! Die Hautfarbe hat für mich noch nie eine Rolle gespielt.« Er sah mich an und fragte mich besorgt: »Was kann ich nun für Sie tun. Sagen Sie mir alles, was Sie auch immer wollen.« Er sagte es so, als wolle er, um unter uns den Vorfall zu beenden, uns etwas Materielles reichen. »Das ist eine schwierige Frage«, sagte ich, »aber ich wünsche mir nur eins, daß diese junge Frau nie wieder einen derartigen Fehler macht.« Der Geschäftsführer verstand sicherlich, daß ich keine materielle Lösung anstrebte und sagte: »Ich bin völlig Ihrer Meinung, und ich hoffe, daß die Kassiererin selbst verstanden hat. Vielleicht können Sie ihr direkt etwas sagen?« Ich sah der Frau tief in die Augen und sagte ihr: »Zum nächsten Mal passen Sie bitte auf, ehe Sie so eine Behauptung aufstellen. Sehen Sie, Sie arbeiten an einem öffentlichen Platz. Sie wissen ja nicht, wer zu Ihnen kommt. Ehe Sie so eine Behauptung vorbringen, seien Sie sich absolut sicher. Sonst werden Sie immer wieder in solch unangenehme Situationen geraten.«

Daraufhin stimmte der Geschäftsführer zu: »Ich würde auch dasselbe sagen.«

Ich hoffe, die Kassiererin hat verstanden, zumindest was die Sprache anbelangte. Ich habe mich bemüht, langsam zu sprechen. Sie schien aber nichts zu bereuen. Der Geschäftsführer und die blonde Frau schienen den Vorfall viel eher zu bedauern. Der Geschäftsführer entschuldigte sich nochmals, ehe wir alle aufstanden und uns sichtbar erlöst die Hände reichten. Das ganze Gespräch hatte etwa zwanzig Minuten gedauert. Gleich darauf verließen wir das Kaufhaus.

So hatte ich etwas Wichtiges erfahren. In Ruanda gab es kaum Selbstbedienungsgeschäfte. Meine erste Erfahrung mit solchen Läden machte ich in der Schweiz, wo ich einen Monat lang kein Problem gehabt habe. Es war mir unvorstellbar, daß man im Laden stehlen kann. Dieser Vorfall öffnete mir die Augen, in jeder Hinsicht. Die rassistischen Vorurteile kannte ich bisher kaum. Wahrscheinlich war ich bisher etwas zu leichtgläubig. Es machte mich wirklich traurig, solche Erfahrungen in Deutschland machen zu müssen.

Ein paar Tage später ging ich mit zwei anderen Schwarzen in die Tennishalle, einhundert Meter vom Lager entfernt, um zu telefonieren. Ich hatte schon ein paar Mal von einer öffentlichen Telefonzelle angerufen. Sie befand sich drinnen in der Halle, gleich am Eingang. Besonders abends hatte ich dort telefoniert, da die Halle im allgemeinen offen und die Lage auf der Straße unsicher war. Die nächste Telefonzelle befand sich etwa einen Kilometer vom Lager entfernt. In der Halle saß immer eine Frau am Schalter neben dem Eingang. Wenn ich Kleingeld fürs Telefon brauchte, hatte sie gewechselt. An diesem Abend lief alles anders.

Als ich dabei war anzurufen, kam ein Mann im Trainings-
anzug auf uns zu und verbot uns, dieses Telefon zu benutzen.
Von der Stelle konnte man nur die Ballschläge hören. Jedenfalls
war es keine Störung für die Spieler in der Halle. Ich fragte den
Mann auf englisch, ob dies nicht ein öffentliches Telefon sei. Er
antwortete: »Ja, das ist ein öffentliches Telefon; aber nur für die
Tennishalle.« Er war der Tennishallenleiter. Ich bat ihn, mein
begonnenes Gespräch zu Ende führen zu können. Er lehnte ab. Ich
entschuldigte mich dabei, daß mir die Frau am Schalter nie diese
Erklärung gegeben hatte. Wir verließen die Halle. Bei ihm erkannte ich aber wieder die verächtliche Art und Weise, die seitdem mein ständiger Begleiter sein sollte.

Im Lager redete man fast nur über die Zuweisungen nach Ostdeutschland. Neben der Gefahr mit den Skinheads war auch die
Meinung aufgetaucht, die Lebensbedingungen wären in den Heimen im Osten schlechter als im Westen. Jeder im Lager wünschte sich, im Westen zu bleiben, wenn es auch dort Lebensgefah-
ren gab.

Zufälligerweise wohnte ich mit einem Algerier zusammen, der
ein paar Wochen vor meiner Ankunft Opfer eines Anschlags geworden war. Die Geschichte war bekannt im ganzen Lager. Einmal erzählte er mir selbst, wie es geschah. Eines Nachts kam er
ziemlich spät zum Lager zurück. Er war zu Fuß auf der Straße
zwischen der Hauptstraße und dem Lager. Dann wurde er von
zwei jungen Männern zunächst höflich angesprochen und dachte, sie wollen eine Auskunft einholen. Er verstand nicht gleich, was
sie auf deutsch sagten. Sie schienen Angst zu haben. Er wollte
sie bitten, die Frage langsam und deutlich zu stellen. Ehe er den
Satz beendet hatte, bekam er einen heftigen Schlag ins Gesicht.
Wie es weiterging, wußte er nicht, da er augenblicklich in Bewußt-
losigkeit fiel. Glücklicherweise befand er sich vor dem Lager. Er
wurde bewußtlos aufgefunden.

Wir waren miteinander gut ausgekommen, so daß ich dadurch
noch gelitten habe, als er mir sagte: »Weißt du, Thomas, sie haben sicherlich gedacht, ich sei schon tot. Aber ich erinnere mich

daran, daß sie selbst unter Angst standen. So feige junge Leute sind sie.«

Er sprach so ein gutes Französisch und beendete diesen Satz mit einem Ton, der mich glauben ließ, er verachte die jungen Leute, die nur durch ihre Feigheit nicht bis zu ihrem Endziel gingen, nämlich ihn zu töten. Er kam mit einem gebrochenen Kiefer davon und trug seitdem eine spezielle Metallplatte im Kiefer. Während der kurzen Zeit teilte er mir viel über seine Erfahrungen in Deutschland mit.

Inzwischen war die Überstellung in den Osten zu einem ernsthaften Problem geworden. Ich wünschte mir, möglichst nicht in den Osten überstellt zu werden. Ich hatte sogar versucht, herauszufinden, ob es einen Zusammenhang mit den Herkunftsländern gab. Nichts half mir vorherzusehen, ob ich in den Osten gehen oder im Westen bleiben würde. Dies war erst zu erkennen, wenn man den Zuweisungsbescheid vor Augen hatte. Durch die Postleitzahl wußte man, ob sich der darauf angegebene Ort im Osten oder im Westen befand.

Die Postleitzahlen im Osten waren mit einem »O«, im Westen mit einem »W« gekennzeichnet. Ansonsten konnte kein Asylbewerber den Ortsnamen auf den ersten Blick nach Westen oder Osten unterscheiden, wenn es nicht um größere Städte ging. So manche haben zuerst das Papier erhalten und durch diesen Tip den Bestimmungsort erkannt und sich dann geweigert, zu unterschreiben.

Die meisten, die nicht unterschreiben wollten, wurden von der Polizei gezwungen, sich in den angegebenen Ort zu begeben. In diesem Lager habe ich einen Sudanesen kennengelernt, der seine Ausbildung in der ehemaligen Sowjetunion abgeschlossen hatte. Da er Verfolgung in seinem Heimatland fürchtete, sobald er zurückkehren würde, kam er nach Deutschland und stellte einen Asylantrag. Er wohnte schon einige Zeit mit uns. Er war mit einer deutschen Familie in der Umgebung befreundet.

Als er erfuhr, daß er nach Ostdeutschland überstellt werden sollte, brach für ihn eine Welt zusammen. Trotzdem unterschrieb er den Bescheid, denn er wollte keine Probleme mit der Polizei bekommen. Die deutsche Familie unternahm alles, um eventuell seine Überstellung zu verhindern, aber vergebens. Die ganze Zeit vor der Reise quälte er sich mit dem Gedanken, ob er untertauchen würde oder nicht. Wir redeten offen darüber, und ich riet ihm, nicht unterzutauchen. Endlich entschied er sich, sich in den Osten überstellen zu lassen, in der Hoffnung, eine baldige Rückkehr nach Westen zu erwirken.

Am Reisetag früh sah ich, wie er fassungslos mit feuchten Augen vor mir stand. Wir standen in der Küche, woher man den wartenden Bus auf dem kleinen Hof vor dem Lager sehen konnte. Er hatte zwar alles gepackt und war seit einer Woche schon darauf vorbereitet, aber die entscheidende Minute fiel ihm trotzdem unheimlich schwer. Er wollte sich nicht zum Bus begeben, aber er hatte keine andere Wahl. Er wußte, daß ein weiterer Aufenthalt im Lager ausgeschlossen war. Er stieg als letzter in den Bus ein, bevor er losfuhr. Ich sollte nie wieder etwas von ihm hören.

Inzwischen hatte ich mich im Sozialservice erkundigt, falls ich in den Osten überstellt werden sollte, welches die beste Möglichkeit wäre, legal zurück in die Umgebung von Karlsruhe zu kommen.

Die freundliche Amerikanerin hatte mir dann geraten, zunächst den Zuweisungsbescheid zu unterschreiben, in den angegebenen Ort zu fahren und dann innerhalb eines Monats einen sogenannten Umverteilungsantrag zu stellen. Das war die einzige Möglichkeit, die einem Asylbewerber Ärger mit dem Gesetz ersparen konnte. Meine Zuweisung stand unmittelbar bevor.

Doch dann kam der Tag, an dem die Listen mit meinem Namen angebracht wurden. Bei der Unterzeichnung bekam ich ein Papier mit einer Adresse im Osten, das ich unverzüglich unterschrieb. Die Zeit für die Reise nach dem angegebenen Ort war für die Woche nach der Kenntnisnahme angesetzt.

In dieser Woche versuchte ich mit manchen Kollegen etwas dagegen zu unternehmen, ohne Erfolg. Unterdessen hatte ich dem Heimleiter erklärt, daß mein Bruder in der Nähe lebte und daß ich nicht verstand, warum ich so weit fortgeschickt werde. Er antwortete nur: »Sie müssen nach Thüringen.«

Ich sollte später erfahren, daß es um Sachsen ging und nicht um Thüringen, was noch bedeutend näher zu Karlsruhe gewesen wäre. Es blieb mir nichts weiter übrig, als auf den Tag zu warten. Eines Morgens, zwei Tage vor der Abreise, wurde ich von einer Gruppe Afrikaner im Schlaf gestört. Sie hatten sich vorgenommen, eine Demonstration zu veranstalten. Sie wollten, daß ich mich ihrer Aktion anschließe, zumal ich Englisch konnte. Das war für mich nicht nur eine Schlafstörung, sondern auch gegen meine moralischen Prinzipien.

Nach meiner afrikanischen Erfahrung waren die Demonstrationen nicht nur die letzte Auflehnung, sondern auch eine mutwillige Haltung den Behörden gegenüber. Ich lehnte zunächst den Vorschlag ab, an deren Wirkung ich auch kaum glaubte. Die Freunde zählten sichtlich auf mich, weil ich Englisch sprechen konnte. Ich sollte alle Kontakte aufnehmen, um auf unser Problem aufmerksam zu machen. So stand ich vor einer schwierigen Entscheidung.

Ich wußte aber, daß in den sogenannten demokratischen Ländern eine Demonstration wirksam sein kann. Ich entschied mich, an der Demonstration teilzunehmen, mit einer kleinen Hoffnung, möglicherweise dadurch meine Zuweisung revidieren zu lassen. Ich weiß nicht, wie sie eine Telefonnummer der bekanntesten Zeitung in Ludwigsburg erhalten hatten. Sie baten mich, dort anzurufen, um die Demonstration anzukündigen. Als ich die anderen Afrikaner englischsprechender Herkunftsländer darum bat, sich der Demonstration anzuschließen, weigerten sie sich hartnäckig. Einer sagte mir sogar ziemlich verächtlich:

»Warum seid ihr nach Deutschland gekommen, wenn ihr Französisch sprecht? Geht doch nach Frankreich!« Da wußte ich nicht mehr, was ich ihm antworten sollte.

Um 9 Uhr ging es los. Ich rief die Leitung der Zeitung an. Eine Frauenstimme meldete sich am Telefon. Die Frau durfte offensichtlich keine Entscheidung treffen. Sie übergab das Gespräch einem anderen, der mir versprach, daß die Journalisten sofort kommen würden. Ich ging zum Lager zurück, wo wir unsere Demonstration begannen. Nach einer halben Stunde kamen zwei Journalisten.

Unsere Gruppe bestand aus etwa zwanzig Personen, überwiegend Schwarze. Nur einige Weiße, die von der Zuweisung betroffen waren, schlossen sich der Demonstration an. Man konnte auf den schnell angefertigten kleinen Anschlagzetteln lesen: »Wir wollen nicht sterben« »DDR = TOD« und vieles andere.

Der Photograph dokumentierte alles. Es war Dienstag, und wir sollten am Donnerstag früh losfahren. Einer der Journalisten wandte sich an mich, um mehr Informationen einzuholen. Ich erklärte ihm so gut wie möglich, worum es ging. Er fragte, wann der Reisetermin angesetzt sei. Er machte Notizen mit relativ großem Interesse. Die verbleibende Zeit war aber kurz. Außerdem bestanden wir aus einer kleinen Gruppe. Dadurch habe ich gleich gemerkt, daß die Wirkung relativ gering sein sollte. Hätten sich die Englischsprechenden auch angeschlossen, hätten wir sicherlich bessere Resultate erzielen können. Die Demonstration dauerte etwa eine Stunde. Die Journalisten gingen wieder zurück, und bis Donnerstag früh war niemand gekommen, um uns zu erlösen.

Am Mittwochabend besuchte ich eine Familie aus Ruanda in der Umgebung und erzählte dabei, daß ich am nächsten Tag nach Ostdeutschland fahren würde. Ein deutscher Freund der Familie, der gut Englisch sprach, war dabei. Wir konnten uns über die ganze Problematik unterhalten. An einem bestimmten Punkt sagte er: »Die Behörden sollten am besten die weißen Asylbewerber dort hinschicken, um wenigstens die Spannung zu lindern. Es ist ja nicht zu leugnen, daß Asylbewerber in Gefahr sind. Für einen Schwarzen ist es noch schlimmer, da er schon von weitem erkennbar ist.«

Seine Überlegung bestätigte sich für mich an diesem Abend. Ich erfuhr, daß einige von den Weißen, die in der Demonstration mitgewirkt hatten, sich vorläufig weiter im Lager aufhalten durften, bis zur neuen Zuweisung. Einer war mir zumindest aufgefallen. Ein Mann um dreißig Jahre alt, mit Vollbart, sehr sauber gekleidet, hatte sich an der Demonstration aktiv beteiligt. Er hatte auch einige Fragen der Journalisten beantwortet. Ich ging davon aus, daß er eine Ausbildung hatte. Die jungen Leute, die alles näher verfolgten, hatten erfahren, daß ihm die bevorstehende Reise vorläufig erspart blieb. Eins ist sicher: An dem Tag ist er nicht mit uns gereist. Am Donnerstag früh, dem 14. November 1991, kam der Bus, um uns nach den jeweiligen Orten zu fahren. Mein Zuweisungsort war Chemnitz.

Während dieses Aufenthalts lernte ich einen jungen Afrikaner kennen, der weder schreiben noch lesen konnte. Er hat nur eine Koranschule in seiner Heimat besucht, weil er Muslim war. Er konnte ein bißchen Französisch, und dadurch konnte er sich verständlich machen. Er hatte mir offen seine Probleme erzählt. Er hatte auch einen Bruder in der Umgebung und wünschte sich, nicht weit weg von ihm geschickt zu werden.

Als er die Zuweisung nach Osten bekam, wußte ich, daß er nicht in der Lage sein würde, die schwierige Situation allein zu bewältigen. Wir gingen zum Sozialservice und erklärten seine Situation. Die deutsche Frau dort versprach ihm, alles zu unternehmen, damit er in der Nähe seines Bruders bleiben könne.

An diesem Morgen stand sie am Bus, denn sie hatte auch andere Fälle zu betreuen. Als ich in den Bus einstieg, kam der junge Mann auf mich zu und bat mich, die Frau zu fragen, wie seine Situation aussehe. Ich war erschrocken, ihn in diesem Bus zu sehen. Ich ging gleich wieder hinaus und wandte mich an die Frau, die schon von vielen ähnlichen Fragen überfordert war. Die Zeit drängte. Der Busfahrer drohte die Türen zu schließen. Glücklicherweise konnte die Frau mir gerade noch zuhören und fragte mich besorgt: »Wo ist er denn?« Ich antwortete, daß er schon im Bus saß. Sie war genauso überrascht wie ich und sagte mir: »Sag ihm schnell, daß er aussteigen soll. Sein Fall ist schon in Ordnung.« Ich ging in den Bus zurück. Die Frau bat den Busfahrer, einen Augenblick zu warten. Der junge Mann stieg aus, holte seinen kleinen Koffer heraus, der sich schon im Gepäckraum unten befand. Der Bus fuhr gleich darauf los. Ich winkte dem glücklichen jungen Mann zu. Ich war sehr zufrieden, daß er nicht in die unbekannte Ferne mit uns fuhr. Er hätte sicherlich erhebliche Schwierigkeiten bekommen. Wenn ich auch in dem Augenblick wußte, daß alles bis zum schlimmsten möglich war, war ich zumindest zuversichtlich, daß ich in vielen Fällen allein zurechtkommen würde. Ein paar Monate später traf ich die jungen Männer aus Zaire wieder. Ich fragte, wie es dem jungen Mann ergangen war. Sie antworteten erfreut, er habe eine Arbeit unweit von Ludwigsburg gefunden, in der Nähe von seinem Bruder, und er sei sehr zufrieden. Welche Arbeit er leisten konnte, wußten sie nicht.

Der riesige Bus, der zur Hälfte besetzt war, fuhr in Richtung Heilbronn. Ich hoffte, der Fahrer würde vielleicht in Heilbronn halten, damit wir andere Asylbewerber mitnehmen. Ich freute mich darauf, daß ich möglicherweise kurz meine Cousine sehen könnte, um von ihr Abschied zu nehmen. Ich hatte an diesem Morgen vergebens versucht, sie telefonisch zu erreichen. Als wir durch die Gegend um Heilbronn fuhren, fuhr der Bus weiter und weiter. Mein einziger Trost blieb nur der sonnige Tag. Das Wetter blieb den ganzen Tag schön, so daß ich die schöne Landschaft betrachten konnte. Nach einer Stunde sagte der Fahrer auf deutsch, was ich natürlich nicht verstand, daß wir eine kurze Pause einlegen durften. Wahrscheinlich sagte er auch dabei, daß es keine mehr geben würde. Nach dieser Pause, in der ich nur eine Tasse Kaffee trank, fuhr er ununterbrochen immer weiter. Ich saß allein in den hinteren Plätzen und konnte ungestört in alle Richtungen schauen.

Wir verließen die Autobahn, kurz nachdem wir in Ostdeutschland angekommen waren, und fuhren in Richtung Norden auf der Landstraße. Ich merkte, daß wir in Ostdeutschland waren durch das Aussehen der einförmigen Gebäude und Autos. Ich sah kleine Autos mit besonderen Formen. Man konnte nicht gleich wissen, ob sie alt waren oder nicht. Fast alle sahen gleich aus.

Ich sollte später erfahren, daß sie Trabant heißen. Die Straßen waren an manchen Stellen in kläglichem Zustand, wobei wir an zahlreichen Baustellen vorbeifuhren. Als ich mehrere Male das Wort »Umleitung« sah, schlug ich in meinem Wörterbuch nach, um die Bedeutung zu verstehen. Es gab so viele Umleitungen, besonders in den zahllosen Dörfern, daß unsere ungewöhnliche Reise sicherlich dadurch länger wurde. So eine lange pausenlose Reise durfte man einem Menschen nicht zumuten. Ich bewunderte den Fahrer nur. Wir fuhren durch verschiedene Landschaften, über Berge und Täler, durch Wälder und offene Landschaften mit grenzenloser Sicht bis zum Horizont.

Nach achtstündiger Fahrt ohne Pause, als ich das Bedürfnis bekam, kurz auszutreten, fragte ich mich: »Wie kann er bloß bedenkenlos einen Tag lang ohne Pause immer weiter fahren?« Was mir am Anfang als schöne und relativ angenehme Reise erschien, endete mit dem Sonnenuntergang. Ich scheute mich, den Fahrer zu bitten, anzuhalten. Ich wußte nicht, wie ich mit der Sprache zurechtkäme. Als ich es nicht mehr aushalten konnte, wollte ich zu ihm gehen, um ihn durch Gesten darauf aufmerksam zu machen. Doch dann sah ich einen jungen Mann eine kleine Treppe heruntergehen und eine kleine Tür öffnen. Als er herauskam, fragte ich ihn, wohin die kleine Tür führe. Zu meiner Erleichterung und zugleich zu meinem Erstaunen sagte er mir: »Das ist die Bustoilette.« Ich konnte es nicht begreifen. Ja, ich litt Folterqualen aus reiner Unwissenheit. Ich war zum Teil selbst schuld. Der Busfahrer hatte sicherlich in der Durchsage am Anfang der Reise alle Erklärungen gegeben, denn er hatte lange gesprochen. Aber ich hatte ja noch nie einen Bus mit Toilette gesehen.

Am späten Abend kamen wir in Halberstadt an. Das war die erste Station für die ersten zugewiesenen Asylbewerber. Als ich mich später auf der Landkarte zurechtfinden konnte, fand ich heraus, daß wir einen unheimlich langen Umweg von etwa 400 Kilometern gemacht haben. Die Reise sollte in Chemnitz enden. So haben wir sicherlich die doppelte Strecke zurückgelegt, als wenn wir von Ludwigsburg direkt nach Chemnitz gefahren wären.

Von Halberstadt blieben im Bus höchstens 20 Fahrgäste. Ich war nun der einzige Schwarze.

Kurz vor 22 Uhr kamen wir in Chemnitz an. Wir fuhren zu der angegebenen Adresse, Gaußstraße 5, was nur der Sitz der Zentralen Ausländerbehörde war. Die zuständige Person für unseren Empfang hatte die Unterkunftsadresse für diese Nacht hinterlassen. Erst am nächsten Tag sollten dann die erforderlichen Formalitäten durchgeführt werden.

Wir fuhren weiter außerhalb der Stadt und wurden in einem Heim untergebracht, dessen Leiter uns selbst empfing. Er gab uns etwas Brot, Schinken und Tee oder warme Milch nach Belieben. Den ganzen Tag hatte ich nichts gegessen.

Das Heim bestand aus einer einzigen Baracke, die nicht besetzt und nicht regelmäßig betrieben zu sein schien. Es diente wahrscheinlich nur für solche gelegentlichen Unterbringungen. Kurz danach kamen auch Asylbewerber aus einem anderen Teil Westdeutschlands, unter anderem ein Schwarzer aus Nigeria.

Ich freute mich, daß ich mich mit ihm auf englisch unterhalten konnte. Den ganzen Tag hatte ich kaum geredet. Wir schliefen auch im selben Zimmer. Das Zimmer war übermäßig geheizt, und wir konnten die Heizung nicht regulieren. Die Lösung war, sie völlig auszuschalten, obwohl es draußen sehr kalt war. Ansonsten hätten wir nicht schlafen können. Nach einer solchen anstrengenden Reise brauchten wir eine erholsame Nacht. Außerdem hatte der Leiter uns gesagt, daß wir ziemlich früh aufstehen mußten, um die Formalitäten in der Zentralen Ausländerbehörde rechtzeitig zu erledigen. Am Morgen früh nach einer kalten Dusche und dem Frühstück stiegen wir in den Bus und fuhren zur Zentralen Ausländerbehörde. Der Heimleiter hatte uns gesagt, daß wir voraussichtlich nicht zu diesem Heim zurückkommen würden.

Als wir durch die Stadt Chemnitz fuhren, sah ich vor meinen Augen das Bild einer alten grauen Stadt. Alles an den Häusern, Straßenbahnen bis hin zu den Autos sah alt aus. Es gab mehrere rauchende Schornsteine aus Ziegeln, die ich im Westen nicht gesehen hatte. Kurz vor 8 Uhr wurden wir in das bewachte Gebäude der Zentralen Ausländerbehörde eingelassen.

Es ging los mit den ersten Routinekontrollen und Informationen, indem jeder aufgerufen wurde und eine Unterlage unterschrieb. Ich erhielt ein Dokument in Französisch zur Information und war sehr überrascht, darin ein Wort zu finden, das ich schon über fünfzehn Jahre nicht einmal mehr gehört hatte, nämlich das Wort für Sachsen auf französisch »La Saxe«. Ich hatte in der Schule in Geschichte »La Saxe« häufig gehört, aber ich konnte damals nicht richtig unterscheiden, ob es in Deutschland oder in Frankreich war, da wir mehr über Frankreich gelernt haben als über Deutschland. Da sagte ich mir: »Wenn ich nach ›Saxe‹, in das schon vergessene Land, geraten bin, dann kann ich wirklich sicher sein, weit weg von Ruanda zu sein.« Derselbe Gedanke war mir am vorigen Abend gekommen, als ich auf den Straßenschildern die Namen wie Magdeburg, Leipzig und Dresden sah. Solche Namen hatte ich häufig gehört, so daß sie gute alte Erinnerungen hervorriefen.

Wir waren etwa dreißig Asylbewerber. Alles lief planmäßig, aber äußerst langsam. Die wenigen Beamten sollten mit allen wichtigen Schritten für so eine große Zahl zurechtkommen. Wir mußten wieder Fotoaufnahmen und Fingerabdrücke für neue Ausweise machen.

Ich staunte sehr, als mich die kleine Frau, die die Bilder aufnahm, bat, eine Nummer auf meiner Brust festzuhalten. Dasselbe tat ich auch für die seitliche Aufnahme. Ich hatte noch nicht erlebt, daß ich eine Nummer auf meinem Bild erhalten mußte. Ich hatte solche Klischees in Filmen und Zeitungen für Kriminelle gesehen. Ich kannte doch vollkommen die Bedeutung des Verfahrens. Ich dachte kurz nach und versuchte es zu verstehen. Die kleine Frau war freundlich und ließ mir keine Zeit, weiter darüber zu grübeln. Sie wiederholte ständig: »Sie sind so groß!« Das habe ich schon auf deutsch verstanden, und sie fragte mich weiter, wie lange ich in Deutschland sei. Als ich antwortete, daß ich nur einen Monat hier verbracht hätte, sagte sie erstaunt: »Sie sprechen aber gut Deutsch.«

Diesen Ausdruck hatte ich gerade erst in der Wartezeit gelernt und freute mich, ihn gleich in der Praxis zu hören. Ich hatte nämlich das ausgeliehene Buch von der Stadtbibliothek Ludwigsburg noch bei mir. Als die ersten Formalitäten beendet waren, mußten wir in einem Raum auf unsere jeweiligen Zuweisungsorte warten. Wir durften das bewachte Gebäude nicht verlassen.

Gegen Mittag bekamen die ersten Asylbewerber ihre Zuweisungen und fuhren gleich hin. Der Schwarze aus Nigeria wurde dieser Gruppe zugewiesen. Ich blieb dort als einziger Afrikaner. Um 14 Uhr bekam eine weitere Gruppe ihre Papiere und verließ das Gebäude. Es bestand eine Möglichkeit, in dem Gebäude Essen oder Getränke zu kaufen. Es war jedoch nicht möglich, ein warmes Essen zu bekommen. So begnügte ich mich mit Getränken und aß den ganzen Tag nichts.

In den späten Nachmittagsstunden spürte ich einen starken Hunger. Seit Mittag erwartete ich, jeden Moment aufgerufen zu werden, und hoffte, das Gebäude dann verlassen zu dürfen. Außerdem hätte ich mir gewünscht, in den Naturpark vor dem Gebäude gehen zu können, um die Eintönigkeit zu durchbrechen. Ich konnte von dem Raum aus alles in dem großen Park beobachten. Es war ein sonniger Tag.

Ich war wahnsinnig ungeduldig geworden, als endlich kurz vor 17 Uhr der Beamte, der in den anderen Gruppen die Unterlagen verteilte, auf uns zukam. Er überreichte jedem einzelnen seine Unterlagen. Auf dem überreichten Papier konnte ich nur meine persönlichen Daten und mein Bild erkennen.

Seit einigen Minuten stand ein Bus vor der Tür. Wir wurden aufgefordert, uns zum Bus zu begeben. Der Bus fuhr in Richtung Freital. Ich war der einzige Schwarze in der Gruppe von etwa 15 Personen. Wir fuhren wieder durch Chemnitz, und ich konnte die Stadt in der Abenddämmerung kennenlernen.

Als wir außerhalb der Stadt weiterfuhren, konnte ich noch eine kurze Zeit die schöne Gegend betrachten. Ein herrlicher Blick über diese hügelige Landschaft erinnerte mich an manche Gegenden Ruandas. Wir fuhren über die Landstraßen. Nach einer Stunde Fahrt erreichten wir Freital, eine Stadt, die etwa siebzig Kilometer östlich von Chemnitz entfernt liegt.

In Freital sollten wir die Kohlenstraße 42 suchen. Da es eine andere Kohlenstraße in Dresden gibt, fuhren wir irrtümlich zuerst nach Dresden. Es war schon Nacht. Wir fuhren herum, ehe der Busfahrer eine richtige Auskunft von einem Taxifahrer erhielt. Ich hatte bereits gemerkt, daß wir den richtigen Weg nicht gleich fanden, als wir an deutlich erkennbaren Anhaltspunkten zweimal vorbeifuhren.

Nach zahlreichen Windungen auf teilweise unbeleuchteten Straßen kamen wir endlich zu einem Waldweg. Sehr langsam fuhren wir durch den Wald, da die Straße aus Naturboden in schlechtem Zustand war. Ehe ich mich fragte, ob der Busfahrer nicht schon wieder von dem richtigen Weg abgekommen sei, sah ich eine Beleuchtung hundert Meter vor uns. Das war das Asylbewerberheim auf dem Windberg. Nach zwei anstrengenden Tagen traf ich am 15. November 1991 kurz nach 18 Uhr auf dem Windberg ein.

AUF DEM WINDBERG

Der Bus hielt vor dem mitten im Wald gelegenen Haus. Einige Menschen kamen heraus, als die Tür aufging. Eine Frau kam auf uns zu, um uns zu begrüßen. Sie war die Heimleiterin und wurde von uns später Chefin genannt. Unser Empfang war vorbereitet. Der Bus fuhr gleich zurück. Wir warteten vor dem Haus, um endlich aufgerufen zu werden und einer nach dem anderen hineingehen zu dürfen. Ich empfand diese kurze Wartezeit als sehr lang, da mir fürchterlich kalt war. Die Kälte war sicherlich durch meine schwache körperliche Verfassung bedingt. Ich hatte nämlich die erträgliche Hungergrenze überschritten.

Die Chefin sah mich an und forderte mich auf, ihr zu folgen. Wir liefen in einem schmalen Treppenhaus hinauf. In der ersten Etage gleich rechts am Ende der Treppe gingen wir durch eine Tür, liefen durch einen kleinen Korridor, bis wir endlich in ein geräumiges Zimmer kamen.

Als ich ins Zimmer kam, wurde ich von einer Wärmewelle erfaßt, da ich unmittelbar neben dem Ofen stand. Das vermittelte mir ein starkes Gefühl der Geborgenheit. Die Außentemperatur war auf sicherlich fünf Grad gesunken, während im Zimmer über zwanzig Grad herrschten. Die Chefin sagte mir auf englisch: »This is your room.« »Das ist Ihr Zimmer«, und fragte weiter: »Good or not?« »Gut oder nicht?« als ob ich ihre Meinung hätte ändern dürfen, sollte ich das Zimmer nicht schön gefunden haben. Auf den ersten Blick war ich beruhigt. Es war ein großes Zimmer mit drei nebeneinander stehenden Einzelbetten, angenehm im Vergleich zu den Doppelstockbetten, die ich in den anderen Heimen vorgefunden hatte. Ich antwortete mit innerer Zufriedenheit: »Yes, good.« »Ja, gut.«

Sie gab mir so viele Anweisungen wie möglich in ihrem gebrochenen Englisch. Ich sollte gleich hinunter in den Speiseraum für das Abendbrot gehen. Sie erklärte, daß ein rumänischer Kollege im Zimmer wohnte, und ging gleich zurück für die weiteren Zimmerzuweisungen.

Ich stellte meine beiden Koffer ab und ging in den Speiseraum. Als ich in einem kleinen Korridor im Erdgeschoß ankam, konnte ich in die Küche durch die geöffnete Tür sehen. Drinnen stand ein junger Mann, der mich freundlich anlächelte und sagte: »Hello.« Im Speiseraum saß ein junger Mann, der mich gleich in gutem Englisch ansprach, in dem er mich fragte: »Can you speak English?« »Kannst du Englisch sprechen?« Ich bejahte überrascht und zugleich erfreut. Ich konnte nicht begreifen, daß jemand dort gutes Englisch sprechen konnte. Ich hatte ja vergeblich bei den anderen Kollegen auf der Fahrt versucht, mich mit ihnen auf englisch zu unterhalten. Ich empfand diese Möglichkeit als eine außergewöhnliche Chance, um die schon gefürchtete Isolierung zu überwinden.

Man hatte mir im Westen gesagt, daß die Sprache eines meiner größten Probleme sein wird. Der junge Mann war mein Zimmerkollege und hieß Costel. Costel erweckte bei mir gleich den Eindruck, offen zu sein, denn er sagte mir ebenfalls ziemlich erfreut: »Du bist mein Zimmerkollege. Die Chefin hat es mir heute gesagt. Er zeigte mir, wie ich mit dem Abendbrot zurechtkommen würde. Ich ging zu einem Fenster, einer kleinen Öffnung zwischen der Küche und dem Speiseraum. Dort meldete man sich, um Essen zu bekommen. Der junge Mann, den ich gerade eben vom Korridor aus in der Küche gesehen hatte, war ein Zivildienstleistender und hieß Falk. Er überreichte mir einen Teller mit etwas Schinken, Brot, Butter und etwas Gemüse. Ich bekam auch warme Milch.

Ich fragte ihn, ob er Englisch sprechen konnte. Er antwortete auf englisch:»Yes, a little.« »Ja, ein bißchen.« Ich unterhielt mich mit ihm weiter. Er konnte gut Englisch sprechen, wenigstens das Notwendigste, um bei Bedarf Auskunft geben zu können. Nachdem ich mein Abendbrot erhalten hatte, saß ich neben Costel, um so viel wie möglich zu erfahren, obwohl ich nicht richtig imstande war, viel zu reden. Ich war erschöpft. Zumindest konnte ich Costel zuhören, der anfing, alles über das Heim und sein eigenes Leben zu erzählen. Er stammte aus Rumänien und war Elektriker von Beruf. Ich war der einzige Schwarze im Heim, das überwiegend von Rumänen und Bulgaren bewohnt war. Rund 50 Menschen konnten hier untergebracht werden.

Da ich Costel die Frage gestellt hatte, ob es andere Afrikaner im Heim gebe, erzählte er gleich die Geschichte eines Mädchens äthiopischer Herkunft, das vor einigen Monaten in dieses Heim überstellt worden war. Das Mädchen hat die ganze Zeit nur geweint und wollte nichts essen, bis er sie nie wiedersah.

Das war keine schöne Geschichte, aber ich brauchte keine totale Isolierung zu fürchten. Eine Isolierung und ständige Angst vor Brandstiftung, wie sie häufig im Fernsehen zu sehen war, hätte ich bestimmt nicht überstehen können. So bekam ich zunächst durch diese Kommunikationsmöglichkeiten ein beruhigendes Gefühl.

Die Verpflegung war anders organisiert als in den anderen sogenannten endgültigen Unterkünften für Asylsuchende. In manchen Bundesländern, bekam man Geld für die Verpflegung, damit man selbst kauft, was seinem Geschmack und seiner Eßgewohnheit entsprach. Das war nicht der Fall im Windbergheim. Man bekam hier fertiges Essen. Es war auch in den negativen Kommentaren im Westen erwähnt worden, daß man in einigen Asylbewerberheimen im Osten nur fertiges Essen bekam. Dies wurde im allgemeinen als Nachteil empfunden, aber man mußte sich damit abfinden.

Die Zimmer sollten für alle deutschen Mitarbeiter im Heim ständig zugänglich sein. Wir durften sie nicht abschließen. Das Büro der Chefin lag gleich gegenüber unserem Zimmer.

Ich erzählte Costel etwas über meine Herkunft und meine Reise bis zum Windberg, ehe wir hinauf ins Zimmer gingen. An diesem Abend redeten wir nicht mehr lange. Nachdem er mir alle notwendigen Auskünfte über das Heim und die gewöhnlichen Regelungen mitgeteilt hatte, schliefen wir ein.

Die erste Nacht verlief sehr erholsam, denn ich versank in einen tiefen Schlaf die ganze Nacht hindurch, wie ein Baby. Am nächsten Tag nach dem Frühstück besah ich mir alles rundherum.

Im Korridor waren an der Wand Papiere mit Bekanntmachungen über die internen Regelungen für das Heim angebracht, unter anderem auf französisch. Ich konnte beispielsweise lesen, daß Besuche im Heim nach 22 Uhr nicht gestattet waren, daß die Ausübung politischer Aktivitäten im Heim verboten war und vieles andere. Von außen sah das Heim sehr alt aus und bestand aus einem Erdgeschoß, einem Stockwerk und einem Dachgeschoß mit Zimmern. Ein kleiner Hof war davor und gleich dahinter eine ungepflegte Wiese. Der Hinterhof war etwa doppelt so groß wie der kleine Hof. Das Heim war von einem Naturschutzgebiet umgeben. Schilder mit Eulen, das Kennzeichen eines Naturschutzgebiets in der ehemaligen DDR, waren gleich neben dem Hof zu sehen. Zunächst war ich von diesem Waldgebiet begeistert, weil es mir ein Erholungsgefühl vermittelte. Nach den turbulenten Zeiten in meiner Heimat, brauchte ich Ruhe, eine Gegend, in der ich mich wie im Urlaub fühlen konnte.

Ich entschied mich, die Gegend zu erkunden. Ich ging zu Fuß allein durch den Wald. Leider war der Blätterfall auf dem Windberg schon völlig abgeschlossen. In Westdeutschland waren noch Blätter an den Bäumen. Hier sahen die Bäume so unglaublich kahl aus, als wäre es kurz nach einem Waldbrand gewesen. Ich erinnerte mich, daß ich einmal über die wunderschönen bunten Blätter in Karlsruhe begeisterte Kommentare gemacht hatte. Mein Bruder hatte mir gesagt: »Diese Blätter werden alle bald herunterfallen.« Ich hatte es ja in der Schule gelernt. Nun durfte ich es zum ersten Mal auf dem Windberg selbst erleben.

Um mit einem Fahrzeug zum Heim zu gelangen, gab es nur eine einzige Möglichkeit, nämlich den Waldweg. Sonst gab es verschiedene kleine Pfade durch den Wald. Vom Heim bis zur Hauptstraße war es ungefähr ein Kilometer. Ich nahm mir vor, an diesem ersten Vormittag einem Pfad ohne besonderes Ziel zu folgen. Nach fünf Minuten in der Gegenrichtung zum Waldweg, also hinter dem Heim, kam ich zu einer technischen Anlage, bestimmt einer Antenne. Dies ließ mich vermuten, die Gegend müsse höher sein als der Rest der Region. Schon von diesem

Punkt aus konnte ich durch einen prüfenden Blick zwischen den kahlen Ästen hindurch erkennen, daß ich mich tatsächlich auf einem Berg befand. Der Windberg ist der höchste Berg in der Gegend. Ich konnte nun verstehen, warum alle Blätter schon abgefallen waren. Es hing bestimmt mit dem starken Wind und der Kälte der Höhenlage zusammen.

Einige Meter weiter stand ich wie auf einer Bühne, am eigentlichen Gipfelpunkt, um die Gegend in allen Himmelsrichtungen zu betrachten. Von dort bekam ich eine wunderschöne Aussicht. Ein kleiner Hof war bestimmt zu Beobachtungszwecken eingerichtet worden. Daneben stand ein altes Denkmal aus schwarz gewordenem Sandstein. Der kleine Hof war mit einer Brüstung ebenfalls aus Sandsteinpfosten und waagerechten Eisenrohren zwischen den Pfosten umgeben. Es standen sogar zwei Bänke zum Ausruhen da. An diesem Punkt hatte ich das Gefühl, auf einem hohen Turm zu stehen; so steil war das Gelände. Wie schön war es, diesen Blick zu genießen, trotz des kalten Windes, der durch die kahlen Bäume pfiff!

Bislang hatte ich nicht gewußt, daß das Heim sich auf einem Berg befand, da der Windberg wie eine Hochebene aussieht. Die Gegend um Freital muß durch eine tektonische Bewegung entstanden sein. Die Stadt Freital liegt in einem engen Talkessel, und der Windberg steht wie ein halber Kegel, zumindest von Freital aus gesehen. Der Rundweg am Gipfel zum Beispiel ist wesentlich kürzer, und je mehr man sich dem Fuß des Berges nähert, desto länger wird der Rundweg.

Über das Tal hinaus, soweit das Auge reichen kann, erhebt sich eine Kette niedriger Berge, ohne Bäume, im Gegensatz zum Windberg, der bis zum Fuß bewaldet ist. Das enge Tal zieht sich sehr in die Länge, so daß vom Windberg aus nach beiden Richtungen hin kein Ende zu sehen ist. Wenn man von dem Windberggipfel aus hinunter ins Tal schaut, liegen Dresden rechts und Tharandt links. Vom Gipfel aus hat man eine weite Sicht in die Ferne über eine ziemlich einförmige hügelige Gegend über Freital und Kesselsdorf hinweg. Die Schönheit dieser niedrigen

Hochebene ist am faszinierendsten an wolkenlosen Tagen bei Sonnenuntergang, wenn sich die glühenden Sonnenstrahlen am Firmament über die Gegend legen. Die untergehende Sonne verwandelt die Landschaft in ein unendliches Feuermeer, das sich in Richtung Meißen oder in Richtung Mohorn bis zum Horizont ausdehnt, besonders an sommerlichen Abenden.

An jenem ersten Vormittag war der Tag nicht sonderlich schön, denn die Sonne war nicht zum Vorschein gekommen. Trotz des über Freital schwebenden Nebels, bekam ich doch einen ausreichenden Überblick über die Gegend. Die unten in Freital stehenden dunklen Häuser vermittelten mir das Bild einer alten, grauen Stadt. Die rauchenden Fabrikschornsteine, die zahlreichen alten Autos, überwiegend Trabant und Wartburg, boten ebenfalls kein erfreuliches Bild. Fahrende Züge am anderen Ende des Tales konnte ich ebenfalls beobachten. Die quietschenden Räder eines bremsenden oder lediglich vorbeifahrenden Zuges erzeugten ständig Geräusche, die ungehindert bis zu mir hoch kamen. Das war also die Gegend, in der ich eine unbestimmt lange Zeit leben sollte! Den Rest des Vormittags verbrachte ich dort.

Ich mußte im Heim rechtzeitig vorsprechen. Die Mahlzeiten waren in meiner neuen Unterkunft strikt festgelegt, nämlich das Frühstück um 9 Uhr, das Mittagessen um halb eins und das Abendbrot um 18 Uhr. Wer nicht zu diesen bestimmten Zeiten da war, ohne seine eventuelle Abwesenheit angemeldet zu haben, mußte auf die nächste Mahlzeit warten. In der Küche arbeiteten drei deutsche Frauen nach festgelegten Arbeitszeiten. Keine hätte auf eine Minute ihres Feierabends verzichten wollen. In ihrer Abwesenheit wurde dann die Arbeit in der Küche von den Zivildienstleistenden übernommen.

Es war lange her, daß ich mich auf ein geregeltes Leben wie im Internat einstellen mußte. Aber zu diesem Zeitpunkt dachte ich mir immer noch, daß mein dortiger Aufenthalt nur kurz sein würde. Ich hoffte, bald nach Baden-Württemberg zurückzukehren. In dieser Hinsicht war ich überzeugt, eine ausreichende Grundlage zu haben. Ich sollte nur darauf hinweisen, daß ich zu weit entfernt von meinem Bruder lebte, daß ich mich als einziger Afrikaner im Heim isoliert fühlte und vieles andere.

Tatsächlich wurde ich nicht nur in den Osten, sondern auch in eine Gegend geschickt, die sehr weit von Karlsruhe entfernt ist. Der Windberg liegt etwa vierzig Kilometer vor der Grenze zur ehemaligen Tschechoslowakei. Vom Windberg bis Karlsruhe sind es etwa sechshundert Kilometer. Alle diese isolierenden Faktoren sollten mir als gute Gründe dienen, so dachte ich mir, um rasch nach Karlsruhe oder in die dortige Umgebung wieder überstellt zu werden.

Meine überzeugenden Gründe gab es leider nur in meinen eigenen Vorstellungen, und sie sollten keinesfalls berücksichtigt werden, wie dies sich Jahre später herausstellen sollte. Im Moment mußte ich mich mit der neuen Lebenssituation abfinden. Ich konnte nur mit Costel sprechen, der mir in vieler Hinsicht half. Er konnte verhältnismäßig gut Deutsch und kannte auch ziemlich gut die Gegend, denn er wohnte schon eine lange Zeit in diesem Heim. Alle ersten wichtigen Schritte in dieser fremden Gegend unternahm ich mit ihm.

Da ich wahnsinnige Angst vor den Skinheads hatte, wollte ich die ganze Zeit im Heim bleiben, bis die Entscheidung, nach Karlsruhe zurückzukehren, fiele. Hätte Costel mich nicht überredet, wäre ich über Monate hinweg im Heim geblieben, ohne mich auf die Straße und nach Dresden zu trauen. Dresden war mir aus dem Westen her als die gefährlichste Stadt im Osten bekannt. Auch andere Schwarze in Dresden lebten seit einiger Zeit in ständiger Angst, wie ich später erfuhr.

Ein Mozambikaner namens Jorge Gomondai war vor kurzem grausam ermordet worden. Er lebte schon Jahre lang in der DDR. Aus einer fahrenden Straßenbahn wurde er hinausgeworfen und erlag seinen Verletzungen. Wenn auch meine Angst einigermaßen übertrieben war, gab es trotzdem Gründe, um mein Leben zu bangen. Auch im Heim war das Leben nicht leicht.

In der Nacht nach meiner Ankunft wurden wir kurz nach Mitternacht im Schlaf gestört. Einer der jungen Männer, die ihren

Zivildienst leisteten, öffnete plötzlich unsere Zimmertür ohne zu klopfen. Er machte die Lampe an, warf einen kurzen prüfenden Blick ins Zimmer, machte die Lampe wieder aus und ging ohne ein Wort zurück. Außerdem knallte er die Tür zu. Ich fragte Costel, was dies bedeute. Ich hatte alles beobachtet, nachdem wir beide aus dem Schlaf aufgeschreckt waren, sobald die Tür aufgegangen war. Ich hatte auch gesehen, als die Lampe noch an war, wie Costel mit dem Schlaf und dem plötzlich störenden Licht kämpfte. Er antwortete: »Ich weiß auch nicht. Das ist das erste Mal, daß ich so etwas erlebe.« Wir redeten eine Weile in der Dunkelheit, ehe wir weiterschliefen.

In der nächsten Nacht kam derselbe junge Mann kurz vor Mitternacht und wiederholte dieselbe Szene. Sobald er das Zimmer verließ, sagte mir Costel in nachdenklichem Ton: »Ich glaube, daß es um mich geht. Er sucht möglicherweise nach einer Freundin von mir. Die Chefin hat erfahren, daß ich eine Freundin habe. Sie will vermutlich verhindern, daß sie hier übernachtet.« Diesmal fühlte ich mich ernsthaft gestört und mein Verständnis dafür begann nachzulassen. Ich sagte ihm gleich: »Das ist doch nicht richtig. Die Chefin weiß doch, daß ich jetzt hier bin. Dies allein sollte deine Freundin daran hindern, hier zu übernachten.« Wir schliefen weiter.

Am nächsten Morgen, als ich die Gardinen aufzog, wurde ich von einem außergewöhnlichen Bild sowohl begeistert als auch erschreckt! Was hatte ich da gesehen? Die Welt von heute war nicht mehr die von gestern! Alles war so blendend weiß da draußen geworden, daß ich meine Augen nur mit Mühe öffnen konnte. Das starke Licht oder besser die draußen herrschende Helligkeit schmerzte meine Augen. Ich wollte schnell wahrnehmen, was sich draußen abspielte, aber die Augen konnten nicht so schnell folgen. Diesen Augenblick empfand ich nahezu wie einen Schock, und ich sagte mir gleich innerlich: »Das ist, was ich immer gehört habe. Schnee!«

Tatsächlich hatte ich zahllose Male von Schnee gehört oder sogar in Filmen gesehen, aber dieser Augenblick war mir ein besonderes Ereignis. Es hatte innerhalb einer Nacht so viel geschneit, daß am Morgen kein Grün mehr zu sehen war. Hätte ich den Schneefall allmählich erlebt, so hätte ich mich sicherlich auch langsam daran gewöhnen können. Aber dieses plötzliche Urerlebnis in meinem Alter führte zu gemischten Gefühlen. Der Winter brach also herein, als ich erst drei Tage auf dem Windberg verbracht hatte. Dieser Tag wurde selbstverständlich der Schnee-Entdeckung gewidmet. Ich machte wieder eine Runde in den Wald, faßte die weißen kalten Klumpen an, machte daraus Schneebälle und hörte erst auf, als die Hände vor Kälte schmerzten.

In der nächsten Nacht wiederholte der junge Mann noch einmal dieselbe nächtliche Störung. Diesmal reagierte Costel aufgebracht und fragte ihn gleich, warum er uns rücksichtslos jede Nacht im Schlaf störte. Er antwortete gelassen: »Nur Kontrolle.«

Sie tauschten untereinander in heftigem Ton auf beiden Seiten einige Worte, ehe Costel erfuhr, daß der Befehl von der Chefin selbst käme. Wir beschlossen, mit der Chefin das Problem am folgenden Tag zu besprechen, damit die seltsame Situation verändert würde.

Komischerweise kam der Hausmeister, wie wir den jungen Zivildienstleistenden nannten, nur, wenn wir fest schliefen. Die Türen des Heimes wurden von ihm selbst abgeschlossen und überwacht. Nur der Hausmeister allein durfte jemanden ins Heim hereinlassen. So hätte er seine Kontrollrunde vornehmen können, bevor wir zu Bett gingen. Die Zivildienstleistenden übernahmen nämlich in der Nacht zudem den Wachdienst, für den sie entsprechend ausgerüstet waren.

Es war kaum möglich, bei den verschlossenen Türen, daß eine vermeintliche Freundin durch das Fenster im ersten Stock ins Zimmer hereinkäme. So machte ich mir diesmal darüber echte Sorgen, da ich keine überzeugende Erklärung für den ungewöhnlichen Vorfall fand. Wir schliefen weiter.

Bei der ersten Gelegenheit trafen wir uns mit der Chefin, die schon von unserer Empörung erfahren hatte. Sie entschuldigte sich für den wiederholten Vorfall und versprach uns, daß dies nie wieder passieren würde. Sie sprach mit Costel auf deutsch, was ich natürlich nicht verstand. Mein Problem blieb die Tatsache, daß ich nie erfuhr, welche realen Motive dahintersteckten. Nach den Angaben der Chefin, so Costel, sei dies allgemein im Heim und nicht nur auf uns allein gezielt gewesen. Als Costel die anderen Rumänen fragte, ergab sich jedoch, daß es bei ihnen keine derartigen Kontrollen nach Mitternacht gegeben hatte. Tatsächlich sollte seitdem nichts mehr passieren. Costel hatte schon monatelang dort gewohnt. Daß es erst nach meiner Ankunft losging, konnte ich mir nicht erklären.

Das Leben im Heim mußte weitergehen. In den ersten Tagen mußte ich mich bei der Ausländerbehörde in Freital melden. Dies war Pflicht für die Heimbewohner. Auch für alle Probleme, die mit der Verwaltung zu tun hatten, wandte man sich immer an die Ausländerbehörde.

Nach dem ersten Wochenende bat ich Costel, mich dorthin zu begleiten. Wir konnten leider den kurzen Weg am Berghang nicht benutzen. Die Sturzgefahr durch Schnee an diesem steilen Berghang war sehr hoch, wobei ich nicht wußte, daß Schnee äußerst glatt sein kann, denn es sah nur wie weißer Sand aus. Wir machten einen Umweg und liefen zu Fuß bei klirrender Kälte. Ich bekam die ersten Eindrücke von der umliegenden Gegend.

Bei der Ausländerbehörde im Landratsamt, an der Dresdener Straße 201, fanden wir zwei junge Frauen vor. Weil sie kein Englisch sprechen konnten, half mir Costel als Dolmetscher. Nach den Anmeldungsformalitäten äußerte ich den Wunsch, nach Karlsruhe zurückzukehren. Die zuständige Frau für Ausländerfragen hieß Frau B. Sie gab an, sie sei nicht zuständig für die eventuelle Rückkehr nach Westdeutschland. Ich konnte ihr aber den von mir beabsichtigten Umverteilungsantrag überreichen. Sie sollte ihn dann der Zentralen Ausländerbehörde in Chemnitz weiterleiten. Das war die Stelle, die für das Bundesland Sachsen eine solche Entscheidung treffen durfte.

In derselben Woche verfaßte ich hoffnungsvoll in meiner Handschrift auf französisch einen Brief mit dem Umverteilungsantrag. Ich konnte mir nicht anders helfen.

Ich hatte in Karlsruhe erfahren, daß solchen Ämtern Übersetzer, zumindest für Französisch, ständig zur Verfügung standen. So machte ich mir keine Gedanken, was die Sprache anbelangte, in der der Brief verfaßt sein sollte.

Hier der übersetzte Inhalt des Briefes:

Thomas Mazimpaka   Freital, den 24. November 1991

Windbergheim
Kohlenstraße 42
0-8210 Freital

An das Bundesamt für die Anerkennung ausländischer Flüchtlinge

Gaußstraße 5
0-9030 Chemnitz
Wegen: Umverteilungsantrag

Sehr geehrte Damen und Herren,

Ich beantrage hiermit, wenn möglich, meine Überstellung zu revidieren.

1. – Meine Asylantragsbegründung:

Ich stamme aus Ruanda (in Zentralafrika), ledig , 33 Jahre alt, studierte Betriebswirtschaft an der Hochschule für Wirtschaftswissenschaft in Kisangani (Zaire). Ich stellte meinen Asylantrag in Deutschland, weil ich persönlich in meinem Land vom Tod bedroht war. Ich habe meinen älteren Bruder in Karlsruhe. Er steht offiziell in Opposition mit dem diktatorischen Regime Habyarimanas, dem Präsident Ruandas. Dies stand als Grund meiner Bedrohungen, weil ich als sein Komplize im Lande vermutet wurde.

Ich erlebte dramatische Momente, in denen meine eigenen Freunde verschleppt wurden und spurlos verschwunden sind.

Seit Oktober 1990 wütet in Ruanda ein Krieg, in dem hunderte von Menschen ermordet worden sind. Dies geschah aus dem einzigen Grund, weil sie dem ethnischen Stamm der Tutsi, meinem Stamm, angehören. Die Ermordungen halten bis heute unvermindert an.

2. – Meine heutige Lage:

Ich bin am 8/10/1991 mit meiner Cousine in Karlsruhe eingetroffen. Wir haben unsere Asylanträge gleichzeitig gestellt, mit der Bitte, uns in Karlsruhe oder in einem anderen Lager zusammenzuhalten, jedesmal, wenn wir überstellt werden sollten. Ich bin überzeugt, daß wir die einzigen aus Ruanda in diesem Asylverfahren in Deutschland sind. Zur Information: wir haben schon eine Zusage eines Stipendiums für ein Studium in Deutschland.

Von Karlsruhe aus wurden wir anders überstellt, meine Cousine nach Heilbronn und ich nach Ludwigsburg. Von Ludwigsburg schrieb das Sozialamt vom Roten Kreuz nach Zirndorf, um unseren Fall zu revidieren. Das brachte nichts, da ich vor kurzem nach Freital über Chemnitz am 15/11/1991 überstellt wurde. Meine Cousine ist immer noch in Heilbronn isoliert.

Von Freital habe ich bemerkt, daß:
– ich nicht ausgehen und in der Stadt spazieren kann. Als Schwarzafrikaner bin ich gefährdet. Ich bleibe in meinem Zimmer eingesperrt. Ich habe schon eine Woche hier verbracht.
– ich der einzige Afrikaner bin. Ich spreche Französisch und Englisch. Die beiden Sprachen helfen mir kaum, da die Gemeinschaft der Rumänen, der Bulgaren, der Jugoslawen, in der ich lebe, keine der beiden Sprachen spricht. Dasselbe gilt auch für die deutschen Mitarbeiter im Heim. Ich bin isoliert, ohne sprechen zu können, ohne Spaziergang.

3.– Meine Wünsche:

Angesichts von dem, was ich oben erwähnt habe, angesichts der Tatsache, daß meine Cousine sehr isoliert ist, bitte ich um die Beschleunigung des Anhörungsverfahrens, damit ich anerkannt werde. Und wenn dies nicht möglich sein sollte, möchte ich eine neue Überstellung nach Karlsruhe bekommen, wo es mir besser ergehen kann, da ich in der Nähe meines Bruders wäre. Und wenn dies nicht möglich sein sollte, hätte ich mir gewünscht, anderswohin versetzt zu werden, wo ich mit meiner Cousine leben darf, mit der Möglichkeit, meine Sprachen anzuwenden und besonders, wo ich mich in Freiheit bewegen kann.

Ich danke Ihnen im voraus für eine rasche Reaktion auf meinen Antrag.

Mit freundlichen Grüßen.
Thomas Mazimpaka

Ich gab diese vollständige Beschreibung meiner damaligen Lage bei der Ausländerbehörde Freital ab.

Seitdem lebte ich mit der Hoffnung, so bald wie möglich eine Antwort auf demselben Weg zu erhalten. So hatte mir Frau B. gesagt. Sie war nicht im Büro, als ich den Brief abgab. Die andere Frau im Büro hieß Frau Liebert, wie ich viel später erfuhr, nachdem ich mich nach ihrem Namen erkundigt hatte. Sie empfing mich freundlich. Wir konnten zwar nicht reden; aber als ich ihr sagte, daß ich Ablichtungen von jeder der drei Seiten meines Briefes brauchte, forderte sie mich auf, draußen einen Augenblick zu warten. Sie ging in ein anderes Büro, wo sich das Fotokopiergerät befand. Als sie wiederkam, heftete sie meine Ablichtungen sogar zusammen. Ihre Freundlichkeit fiel mir auf und blieb für mich bis heute vorbildlich. Es war nur eine kleine Geste, aber nachdem ich später in näheren Kontakt mit den Deutschen kam, merkte ich, wie viel schon dies für mich bedeutete.

Nach einer Woche ging ich dorthin zurück, um zu fragen, ob schon eine Antwort gekommen sei. Es war keine da. Ich schäme mich ein wenig, wenn ich heute daran denke. Ich ging jede Woche, manchmal sogar zweimal in der Woche, in den darauffolgenden Wochen und Monaten, um immer dieselbe Frage zu stellen. Frau B. sagte mir einmal: »Sie brauchen nicht mehr hierherzukommen; Sie werden die Antwort in das Heim zugeschickt bekommen.« Das war etwa zwei Monate nach meiner Ankunft. Ich war schon sehr ungeduldig.

In der Zwischenzeit traf ich zufälligerweise Frau Liebert in Freital auf der Straße. Sie hatte mich erkannt und gegrüßt. In meinem gebrochenen Deutsch fragte ich sie, ob eine Antwort in den letzten Tagen gekommen sei. Ich verstand leider nicht viel von dem, was sie mir sagte, da sie schnell sprach; immerhin zeigte sie sich wirklich geduldig und freundlich, wie zuletzt im Büro. Ich verstand trotzdem einige Worte wie: »Briefe hin und zurück…, lange Zeit…«

Ich hatte schon viel in der deutschen Sprache gelernt und konnte etwas verstehen, wenn man äußerst langsam sprach. So verstand ich ihren netten Hinweis als eine Aufforderung zur Geduld. Geduld habe ich genug gehabt. Die Antwort sollte ein Jahr später kommen. Ich verstand aber auch später die Reaktion von Frau B., die alles über das Verfahren wußte.

In diesen Tagen redete ich über meine Situation mit Costel. Ich kam auf die Freundlichkeit von Frau Liebert zu sprechen. Ich erzählte ihm die kleine Unterhaltung auf der Straße und die Hilfe im Büro. Ich fügte hinzu, daß ich sie außerdem schön fand. Da stimmte mir Costel nicht zu. Ich hatte mit ihm bei unterschiedlichen Gelegenheiten über weibliche Schönheit diskutiert. Die von mir für schön gehaltenen Frauen hatten Costel nie gefallen.

Ich hatte längst diese Geschichte vergessen, als wir einmal gemeinsam zur Ausländerbehörde gingen. Frau Liebert war allein im Büro und empfing uns in ihrer gewohnten Art und Weise. Als wir hinausgingen, sagte mir Costel ohne besondere Betonung: »Ich denke, daß du diesmal recht hast. Diese Frau ist wirklich schön.«

Im Heim beschäftigte ich mich die ganze Zeit mit der deutschen Sprache. Bei dieser Kälte waren mir die Spaziergänge durch den Wald zu ungemütlich. Nur kurz lief ich eine Runde im Wald mit der Begleitkassette des Sprachkurses herum. Ich hatte mir ein kleines Gerät für die Gelegenheit gekauft. So konnte ich ungestört im Wald konzentriert lernen und vor allem laut wiederholen.

Obwohl mein Zimmer ideale Bedingungen für Arbeit und Konzentration bot, war es trotzdem belastend, die ganze Zeit drinnen zu bleiben. Wenn ich auch wirklich ungeduldig darauf wartete, das Heim zu verlassen, war ich zunächst dankbar für mein Zimmer, in dem ich ungestört leben konnte. Costel hatte ein altes Fernsehgerät im Zimmer, mit dem ich manchmal nur die Sprache der Bilder verfolgte. Nach vier Monaten konnte ich viel verstehen. Erst später merkte ich, daß ich fast alles in der deutschen Sprache durch das Fernsehen gelernt habe.

In den ersten Dezemberwochen, etwa zwei Wochen nach meiner Ankunft, wagte ich zum ersten Mal, nach Dresden zu fahren. Ich fuhr mit Costel und zwei anderen jungen Rumänen. Costel hatte den anderen Rumänen meine Furcht vor möglichen Angriffen erzählt. Dann versprachen sie mir, mich einmal zu begleiten, um die ersten Schritte zu wagen. Eines Vormittags liefen wir unter einem peitschenden kalten Wind durch den Wald und kamen nach fünfzehn Minuten an der ersten Bushaltestelle der Linie 89 an. Der Bus befuhr die Strecke zwischen Dresden und Kleinnaundorf. Die Haltestelle befand sich an der Burgkerstraße, etwa zwei Kilometer vom Heim entfernt. Für den Bus zwischen Freital und Bannewitz, den ich einmal schon mit Costel benutzt hatte und dessen Linie durch die Kohlenstraße verlief, gab es eine Haltestelle gleich am Rand des Waldes, etwa einen Kilometer vom Heim entfernt. Sie war überhaupt die nächste Bushaltestelle vom Heim aus.

Der erste Tag in Dresden verlief ohne Zwischenfall, so daß ich in den folgenden Tagen auch allein, aber nur am Tag, nach Dresden zu fahren wagte.

Eines Samstags lief eine Gruppe von Wanderern unterschiedlichen Alters am Heim vorbei. Sie sahen mich im Hinterhof, als ich Kohle für die Heizung in einem draußen sichtbaren Schuppen holte. In der Gruppe gab es auch Kinder, nach meiner Schätzung unter fünfzehn Jahren. Während ich ins Zimmer zurückging, hatten die Jungen die Erwachsenen unauffällig gehen lassen. Ich weiß auch nicht, wie sie mich in meinem ziemlich hoch gelegenen Zimmer gesehen haben. Jedenfalls begannen sie Steine auf das Fenster zu werfen, so daß die heftigen Schläge mich in Angst versetzten.

In diesem Augenblick merkte ich, daß ich unter einem latenten Druck lebte, ohne unbedingt das Ausmaß wirklich begriffen zu haben. Als ich vom Fenster hinunterschaute, liefen sie fluchtartig weg, ehe ich sehen konnte, wer oder wie alt die Täter seien. Ich alarmierte den diensthabenden Hausmeister, leider einen ganz neu gekommenen Zivildienstleistenden. Er kam herbeigerannt. Wir sahen die Fensterscheiben an. Kein Anzeichen oder keine Spur der Gewalt war zu sehen. Wir überprüften noch einmal vergeblich, ob wir jemanden in dem kleinen Hof sehen konnten. Der Hausmeister ging wieder zurück.

Ich machte mich weiter an die Heizarbeit, und nach etwa zehn Minuten ertönte wieder ein heftiger Schlag am Fenster. Ich rannte schnell zum Fenster, um diesmal die Chance nicht zu versäumen, jemanden zu erwischen. Ich sah drei Jungen weglaufen, etwas über zehn Jahre alt. Ich wurde beruhigt, denn vor solchen Kindern Angst zu haben bestand kein Grund. Für mich war die Sache erledigt. Deshalb gab ich dem Hausmeister ein Entwarnungssignal. Er hatte den Vorgang allerdings sehr ernst genommen, was sehr verantwortungsvoll von ihm war, denn alle Vorsichtsmaßnahmen in diesem Wald waren geboten.

In den ersten Stunden am Montag, als ich die Chefin traf, war von dem Vorfall die Rede. Sie fragte mich sehr besorgt: »Ich habe gehört, daß Steine auf Ihr Fenster geworfen wurden. Wie ist es denn passiert?« Ich selbst hatte den Vorfall schon vergessen. Aber als ich merkte, wie sie ernst fragte, antwortete ich auf englisch gelassen: »Ach! Es waren bloß Kinder von zehn Jahren.

Ich habe sie später gesehen. Sie haben einen Schwarzen gesehen und waren bestimmt neugierig, mehr nicht.« Und unbekümmert suchte ich weiter eine bestimmte Straße auf dem Stadtplan von Freital, der im Erdgeschoßkorridor hing, wo die Chefin mich getroffen hatte. Ich zeigte ihr dadurch, daß ich nicht mehr über den harmlosen Vorfall reden wollte. Sie schien von meiner eigenen Verharmlosung des Vorfalls beeindruckt. Denn seitdem merkte ich bei ihr eine besonders rücksichtsvolle Haltung mir gegenüber. Sie war zumindest überzeugt, daß sich der Vorfall tatsächlich ereignet hatte. Es könnte denkbar sein, daß ich ihn vorgetäuscht hätte, um ihn eventuell in meiner Angelegenheit zum Vorwand zu benutzen. Ich hatte ihr schon gesagt, daß ich mich in meiner Bewegungsfreiheit eingeengt fühlte.

Um bestimmt alle Vorbeugungsmaßnahmen zu ergreifen, entschied sie zwei Tage später, die durchsichtigen Haupttürscheiben durch leichte Holzplatten zu ersetzen. Diese Maßnahme führte zu Unzufriedenheit vieler Heimbewohner, sogar zu Randalen im Heim. Die meisten verlangten, umgehend die Tür wieder durchsichtig zu machen, mit der Begründung, das Heim sei zum Gefängnis geworden. Nach vielen offenen Auseinandersetzungen und Drohungen gewann die Chefin dieses Ringen. Die Tür blieb undurchsichtig. Nur ein Spion wurde in der Tür installiert. Natürlich konnte mir die Chefin nichts darüber sagen. Ich verstand aber, daß der Vorfall sie dazu gebracht hatte, die Tür anders zu gestalten, um den neugierigen Wanderern den Durchblick in das Heim zu versperren.

Meine isolierte Situation wurde durch das Benehmen einiger Heimbewohner mir gegenüber verschärft. Viele von ihnen fühlten sich mir überlegen und brachten es zum Ausdruck. Eine ältere Frau aus der ehemaligen Sowjetunion machte meine ersten Tage im Heim zur Hölle. Diese Frau, um fünfzig Jahre alt, lebte allein im Heim, ohne Mann oder Kinder. Eines Morgens war ich beim Frühstück. Sie fing an, den Fußboden zu kehren. Zufälligerweise aß ich das Frühstück als letzter an jenem Morgen. Einige andere saßen zwar noch da, aber mit leeren Tellern.

In dem Speiseraum war es bei trockenem Wetter staubig und bei Regen schlammig. Die Heimbewohner mußten selbst das Heim sauberhalten, was kaum gemacht wurde. Dadurch befand sich das Heim in einem geradezu jämmerlichen Zustand. Wenn keiner von uns den Mut hatte, die lange und schwere Reinigung zu übernehmen, blieb es wochenlang so, bis die Chefin sich durchsetzte.

Normalerweise war es geregelt, daß jeder Heimbewohner einmal solche gemeinsamen Räume wie den Speiseraum saubermachen mußte. Demjenigen, der diese Anweisungen nicht befolgte, wurde das Taschengeld verweigert. An diesem Morgen hatte sich die Frau freiwillig vorgenommen, den Speiseraum sauberzumachen, was bewundernswert war. Es war also Staub angesagt. Als sie die erste Staubwolke aufwirbelte, bat ich sie, einen Augenblick abzuwarten, bis ich mein Frühstück aufgegessen hätte. Sie hatte gut verstanden, da sie besser Deutsch konnte als ich, aber sie hörte keine einzige Sekunde auf. Im Gegenteil zeigte sie sich unzufrieden, da sie empört gleich zu mir sagte: »Willst du in diesem Schmutz essen?« und kam kehrend noch näher an meinen Tisch heran.

Ich konnte es nicht ertragen und stand auf, ohne ein Wort, gab meinen Teller mit dem Frühstück in der Küche ab. Ich verließ den Speiseraum mit allen anderen. Übrigens war es verboten, im Zimmer zu essen. Tatsächlich machte sie sich fleißig an die Arbeit, so daß zu Mittag alles sauber geworden war.

In den darauffolgenden Tagen wollte sie weiter das ganze Heim in Ordnung bringen. Einmal hatte sie gerade im Duschraum in der ersten Etage geputzt und war dabei, im Korridor davor weiterzuwischen, als ich den noch nicht ganz trockenen Duschraum betrat. Das war ein großer Fehler. Ich wusch meine Hände, und als ich herauskommen wollte, war sie gekommen und stand gerade in der Tür, als ob sie den Duschraum betreten wollte.

Und was habe ich erlebt? Die sicherlich um hundert Kilo schwere Frau schob mich so kräftig, daß ich fast hinfiel. Ich stand da wie gelähmt. Ich begann meine Gedanken mit Mühe zu sammeln, um mir zu beweisen, ob ich immer noch im Besitz meines Verstandes war. Ist es die Realität oder ein Alptraum? Sie blieb an der Schwelle stehen. Ich nahm das Ausmaß und die Bedeutung ihrer Tat wahr und versuchte mich zu beherrschen. Wir waren nur zu zweit. Ich schaute gerade in ihre Augen. Sie war sehr böse. Ich nahm den Rest meiner Energie zusammen und fragte sie, ich weiß auch nicht, ob ich ruhig oder aufgebracht war: »Warum haben Sie das gemacht?« Anstatt meine Frage zu beantworten, spuckte sie mit aller Wucht gezielt ins Gesicht und fügte noch hinzu: »Du hast keine Kultur. Du hast schwarze Haut und schwarze Haare.« Schrecklich! Ich spürte, wie eine Welle der Wut meinen ganzen Körper überfiel. Ich nahm ein Taschentuch und wischte mein Gesicht ab. Sie sagte weiter, mit Fingern auf den Boden zeigend, daß ich den Raum nicht betreten dürfe, so nahm ich an. Tobend stieß sie hervor: »Du bist die Person, die den Schmutz ins Heim bringt« und ging.

Erst dann verstand ich, daß sie mir böse war, weil ich zunächst den Raum betreten hatte, aber auch, weil ihr meine vorherige Reaktion im Speiseraum gar nicht gefallen hatte. Da sie in einer einfachen Sprache sprach, konnte die sie auch schon damals verstehen. Das geschah in der zweiten Woche meines Aufenthalts im Windbergheim.

Ich ging ins Zimmer und begann darüber nachzudenken. Es war ganz schrecklich für mich. Spät am Abend erzählte ich Costel den Vorfall, der in dem Augenblick, in dem dies geschah, nicht im Zimmer war. Er konnte es kaum glauben.

Seitdem beobachtete ich die Frau. Sie machte den Eindruck, psychisch gestört zu sein. Sie zeigte unpassende Gefühlsäußerungen bei Erlebnissen, die auf gar keinen Fall solche Reaktionen auslösen dürften. Einmal sah ich sie wie ein Kleinkind weinen vor den jungen Zivildienstleistenden, weil sie nicht das gewünschte Essen bekam. So verzieh ich ihr den Vorfall.

Leider bedrohte sie mich weiter, so daß ich keine Ruhe mehr fand. Ich wußte nicht, was ich dagegen tun konnte. Ich fürchtete, ihr auf der kleinen Treppe zu begegnen. Einmal, als ich im Speiseraum beim Frühstück war, ließ ich auf dem Tisch meinen noch halbvollen Teller mit allem, was zum Frühstück gehörte, und ging meine zweite Tasse Kaffee holen. Die Frau saß in diesem kleinen Raum. Als ich zurückkam, kam sie mir entgegen. Sie hatte meinen Teller in der Hand, doch ich bemerkte es nicht. Auf meinem Tisch fand ich keinen Teller und begann, mich umzusehen, um zu prüfen, ob ich mich am falschen Tisch befände, was kaum möglich war. Nur sieben kleine Tische standen in diesem engen Speiseraum. Die Kollegen machten mich darauf aufmerksam, daß die Frau meinen Teller gerade weggeschafft hatte. Als ich mich umdrehte, war sie schon wieder zurückgekommen und stand neben mir. Sie entschuldigte sich gegenüber den anderen, als sie hörte, daß diese alles beobachtet hatten, indem sie sagte: »Ich dachte, er ist schon fertig.« Ich trank meinen Kaffee und ging ins Zimmer zurück. Ich konnte aber nicht mehr lange unter solchen Provokationen und Demütigungen leben und hielt es für notwendig, der Chefin die ganze Geschichte zu berichten. Schließlich hatte sie die Verantwortung für alles, was sich in diesem Heim abspielte.

Am Tag darauf kam die Chefin in der Frühstücksstunde, um uns gegenüberzustellen. Herr A., der angestellte Hausmeister, war auch dabei. Herr A. war die zuständige Person für alle Fragen im Heim, wenn die Chefin abwesend war. Als sie gemeinsam der Frau Fragen stellten, begann diese laut zu heulen wie ein Kleinkind. Der kleine Raum war zu diesem Zeitpunkt voll besetzt, und Costel war auch dabei. Die Frau wies meine Behauptungen nicht auf vernünftige Weise zurück, sondern sie reagierte noch aggressiver. Weinend schmiß sie einen schmutzigen Waschlappen nach mir, den sie zufällig in der Hand hatte. Wenn ich nicht ausgewichen wäre, hätte ich den Waschlappen genau ins Gesicht bekommen. Sie sagte: »Was er sagt, ist nicht richtig«, und paradoxerweise sagte sie ferner: »Er hat keine Kultur. Er ist die Person, die den Schmutz hier ins Heim bringt.« Dabei weinte sie wieder wie ein Kind. Meine Reaktion war: »Was du tust, ist nicht richtig.«

Am selben Tag schrieb die Chefin ein Protokoll darüber, um eventuell eine medizinische Untersuchung zu verlangen. Sie sagte uns, Costel und mir, sie würde darauf hinweisen, daß die Frau mich diskriminierte und irgendwie ein gestörtes Verhalten zeigte. Aber sie fügte ferner hinzu: »Aber ich versuch es nur, denn in der Demokratie darf keiner zu solch einer medizinischen Untersuchung gezwungen werden.«

Als wir das Büro der Chefin verließen, sagte mir Costel: »Aber ich denke, daß du leichtgläubig bist. Denkst du, daß dies zu einem positiven Resultat für dich führen würde?« Costel war nämlich mein Dolmetscher. Er hatte alles mit der Chefin besprochen, ohne daß ich viel von dem Inhalt begriff. Ich verstand nicht, und ich sollte auch nie erfahren, warum er gleich nach dieser Besprechung so reagiert hat.

In der Tat blieben meine Befürchtungen und Demütigungen, denn die gefährliche Frau blieb, bis sie etwa drei Monate später von allein das Heim verließ. Seitdem konnte ich etwas ruhiger leben, trotz der schwierigen Lebensumstände.

Die Bedingungen im Heim zwangen viele, das Heim fluchtartig zu verlassen. Schon in der ersten Woche gab es die ersten Abreisen oder besser das Verschwinden von Leuten, die mit mir angekommen waren. Das Heim war zum Transitlager geworden. Die meisten jungen Rumänen kamen, lebten im Heim einige Monate oder einige Wochen und verschwanden dann ohne jede Spur. Man sagte, sie seien nach Westdeutschland weitergereist. Einige fuhren aber freiwillig nach Rumänien zurück, nachdem sie ihren Asylantrag zurückgezogen hatten. Gleichzeitig gab es auch neue Ankünfte, so daß das Heim zu jeder Zeit voll besetzt blieb.

Ich hatte schon drei Wochen im Heim gewohnt, als ich beim Abendbrot ein unbekanntes Gesicht sah. Jemand mit orientalischem Aussehen saß allein an einem Tisch. Es war ein Iraner, der schon einige Zeit im Heim gelebt hatte und der nur kurz vor meiner Ankunft seiner Freundin in Nürnberg einen Besuch abgestattet hatte. Ich wurde sehr neugierig und fragte ihn gleich, ob er Englisch sprechen könne. Er konnte es leider nicht, aber er konnte verhältnismäßig gut Deutsch. So konnte ich mich mit ihm nur auf deutsch unterhalten, was aber für die Sprachübung sehr wichtig war. Er war der einzige Iraner im Heim. Wir freundeten uns in den darauffolgenden Tagen an und gingen hin und wieder gemeinsam mit Costel spazieren.

Eines Tages machten wir zu dritt in Dresden einen langen Spaziergang. An einem Nachmittag besahen wir uns den Altmarkt, die Kreuzkirche und das Rathaus im Zentrum und dann später den Zwinger. Nach der Zwingerbesichtigung, als wir in eine Richtung ohne besonderes Ziel liefen, sagte Costel: »Einige Meter von hier ist die Elbe.« Ich glaubte, daß ich vielleicht nicht gut verstanden hatte und fragte ihn hastig: » Was habe ich gehört, Costel, der Fluß?« Er antwortete ohne besondere Betonung: »Ja, der Fluß.« Das war für mich eine unbeschreibliche Überraschung. Die Elbe war mir im Jugendalter durch das Fach Erdkunde bekannt. Nur wußte ich nicht, wo genau sie in Europa fließt. Dies war eines meiner wichtigsten Erlebnisse in Sachsen. Ich bat die beiden, sich mit mir dorthin zu begeben.

Am Elbufer besahen wir uns von außen die Semperoper und die katholische Kathedrale, Hofkirche genannt. Wir unternahmen eine große Runde zu Fuß, liefen über die Augustusbrücke gleich vor dem Haupteingang der Kathedrale, beobachteten die zahlreichen am Elbufer angelegten Schiffe, ehe wir in die Neustadt gelangten. So nennt man den Stadtteil von Dresden auf der rechten Elbseite. Die Stadtbesichtigung dauerte nicht lange, denn die Nacht in diesen Dezembertagen brach sehr frühzeitig herein.

Im Heim half mir der Iraner, die schon spürbare Eintönigkeit zu brechen. Was die Sprache anbelangte, wurde er zum Lehrer. Ab und zu forderte er mich sogar auf, einen vollständigen Satz mehrmals fehlerfrei zu wiederholen. Außerdem hatte er ein gutes Lehrbuch, in dem ich leichter Grammatik lernen konnte.

Erst in diesen Tagen bekam er einen positiven Bescheid auf seinen Asylantrag nach genau anderthalb Jahren. Diese Zeit hatte er zum großen Teil in Nürnberg und dann einige Monate auf dem Windberg verbracht. Seine Anerkennung als Asylberechtigter in Deutschland sollte leider die Illusion bei mir nähren, meine baldige Anerkennung zu erhalten. Nur, als ich seine Wartezeit erfuhr, fand ich diese unerträglich lang. Ich konnte damals kaum begreifen, daß es möglich sein könnte, unter solchen Bedingungen länger als ein Jahr auszuhalten.

Ich wunderte mich sehr darüber, daß einer der Rumänen schon sechs Monate in diesem Heim gewohnt hatte. Er war außer Costel derjenige, der die längste Zeit in dem Heim verbracht hatte. Costel hatte einen guten Grund, durchzuhalten. Seine Freundin wohnte in Freital, und sie hatten gemeinsame Pläne für die Zukunft. Ich erinnere mich, dem anderen Rumänen einmal gesagt zu haben, daß ich diese Lebensbedingungen im Heim nicht so lange aushalten würde wie er. Einige Monate später verließ der Mann unauffällig das Heim. Ich sollte leider viel länger dort wohnen, als ich damals für möglich gehalten habe.

An einem Wochenende kurz vor Weihnachten wurden die Heimbewohner zu einem vom Ausländerrat organisierten Fest in Dresden eingeladen. Da uns ein Bus zur Verfügung stand, fuhr ich gemeinsam mit dem Iraner und Costel hin. Wir machten eine lange Fahrt nach Mohorn, wo wir einige andere Asylbewerber abholten, ehe wir nach Dresden fuhren. Es war wunderschön, durch die vom Schnee bedeckte hügelige Landschaft in der Gegend um Mohorn zu fahren. Zugleich war es das erste Mal, daß ich vom Heim aus eine Tour in die Umgebung machte.

In Dresden lief alles bestens. Auf der Rückfahrt fiel mir ein, mit dem Mann vom Ausländerrat, Ali, über meine Situation zu sprechen. Er konnte Englisch sprechen. Ich erzählte ihm von der unerwünschten Überstellung, von meiner Furcht und meiner Isolierung im Heim. Er schrieb alle meine Angaben auf und versprach mir, sein Bestes zu tun, damit ich möglichst nach Westdeutschland zurückkehren könnte. Ich gab ihm die Telefonnummer des Heimes.

In den folgenden Tagen rief er mehrmals bei der Zentralen Ausländerbehörde in Chemnitz an, ohne Erfolg. Die für diese Fragen zuständige Person konnte er in dieser Vorweihnachtszeit nicht erreichen. Als er mich im Heim anrief, teilte er mir zugleich mit, er hätte einem Studenten aus Ruanda meine Telefonnummer gegeben, damit er Kontakt mit mir aufnähme. Einerseits freute ich mich, daß sich Ali um meine Probleme gekümmert hatte, andererseits aber wurde ich unruhig. Ein Student aus Ruanda gehörte unbedingt dem Hutu-Stamm an, mit anderen Worten: Er war mein unbekannter Feind. Denn zwischen einem Hutu und einem Tutsi waren selbst im Ausland nur Mißtrauen und sogar Haß zu erwarten. Es war aber schon zu spät. Der junge Mann rief mich vier Tage vor Weihnachten an. Er erklärte mir schon am Telefon, daß er zu Weihnachten nach Leipzig fahren würde. Die anderen Studenten aus Afrika waren aber dabei, ein Weihnachtsfest vorzubereiten, zu dem ich mich eingeladen fühlen durfte. Er gab mir ihre Adresse. Vom Akzent her verstand ich schon, daß er aus der Gegend vom Präsidenten Ruandas stammte, was mein Mißtrauen noch verstärkte.

Dennoch fuhr ich mit Costel nach Dresden, um mich mit den anderen Studenten, überwiegend aus Tanzania, in Verbindung zu setzen. Ich sollte nach Mbunga fragen, der das Weihnachtsfest vorbereitete. Als wir bei Mbunga im Studentenheim ankamen, befanden sich noch weitere seiner Landsleute bei ihm. Sie empfingen uns freundlich. Sie hatten tatsächlich von mir gehört. Sie wurden noch freundlicher, als ich ihre Sprache, Swahili, fließend sprach. Einer, namens Muna, völlig überrascht, fragte mich gleich auf swahili: »Aber… aber wo haben Sie so gut Swahili gelernt?« Lachend sagte ich ihm mit ein bißchen Spott auf swahili: »Das habe ich auf der Straße aufgelesen.«

Wir besprachen das geplante Weihnachtsfest. Ich freute mich, mit anderen Afrikanern Kontakt aufgenommen zu haben. Sie waren überhaupt die ersten Afrikaner, die ich in der Gegend kennengelernt habe, nach über einem Monat auf dem Windberg.

Inzwischen hatte ich mich mit meinem Bruder in Verbindung gesetzt. In der ersten Woche teilte ich ihm schriftlich meine neue Adresse und die Telefonnummer des Heimes mit. Kurz danach rief er mich an, um sich über meine Situation zu informieren und wollte wissen, ob ich zu Weihnachten nach Karlsruhe fahren könnte. Ich schloß diese Möglichkeit aus. Die Reise bis zum Windberg war mir so schwergefallen, daß ich keine Lust hatte, sie noch einmal für nur wenige Tage zu unternehmen. Außerdem stellte ich mir vor, wie ich dann in diese schwierigen Lebensbedingungen zurückkehren würde. Für mich war es günstiger, im Heim zu bleiben, bis zu meiner Erlösung. Ich lebte ja immer noch in der Hoffnung, daß sich meine Situation bald klären würde. Die Fahrt nach Karlsruhe wäre zwar sicherlich angenehm gewesen, die Rückreise zum Windberg allerdings wäre mir wohl zum Alptraum geworden.

In den folgenden Tagen nach dem Telefonat mit meinem Bruder rief mich Jacques an. Er hatte die Telefonnummer von meinem Bruder erhalten. Er stellte mir Fragen von meiner psychischen Verfassung, über die Beschäftigung bis hin zur Verpflegung. Ich muß zugeben, daß ich ihm nicht die ganze Wahrheit gesagt habe. Ich sagte ihm, daß es mir im allgemeinen gut ginge und ich nur unter der spürbaren Isolierung litt. Wir redeten ziemlich lange, wie wir es auch immer getan hatten, als ich noch in Ruanda war. Nachdem ich den Hörer aufgelegt hatte, erinnerte ich mich an seine Anrufe in Kigali und sagte leise zu mir mit sanftem Kummer: »Jacques hat mich überall gesucht, daß er mich auch in diesem Wald findet.« Denn als ich noch in Karlsruhe war, hatte ich nur kurz mit ihm gesprochen. Seitdem ich am Windberg angekommen war, hatte ich weder geschrieben noch angerufen. So wunderte ich mich, daß er mich so schnell erreichen konnte, bevor ich ihn überhaupt angerufen hatte. Da ich hoffte, meine Situation würde sich bald ändern, wollte ich ihm zunächst nichts von der schwierigen Lage berichten.

Im Heim gab es immer wieder Zwischenfälle, am meisten unter den Rumänen selbst, so daß die Polizei häufig mit Blaulicht herbeieilen mußte, um das Schlimmste zu verhindern.

An einem Freitagabend beim Abendbrot, kurz nach Weihnachten, verabredete ich mich mit dem Iraner, am nächsten Vormit-

tag im Wald zu laufen. Er hatte den Vorschlag gemacht. Ich war
froh, einmal Sport zu treiben. Allein im Wald und noch bei dem
für mich sehr kalten Wetter herumzulaufen, wäre mir gar nicht
eingefallen.

Am Morgen, als ich in den Speiseraum kam, sah ich ihn nicht
beim Frühstück. Ich dachte, er sei vielleicht eher gekommen und
schon in sein Zimmer im Dachgeschoß zurückgegangen. Nach
dem Frühstück sollte es losgehen, hatten wir vereinbart. Ich ging
hinauf in mein Zimmer, zog mich um und ging gleich zu seinem
Zimmer. Ich klopfte an die Tür. Es kam weder eine Antwort noch
überhaupt ein Lebenszeichen aus dem kleinen Zimmer. Ich lausch-
te noch aufmerksamer. Nichts zu hören. So eine unverständliche
Situation.

»Wo soll er bloß sein?« fragte ich mich ziemlich beunruhigt.
Nachdem ich sicher war, daß sich kein Mensch in dem Zimmer
befand, ging ich die Treppe hinunter, um ihn überall im Heim zu
suchen. Ich fand ihn nicht. Ich fragte, ob jemand wüßte, wo er
wäre. Keiner wußte es. Auch die Frauen, die in der Küche arbeiteten, hatten ihn beim Frühstück nicht gesehen. Der Fall schien
mir nicht normal. Costel war an dem Tag nicht im Heim, weil er
die Wochenenden bei seiner Freundin verbrachte. Falk, der am
Vorabend die Wache gehalten hatte, war schon um sieben Uhr früh
nach Hause zurückgefahren. Nur Falk hätte bestimmt gewußt,
was mit dem Iraner passiert war. So verzichtete ich auf den Sport
und lernte weiter die Sprache in meinem Zimmer.

Als Costel am Sonntagabend zurückkam, erzählte ich ihm, daß
mein geplanter Waldlauf ausfiel, weil ich unseren iranischen
Freund nicht gefunden hatte. Ich erzählte alles, was ich schon
unternommen hatte, um herauszufinden, wo er war. Beim Abend-
essen fragte er seine Landsleute, die in der Tat die ganze Wahrheit wußten.

In der Nacht zum Samstag wurde mein iranischer Freund vom
Tod bedroht, wenn er nicht umgehend das Heim verließe. Es
herrschte Terror im Windbergheim. Ich hatte schon gehört, daß
es zu Auseinandersetzungen zwischen ihm und einem Rumä-

nen, der das Heim in Angst versetzt hatte, gekommen wäre. Der Rumäne warf ihm vor, der Chefin, aber auch den anderen Deutschen, viel über ihn zu erzählen. Dazu gab es auch andere Probleme in Zusammenhang mit einem jungen Mädchen, das seit kurzem im Heim wohnte. Dies soll eigentlich der Hauptgrund des Vorfalls zwischen dem Iraner und den rivalisierenden Rumänen gewesen sein.

Das Mädchen stammte aus der Ukraine und lebte unter den vielen ledigen Männern. Sie war das einzige Mädchen im ganzen Heim. Sie hätte sich freiwillig, wie ich erfuhr, auf perverse Spiele mit den Rumänen eingelassen. Trotzdem legte das Mädchen Beschwerde bei der Ausländerbehörde ein, indem es die Rumänen beschuldigte, bei ihr Gewalt angewendet zu haben. In dieser Hinsicht soll der Iraner Aussagen gegen die Rumänen gemacht haben, was zu diesem massiven Streit führte.

Es war schon spät in der Nacht, als der Iraner die Todesdrohung bekam. Er konnte nichts anderes in dieser Nacht unternehmen, als sich zu retten. Ich vermute, er schloß sich in seinem Zimmer ein bis zu den Frühstunden, in denen er sicher den ersten Zug nach Nürnberg nehmen konnte. Nach seiner Anerkennung sollte er sich nur noch eine kurze Zeit im Heim aufhalten, um auf die erforderlichen Papiere zu warten. Er wollte später nach Amerika reisen, wo seine Eltern lange lebten. Ich sollte nie wieder von ihm hören.

Zum Glück aller blieb das Mädchen nur sehr kurz im Heim. Diese Geschichte kam mir aber wie eine Vorwarnung vor. Ich war der einzige Afrikaner. Wenn mir schon eine ältere Frau zum Alptraum geworden war, wußte ich, daß es chancenlos sein würde, falls ich ähnliche Schwierigkeiten mit den Rumänen bekäme. Sollte ich auch gezwungen werden, das Heim fluchtartig zu verlassen? Doch wohin?

Zu meinem großen Erstaunen bekam ich am selben Abend von dem gefährlichen Rumänen eine beruhigende Zusage. Er versicherte mir persönlich, daß ich keine Angst zu haben brauchte, da ich ihnen keine Probleme machte wie der »andere«. Trotzdem konnte ich mich nicht mehr sicher fühlen. Mein einziger Wunsch war nur, möglichst bald etwas über meine Überstellung zu hören. Ich war sowieso von Anfang an mit meiner Situation unzufrieden und lebte nur von der Hoffnung, das Windbergheim bald zu verlassen.

Das Leben im Heim ging trotz aller Probleme weiter. Ich konnte mich allmählich an diese Lebensumstände gewöhnen und von Angst befreien. Ich kannte schon die wichtigsten Buslinien nach und in Dresden. Angst, angegriffen zu werden, hatte ich aber nach wie vor.

Ich hatte mit den Studenten über die Gewalt geredet. Sie hatten mir geraten, an den Wochenenden, an denen Fußballspiele stattfinden, die öffentlichen Bereiche genauso wie nachts den Hauptbahnhof zu meiden. Einer hatte hinzugefügt: »Ansonsten mußt du immer bereit sein, zu laufen, solltest du einen Überfall ahnen.« Als wir uns über die Angriffe auf Ausländer in Deutschland unterhielten, erfuhr ich, daß ein schwarzer Student in Leipzig von einem Unbekannten mit einem Messer an einem öffentlichen Platz am hellichten Tage sehr schwer verletzt wurde. Der Täter wurde allerdings gleich überwältigt. Er hatte den Studenten gefragt, warum er in Deutschland sei. Der Student antwortete, daß er eben studierte. Daraufhin fragte ihn der Unbekannte: »Wenn du nach Deutschland kommst, um zu studieren, wo soll ich hingehen, um studieren zu können«, und stach ihn nieder. Es grenzte an ein Wunder, daß er gerettet wurde. Ich beherzigte alle guten Hinweise zu meiner Sicherheit, aber es nützte mir nicht viel.

Eines Abends, als ich eben von den neuen Bekannten von der Universität kam, lief ich im Wald auf dem inzwischen gewohnten steinigen Waldweg. Bei Einbruch der Dunkelheit, kurz nach 16 Uhr, wollte ich mich beeilen, um eventuellen Schwierigkeiten auf der Straße zwischen der Bushaltestelle und dem Heim vorzubeugen. In den Bussen hatte ich zwar auch Angst, aber längst nicht so wie im Wald. Es fiel mir auch äußerst schwer, mich auf die kurzen Tage einzustellen und immer vor dem Dunkelwerden zurück im Heim zu sein. Es war noch nicht sehr dunkel, als ich den Wald betrat. Es herrschte aber dichter Nebel auf diesem Waldweg, wie ich es nie zuvor erlebt hatte. Außerhalb des Waldes gab es kaum Nebel. Meine Sichtweite betrug nun kaum über zehn Meter. Ich war wie in ein Loch geraten. Die Temperaturen mußten weit unter Null gesunken sein, was ich auch noch nicht erlebt hatte. Es war überhaupt das erste Mal, daß ich mich allein in den dunklen Stunden durch den Wald traute. Dann geschah es, daß das erste Mal zum bösen Alptraum wurde, was mein Sicherheitsgefühl während des ganzen Aufenthalts auf dem Windberg sehr beeinträchtigt hat.

Als ich tief in den Wald geraten war, erblickte ich einen auf dem Waldweg angehaltenen weißen Trabant. Er tauchte plötzlich aus dem Nebel vor mir auf. Am Anfang des Waldwegs stand ein Fahrverbotsschild für alle Kraftfahrzeuge mit der einzigen Ausnahme für die Anlieger oder den Lieferverkehr. Das war ja ein Naturschutzgebiet. Da ich immer im Unterbewußtsein Angst vor einem Überfall hatte, erzeugten alle Begegnungen im Wald eine erhöhte Vorsicht. Der Blick auf ein parkendes Auto in der Dämmerung brachte mein Herz zum Springen. Aber die Tatsache, daß dieser Weg nicht für alle Kraftfahrzeuge zugänglich war, ließ mich glauben, daß es sich vielleicht um Falk handelte. Er hatte einen weißen Trabant. All dies ging blitzschnell durch meinen Kopf. Es war sowieso eine Frage von Sekunden, so daß ich keine Zeit hatte, in Panik zu geraten, als ich merkte, daß drei unbekannte junge Männer um zwanzig Jahre hinter dem Trabant standen. Es wurde mir bewußt, daß ein Überfall geplant sein mußte. Ich konnte nicht mehr weglaufen. Es war einfach zu spät.

»Sollte es ein Überfall sein, dann ist die Falle perfekt gestellt«, dachte ich mir. Ich befand mich nur fünf Schritte vor ihnen. Der Trabant war schon in Richtung Hauptstraße vorsorglich umgedreht, bereit wegzufahren. Außerdem war er so geparkt, daß es für ein anderes Auto möglich gewesen wäre, auf diesem schmalen Waldweg vorbeizufahren. Dies ließ mich ahnen, daß die jungen Männer warteten.

Die meisten Heimbewohner liefen oft in Gruppen, mit kleinen Reizgas-Spraydosen, kampfbereit. Sie hatten mir geraten, stets so etwas bei mir zu haben. Das hatte ich abgelehnt. Ich wollte keine »Verteidigungswaffe« bei mir tragen, denn ich hatte die beste Methode gefunden, nämlich, sobald es dunkel war, im Heim zu bleiben. Außerdem war mir inzwischen bekannt, daß die Skinheads scharfe Schußwaffen besitzen. Zumindest war es so in den zahlreichen von der Polizei durchgeführten Durchsuchungen. So hatte ich meine vorsichtige Methode bevorzugt, statt mich offener Gefahr auszusetzen.

Vor diese böse Herausforderung wurde ich nun überraschend doch gestellt. Ich mußte etwas dagegen unternehmen. Ich dachte mir nur: »Wenn sie Schußwaffen haben, bin ich ein toter Mann.« Ich wollte vermeiden, soweit es mir möglich war, ihnen zu zeigen, daß ich ihr Vorhaben ahnte. Ich hielt weiter mein Lauftempo mit demselben sicheren Schritt. Ich beobachtete dabei unauffällig jede kleinste Bewegung. Alle meine Sinne waren alarmiert.

Ich war in einen dicken Mantel gehüllt, was meine massive Gestalt noch hervorhob. Dieses Aussehen wird sicher dazu beigetragen haben, mich zu retten. Als ich ihre Höhe erreicht hatte und vorbeilaufen wollte, kam einer der jungen Männer laut schimpfend auf mich zu. Ich verstand nur: » Du da…« Der aggressive Ton und die schnelle Bewegung bestätigten meine Vorahnung. Ich hielt scharf an, mit geballten Fäusten, kampfbereit. Ich sah ihm gerade in die Augen und fragte auf deutsch: »Was?« Die anderen waren ihm aber nicht gefolgt. Von seinen Drohungen konnte ich nichts verstehen. Er sprach sehr kurz, vielleicht zwei kurze Sätze oder besser Schimpfe, wenn ich es richtig einschätzte. Zu meinem Erstaunen hatte er nichts in den Händen und griff mich nicht gleich an. Ich war beruhigt. Komisch zu sehen, wie er in dem Augenblick wütend geworden war. Als sie sahen, daß ich bereit war, mich zu verteidigen, sprachen sie den Angreifer kurz an. Ich merkte, daß er nicht mehr hitzig vor mir stand, und lief umsichtig weiter. Das ganze Theater wird eine Minute gedauert haben. Sie folgten mir nicht, und schließlich fühlte ich mich außer Gefahr.

Später erst, als ich schon im Heim war, stieg die zurückgedrängte Angst in mir auf. Ich verstand, daß wir Asylbewerber ständig in Gefahr schwebten. Eine kleine Verspätung konnte zum Verhängnis werden. Ich dachte aber auch an das, was mein Zimmerkollege aus Algerien in Ludwigsburg gesagt hatte. Tatsächlich verhielten sich die jungen Männer wie Feiglinge. Sie hatten eine wirksame Falle unter günstigen Bedingungen gestellt, und als ich kam, reagierten sie völlig anders als erwartet, zu meinem Vorteil und nur aus Feigheit. Wenn sie es gewollt hätten, hätten sie mich töten, sogar meine Spuren verwischen können.

Als ich die Geschichte Costel erzählte, gab er zu, er hatte während seines ganzen Aufenthalts noch nie einen solchen Angriff erlebt.

Im Heim gab es weiterhin kaum einen Tag ohne Probleme. Der Höhepunkt der Auseinandersetzungen zwischen den Rumänen und den Deutschen im Heim kam am Silvesterabend. Der gefährliche Rumäne brachte alles in diesem Heim in seine Gewalt.

Es ging eigentlich um die Unzufriedenheit der meisten Rumänen und Bulgaren mit dem erwarteten und nicht bekommenen sozialen Geld. Es wurde vermutet, daß alle Heimbewohner für die Feier des neuen Jahres etwas bekommen sollten. Wir hatten eine Woche zuvor das Weihnachtsgeld erhalten. So glaubte ich, daß dies nur Gerüchte waren. Es waren ausnahmsweise diese Nacht zwei junge Zivildienstleistende für die Wache im Heim. Es wurde auch vermutet, daß Rechtsradikale die Feier nutzen würden, um Überfälle auf Asylbewerberheime auszuführen.

Die Lage war schon während des Abendbrots angespannt. Viele von ihnen weigerten sich zu essen. Sie sagten, daß sie an diesem besonderen Tag besseres Essen bekommen sollten. Die Chefin bekäme genug Geld für eine bessere Verpflegung als wir sie immer bekamen, hieß es. Der Anführer war derjenige, der meinen iranischen Freund fortgejagt hatte. Nach dem Abendbrot begannen die verärgerten Rumänen und Bulgaren, alles im Haus, besonders im Speiseraum, kaputtzumachen. So hatte ich mir meinen Lieblingsfeiertag des Jahres nicht vorgestellt. Es war schrecklich!

Aber bevor die Polizei herbeieilte, erinnerte ich mich, daß der Anführer mich persönlich ermutigt hatte, keine Angst vor ihm zu haben. Ich hoffte, daß er mir zuhören würde, und wagte, ihm von den unfairen Ausschreitungen abzuraten.

Wir hatten den Speiseraum fluchtartig verlassen, als er das Schönste im ganzen Heim, nämlich einen schönen breiten Kronleuchter, der im Speiseraum hing, mit Hilfe eines Stuhls herunterzureißen begann.

Ich faßte Mut und ging zu ihm zurück. Als ich vor ihm stand, erkannte er mich. Er sagte mir tobend auf deutsch: »Geh weg, ich möchte nur diesen Kronleuchter kaputtmachen. Die Leute hier sagen Demokratie, Demokratie...«, während er den Stuhl weiter hochhob, um tatsächlich den Kronleuchter herunterzureißen. Das Wort »Demokratie« hatte er auf rumänisch gesprochen, und den Kronleuchter hatte er »dieses Ding« genannt. Er sagte alles mit so einem sicheren Ton, als ob er mich von der Notwendigkeit seiner Aktion überzeugen wollte. Allerdings war er angetrunken. Ich verstand viel Rumänisch, da in dieser Sprache ähnliche Worte wie im Französischen enthalten sind. Ich sah ihm gerade in die Augen. Er war ganz rot und schwitzte sehr, was verständlich war, denn einige Türen und die Heizung im Speiseraum waren schon von ihm beschädigt worden. Die Angst erfaßte mich, verletzt zu werden. Er war ein kräftiger Bursche. Ein einziger Schlag auf meinen Kopf hätte mir zum Verhängnis werden können. Trotzdem wagte ich, ihn allein zu bändigen. Ich sagte ihm einige Worte und hielt seine Arme mit dem hochgehaltenen Stuhl fest, so daß es ihm nicht mehr gelang, den Kronleuchter völlig zu zerstören. Nur einige Lampen fielen herunter.

Ich werde nie vergessen, daß er in diesem Augenblick den Stuhl fallen ließ, mir auf die Schulter klopfte und zu mir sagte: »Du bist gut.« Er hörte spontan auf. Daraufhin verließen wir den Speiseraum. Die kurz danach gekommene Polizei fand ein außerordentlich ruhiges Heim vor. Nur die kaputten Scheiben wiesen auf eine Spur der Gewalt hin.

Die Polizei nahm den Mann fest. Als die Polizeibeamten Handschellen an seine Hände legten, brüllte er auf seine Hände zeigend wie ein Löwe auf rumänisch: »Germania... Democratie... Democratie...« Diese Worte behielt ich. Er verbrachte seinen Silvesterabend in Polizeigewahrsam und kam am nächsten Morgen zurück. Seinen Asylantrag hatte er inzwischen zurückgezogen, und einige Tage später fuhr er nach Rumänien zurück.

Mittlerweile waren wir miteinander so gut ausgekommen, daß ich der Annahme war, seine Anerkennung hatte meine späteren Beziehungen zu den anderen Rumänen positiv beeinflußt. Ich merkte bei ihm gute menschliche Eigenschaften. Er war ein sensibler Mensch. Nur wenn er betrunken war, was sehr häufig geschah, kam es zu solchen Schwierigkeiten.

Kurz vor seiner Ausreise sagte er mir: »Ich habe eine Frau und Kinder. Ich werde ihnen sagen, daß ich einen guten schwarzen Mann kennengelernt habe«, wobei er sich entschuldigte, daß er das Wort »Schwarz« benutzen mußte. Das war für mich kein Problem. Was er nicht verstand, war, daß ich nicht verheiratet war. Er konnte es nicht fassen, und einmal riet er mir sogar vertraulich, nie mehr zu sagen, daß ich keine Frau hätte. Er mußte etwas über dreißig Jahre alt sein, genauso wie ich.

Ich versicherte ihm, daß er nicht die erste Person war, die das bedauerte. Ich tröstete ihn aber, daß die Zeit für dieses schöne Leben mit einer Frau und Kindern für mich bestimmt noch kommen würde.

In solcher Stimmung verbrachte ich meinen ersten Jahreswechsel in Deutschland. Ich ging vor Mitternacht ins Bett. Das war das erste Mal, daß ich als Erwachsener am Silvesterabend vor Mitternacht ins Bett ging, denn Silvester wurde bei uns immer ganz schön gefeiert. Man tanzt die ganze Nacht bis zu den frühen Morgenstunden.

Daß dieses Jahr so düster begann, war ein ungeahntes Vorzeichen für den Rest des ganzen Jahres. In der Tat erinnere ich mich nicht, in meinem Leben je so gelitten zu haben wie in diesem Jahr 1992.

Je kälter der Winter wurde, desto mehr belasteten auch kalte Gedanken meine Seele. Da ich keine Lust hatte, in der Kälte herumzulaufen, blieb ich fast den ganzen Tag in meinem Zimmer. Ich hatte keine andere Verantwortung, als im Speiseraum zur vorgeschriebenen Zeit zu erscheinen und gelegentlich das Heim sauberzumachen. Wenn auch meine Tage ziemlich eintönig waren, so nutzte ich diese Zeit doch, die deutsche Sprache intensiv zu erlernen, zunächst als sinnvolle tägliche Beschäftigung, aber auch als psychische Ablenkung. Ich wollte nicht jede Minute an meine schwierige Situation denken und somit in ihr versinken. Außerdem hatte ich immer noch die feste Hoffnung, in Deutschland studieren zu können, was die Sprachkenntnisse voraussetzte. So war ich in diesen Tagen immer ziemlich gut beschäftigt.

Wenigstens wurden meine Beziehungen zu den anderen allmählich besser. Außer kurzen Spaziergängen im Wald konnte ich mit den anderen auch Tischtennis spielen. Da ich nie zuvor Tischtennis gespielt hatte, spielte ich meistens mit Sylvia, einem bulgarischen Mädchen, etwa zehn Jahre alt. Fast alle Erwachsenen spielten sehr gut, so daß ich nicht andauernd mit ihnen spielen konnte. Nur mit Sylvia kam ich zurecht.

Wenn ich auch im Heim keine wesentlichen Probleme mehr hatte, außer mit meiner »Freundin«, wie Costel inzwischen die ältere Frau aus der ehemaligen Sowjetunion nannte, erlebte ich immer wieder unangenehme Szenen auf den Straßen. Immer wieder stieß ich auf Ablehnung und Fremdenfeindlichkeit. Zum Glück gab es aber auch oft zugleich Zeichen von Toleranz.

Am Rande des Waldes gab es ein Getränkegeschäft, das von Brüdern betrieben wurde. Das war das am nächsten gelegene Geschäft überhaupt, und ich kaufte meine Getränke regelmäßig dort ein. Es war beeindruckend, wie einer der Brüder mich eiskalt bediente, ja mir ein feindliches Gesicht zeigte, während der andere mich auf sehr natürliche Weise empfing. Ich merkte, daß alle Kunden die Gewohnheit hatten, zu grüßen, wenn sie in das Geschäft kamen. Ich habe auch immer gegrüßt. Von dem einen bekam ich keine Antwort, mit dem anderen hatte ich nie ein Problem. Nur merkte ich auch, daß ihm der Umgang mit mir sehr schwerfiel. Eines Tages kurz vor Weihnachten, als ich Getränke einkaufte, war der gute Bruder im Geschäft. Es gab kleine Gegenstände aus der Werbung zu verschenken. Ich sah, wie er lange zögerte, bevor er mir einen Bierflaschenöffner aushändigte.

Immerhin ging ich wenigstens von diesem besonderen Fall der Brüder aus, um jede Verallgemeinerung zu vermeiden. Wenn zwei Brüder sich vor mir sehr unterschiedlich verhielten, verstand ich, daß alles, was ich auf den Straßen sah, auch nur als Einzelfall betrachtet werden durfte. Auf den Straßen war ich regelmäßig von Jugendlichen beschimpft oder verhöhnt worden, so daß ich mich manchmal fragte, ob diese Menschen glauben, ich sei auch ein Mensch mit gesundem Verstand. Die Erwachsenen warfen mir nur böse Blicke zu oder schüttelten den Kopf.

Als ich aber einmal von einer Frau unverkennbar ausgelacht wurde, die mit ihren Kindern unterwegs war, begann ich, die Lage völlig anders zu bewerten.

Es fing an einer Bushaltestelle am Wasaplatz an. Wir warteten auf den Bus, und ich machte ständig kleine Schritte, um nicht in der Kälte bewegungslos zu stehen. Da begann sie mich auszulachen vor ihren zwei Kindern, etwa sechs und acht Jahre alt. In dieser Wartezeit merkte ich, daß ich zu ihrem Thema geworden war, weil die Kinder mich ständig ansahen. Der Bus kam. Vom Wasaplatz bis zu der Burgkerstraße, wo ich aussteigen mußte, wurde ich von der Mutter und auch von den Kindern ausgelacht. Da ich ähnliche Szenen bei den Jugendlichen erleben mußte, hatte ich mich daran gewöhnt. Am Anfang war ich allerdings davon stark betroffen. Dieser Fall von der Mutter mit ihren Kindern, so nahm ich an, beunruhigte mich und rief bei mir zugleich ein gewisses Mitleid hervor, denn sie führte ihre eigenen Kinder auf einen falschen Weg.

In den öffentlichen Verkehrsmitteln war mir aufgefallen, daß keiner mit mir zu sitzen wagte. Mehrmals war ich in einem überfüllten Bus beziehungsweise in einer Straßenbahn. Keiner war gekommen, um sich auf den einzigen frei gebliebenen Platz neben mich zu setzen. Sie zogen es vor, stehenzubleiben. Meine Beobachtungen mit den Fahrgästen in öffentlichen Verkehrsmitteln bezogen sich auf eine längere Zeit. Viel später fragte ich auch die anderen Schwarzen, ob sie so etwas erlebten. Das Ergebnis war eindeutig dasselbe. In den Geschäften merkte ich immer wieder, wie die Verkäuferinnen mich bei jedem Schritt unauffällig begleiteten. Ich interessierte mich auch dafür, alles zu beobachten, denn ich hatte in Ludwigsburg gelernt. In den ersten Tagen auf dem Windberg ging ich in ein kleines Bekleidungsgeschäft in Freital. Es war nur eine Verkäuferin da, die zu diesem Zeitpunkt an der Kasse stand, gleich neben dem Eingang. Ich ging in eine ziemlich versteckte Ecke, wo sich die Unterwäsche befand. Es waren außer mir noch andere Kunden im Geschäft. Dann merkte ich, wie die Verkäuferin die Kasse verließ und unmittelbar neben mir auf den Regalen Ordnung zu machen begann, wobei sie unauffällig einen scharfen Blick zu mir warf. Alles war in Ordnung auf diesem Regal. Diese Beobachtungsmethode, die ich »Ordnung machen« nennen möchte, sah ich dann immer wieder, in den Geschäften, in Bibliotheken. Es gab Geschäfte, in denen es schien, als ob ein Alarmsignal gegeben würde, sobald ich hereinkam. Manchmal verfolgten mich mehr als eine Person, bis ich das Geschäft verließ. Es störte mich sehr, zu sehen, daß mir von allen Seiten Mißtrauen entgegengebracht wurde.

Es fiel mir sehr schwer, unter diesen Umständen das Leben im Heim und in der Öffentlichkeit zu ertragen. Ich war bald mit meiner Geduld am Ende. Ich stürzte Tag für Tag in dunkle Momente, deren Konsequenzen ich selbst nicht mehr abschätzen konnte.

Jeden Tag wartete ich weiterhin vergeblich auf die heilsame Antwort auf meinen Umverteilungsantrag nach Karlsruhe oder auf einen etwaigen Termin für die Anhörung. In den letzten zwei

Wochen des Januar ließ meine Geduld so schnell nach, daß ich die Herrschaft über meinen eigenen Willen allmählich verlor. Ich konnte nicht mehr. Ich war entschlossen, das Asylverfahren so anständig wie möglich bis zu Ende zu führen, aber alle diese Erlebnisse waren stärker als ich. Ich war fremd und brauchte Zuwendung, aber ich begegnete fast überall Feindseligkeit.

Ich begann, mich zu fragen, warum ich eigentlich so leiden mußte, warum mußte ich gequält im Windbergheim leben? Als ich meine psychische Schmerzgrenze erreichte, entschied ich mich, illegal nach Westdeutschland zurückzukehren und dort meine Situation verständlich zu machen. Es war in der letzten Woche des Januar 1992. Mein iranischer Freund hatte mir einmal erzählt, daß es besonders billige Mitfahrgelegenheiten gebe, und hatte mir eine der Adressen gegeben. Manche Kraftfahrer, die von einem Ort zu einem anderen reisen müssen, nehmen Mitfahrer mit. Die Kosten sind dann wesentlich geringer, als wenn man mit dem Zug fährt.

Eines Tages ging ich in eisigem Wind dorthin. In dem kleinen Büro in der Nähe vom Bahnhof Dresden-Neustadt saß ein Mann, der leider genauso wenig Englisch sprach wie ich Deutsch. Mit großer Mühe gelang es mir, ihm zu erklären, daß ich eine Mitfahrgelegenheit nach Karlsruhe brauchte. Die nächste Gelegenheit bestand in vier Tagen, einem Montag, um fünf Uhr früh am Bahnhof Dresden-Neustadt. Nicht nur die Uhrzeit war sehr ungünstig für mich, sondern auch der Treffpunkt. Da solche Gelegenheiten für Karlsruhe aber selten waren, wollte ich diese nicht versäumen. Ich wollte schnellstens das Windbergheim verlassen.

Von Freital aus befindet sich der Neustädter Bahnhof auf der anderen Elbseite in Dresden. Es war mir unmöglich, zu dieser Zeit mit öffentlichen Verkehrsmitteln ans andere Ende der Stadt zu gelangen. Ein Taxi wollte ich nicht nehmen, sonst hätte ich genauso viel bezahlen müssen wie für die beabsichtigte Fahrt nach Karlsruhe selbst. Die Reise mit dem Zug wäre sogar doppelt so teuer gewesen.

Ich dachte an die Möglichkeit, bei Mbunga an der Universität am Sonntag zu übernachten, damit ich frühmorgens mit der Straßenbahn nach Neustadt fahren konnte. Nachdem ich Mbunga gefragt und seine Zustimmung erhalten hatte, bei ihm zu übernachten, fuhr ich erleichtert zur Mitfahrzentrale zurück und bezahlte die Gebühr.

Das größte Problem war nun die Genehmigung, um Freital zu verlassen. Ich wußte, daß unterwegs nach Karlsruhe Polizeikontrollen auftreten konnten, deshalb brauchte ich die Genehmigung. Die gesetzlichen Bestimmungen sahen vor, daß ein Asylbewerber eine besondere Genehmigung brauchte, um den Kreis des jeweiligen Wohnorts zu verlassen. Um so eine Genehmigung zu erhalten, mußte ein überzeugender Grund vorliegen. Grundsätzlich waren nur Härtefälle zu berücksichtigen. Diese gesetzliche räumliche Beschränkung war aber schon theoretisch unmöglich. Wenn man diese Vorschriften einhalten wollte, hätte man schon nicht vom Windberg aus mit dem Bus nach Freital fahren dürfen. Die Grenzlinie Freital–Dresden lag zwei Kilometer vom Heim entfernt. Der einzige Bus für diesen Teil Freitals, die Buslinie Bannewitz–Freital, fuhr zunächst eine Strecke durch Dresden, um dann in die Stadt Freital zu gelangen. Es war nicht zumutbar, daß die Asylbewerber nur zu Fuß nach Freital gehen sollten. Jedenfalls hatte ich mehrmals den Bus benutzt.

Als ich bei der Ausländerbehörde um die Genehmigung bat, erfuhr ich, daß ich einen schriftlichen Antrag stellen mußte, unter anderem mit der Begründung, der Adresse und der Dauer des Aufenthaltes. So sah ich mich genötigt, einen Brief auf deutsch zu schreiben. Mein allererster Brief auf deutsch muß verständlich gewesen sein, da ich die erwünschte Genehmigung bekam. Grundsätzlich war nur eine viertägige Genehmigung zulässig. Eine längere durfte die Behörde nicht erteilen. Ich bekam vier Tage. Die Vorbereitungen für die Reise waren damit erledigt. Nur ein großes Problem blieb. Wie konnte ich nun meine schweren Koffer vom Heim bis zur Bushaltestelle schaffen?

Zum Glück hatte Falk am Sonntag Nachtschicht. Ich bat ihn um Hilfe. Er versprach mir, mich mit seinem Auto bis zum Bus zu fahren, mit dem ich bis zur Universität nicht umsteigen mußte. Es wäre sehr beschwerlich gewesen, in dieser Kälte beide Koffer bis zur nächsten Bushaltestelle zu tragen.

Die Flucht gelang mir, ohne daß ich irgendeinen Verdacht erweckt hatte. Nur als der neue Zivildienstleistende mich mit Mühe die zwei Koffer in den kleinen Trabant hineinschieben sah, hörte ich, wie er Falk fragte: »Für so einen kurzen Urlaub muß er die schweren Koffer mitnehmen?« Viele im Heim wußten, daß ich einen Urlaub hatte. Nur Costel wußte mehr. Er war seit dem Vorabend bei seiner Freundin, und wir hatten uns schon voneinander verabschiedet.

Falk fuhr mich bis zur gewünschten Bushaltestelle. Als ich bei Mbunga eintraf, fand ich zu meinem Glück einen Studenten aus Äthiopien, Antena, vor. Wir hatten uns schon während des Weihnachtsfestes kennengelernt. Antena hatte ein Auto und versprach mir, mich am Morgen bis zum Bahnhof Dresden-Neustadt zu fahren. Ich war dadurch unheimlich erleichtert, da ich nicht nur von den Koffern und dem umständlichen Umsteigen entlastet war, sondern keine Angst mehr haben mußte. Ich fürchtete nämlich, in nächtlichen Stunden in Dresden mit auffälligen Koffern überfallen zu werden.

Mbunga wußte nicht viel über das Asylverfahren, und ich hatte ihm nicht erzählt, daß ich besondere Probleme im Windbergheim hatte. In unserer Unterhaltung sagte ich ihm nur, daß ich nicht zurückkommen würde. Ich versprach ihm, zu schreiben.

Um vier Uhr fuhren wir zu dritt zu meinem Treffpunkt. Sie setzten mich ab und fuhren gleich zurück. Zum Glück stand dort ein Paar, das auf dieselbe Gelegenheit wartete. Allein in dieser hinteren Ecke des Bahnhofs zu bleiben, wo in den Frühstunden im Winter kaum Menschen verkehrten, wäre ein hohes Risiko gewesen.

Der Fahrer kam äußerst pünktlich. Wir fuhren zu viert im Auto. Die Fahrt verlief gut und gemütlich, trotz des Winters und obwohl stellenweise Glatteis auf den Straßen war.

Unterwegs rief ich meinen Bruder an, wobei ich ihm erklärte, daß ich keine Lust hatte, nach Freital zurückzukehren. Vorher hatte ich ihm nichts über meine Fluchtabsicht gesagt. Er wußte zwar, daß ich Schwierigkeiten hatte, aber nicht in allen Einzelheiten. Im Gegensatz zur Reise von Ludwigsburg nach Chemnitz dauerte diese Reise nur sieben Stunden.

Mein Bruder gab mir in der Diskussion über meinen Fluchtversuch zu verstehen, daß ich am besten meine Probleme in dem letzten Transitlager vor der Zuweisung in Ludwigsburg klären sollte. Ich mußte schnell handeln, weil die mir zur Verfügung stehende Zeit sehr kurz war. Ich blieb bei ihm nur eine Nacht, die mir neue Freiheitsgefühle vermittelte. Die zwei Monate auf dem Windberg, die mir wie eine Ewigkeit erschienen, waren für mich fast wie ein Gefängnisaufenthalt. Ich konnte nun französische Fernsehprogramme sehen, ich konnte mit warmem Wasser duschen ... und viele andere ähnliche Kleinigkeiten, die ich vermißt hatte.

Im Windberg stand nur eine einzige Duschkabine in meiner Etage zur Verfügung, deren Pumpe tropfenweise mal kaltes, mal warmes Wasser brachte. Jedenfalls war es noch nicht passiert, daß ich dort mit fließendem Wasser wie bei meinem Bruder geduscht hatte.

Der nächste Morgen meldete sich mit 10 Grad Minus. Das war überhaupt der kälteste Tag, an dem ich zwangsläufig etwas unternehmen mußte. Ähnliche kalte Tage hatte ich nur im Zimmer verbracht. Um 9 Uhr nahm ich den Zug nach Ludwigsburg. Nach häufigem Umsteigen, was mit meinen schweren Koffern etwas beschwerlich war, kam ich in meinem alten Ludwigsburger Lager an. Es war kurz vor der Mittagspause.

Vom Haupteingang sah ich die Amerikanerin in dem kleinen Hof vor der Baracke, wo sich ihr Büro befand. Sie erkannte mich gleich von weitem und starrte mich an, während ich mit meinem Gepäck auf sie zuging. Sie ahnte schon, worum es ging. Sie grüßte mich wie einen guten alten Bekannten. Ich erklärte ihr hoffnungsvoll, daß ich die Verhältnisse in dem Ort, in den ich vor zwei

Monaten überstellt worden war, nicht mehr ertragen konnte. Ich bat sie darum, alles zu tun, daß ich in Ludwigsburg bleiben könnte. Sie sah mich an und antwortete sichtlich betroffen: »Nein, Ihre Akten sind in Chemnitz. Wir können für Sie nichts mehr tun.« Ich versuchte, ihre Augen zu fixieren. ›Macht sie Spaß, oder...?‹ ging es mir durch den Kopf. Nein, sie sagte es so ernst, daß kein Zweifel mehr bestand, ich müßte bestimmt nach Freital zurückfahren. Ich war augenblicklich so bestürzt, daß sie sicherlich merkte, wie ich mit meiner Enttäuschung kämpfte. Das konnte nicht wahr sein.

Da sie keine Zeit hatte, bot sie mir an, mein Gepäck in ihrem Büro abzustellen, bis sie um ein Uhr zurückkäme. Sie wollte mein Problem dann noch einmal genauer bedenken. Es blieb noch eine kleine Hoffnung, dachte ich mir, aber allmählich kam ein erstickendes Gefühl von Verzweiflung in mir auf.

Zufällig kam einer der jungen Männer aus Zaire vorbei, der in der Demonstration vor zwei Monaten mitgewirkt hatte. Er wartete immer noch mit zweien seiner Landsleute auf seine endgültige Zuweisung. Ich war überrascht, ihn nach zwei Monaten dort wiederzusehen, während das Lager nur als Transitlager galt. Er schlug mir vor, in seinem Zimmer zu warten. Die Kälte draußen war unerträglich. Da erfuhr ich, daß den Zairern durch ein langes gerichtliches Verfahren eine Überstellung nach Ostdeutschland erspart wurde. Es ging ihnen zweifellos besser als mir.

Ich erzählte ihnen, welch schwierige Bedingungen ich im Osten vorgefunden hatte, erzählte von meinen Frustrationen und meinen Ängsten ... Ich fragte nach den anderen damaligen Kollegen. Viele von ihnen waren untergetaucht, nachdem sie erfuhren, sie seien in den Osten zugewiesen worden. Einige andere hatten das Glück, im Westen bleiben zu können, und hatten schon eine Arbeit, unter anderem der junge Mann, der weder schreiben noch lesen konnte.

Ich bekam in Ludwigsburg zu essen und zu trinken. Erstaunlicherweise kam ausgerechnet in dieser Mittagspause ein Heimmitarbeiter, der ihnen ihre Zuweisungen übergab. Sie durften weiterhin in der Gegend von Stuttgart wohnen. Die deutsche Mitarbeiterin im Sozialservice hatte ihnen dabei geholfen. Da machte ich mir wieder Illusionen und hoffte, diese dynamische Frau würde mir in meiner Situation helfen können.

Im Gegensatz zu der Amerikanerin wirkte die deutsche Mitarbeiterin sehr selbstbewußt. Vielleicht empfand die Amerikanerin stärker eine Gemeinsamkeit mit den Asylsuchenden, da sie selbst Ausländerin war. Ich konnte nicht beurteilen, ob sie die deutsche Sprache beherrschte. Zudem sollte ich erst später verstehen, daß Ausländer, die die Sprache nicht gut beherrschen, bei vielen Versuchen und Unternehmungen weniger Erfolge erzielen können als ein Deutscher. Unter solchen Umständen kann ein Ausländer nur mit Zurückhaltung agieren.

Nach der Pause hatte die Amerikanerin sich darauf vorbereitet, mir gar nicht erst falsche Hoffnung zu machen. Ich entschied mich, auch noch mit der deutschen Mitarbeiterin über mein Problem zu sprechen. Sie hatte ja unerwartete Erfolge in scheinbar aussichtslosen Fällen erreicht. Sie war meine letzte Hoffnung. Ich erzählte ihr ausführlich die Vorkommnisse im Osten und meinen dadurch strapazierten psychischen Zustand. Wir redeten auf französisch. Ich fühlte mich zumindest erleichtert, als sie selbst gleich zugab, daß ihr die schwierige Lage im Osten bekannt war. Sie hatte vor kurzem eine Gruppe von Asylsuchenden begleitet und die Bedingungen in den Heimen selbst gesehen. Neben den schlechten Bedingungen im Windbergheim hatte ich noch zusätzliche psychische Belastungen, die als Härte betrachtet werden durften. Sie verfolgte meine Erklärung aufmerksam. Als sie mir deutlich machte, daß ich gar keine Chance hatte, legal in diesem Ludwigsburger Lager zu bleiben, brach der Himmel über mir zusammen. Ich wollte nicht wahrhaben, was sie mir sagte. Dazu kam noch das Problem, daß meine Urlaubsgenehmigung an diesem Tag ablaufen sollte. Da sie sehr wohl wußte, in welcher Doppelgefahr ich schwebte, machte sie mich in einem ziemlich autoritären, aber positiven Ton darauf aufmerksam. In meinem eigenen Interesse mußte ich schnellstens nach Freital fahren und mich von dort aus um meinen Umverteilungsantrag kümmern. Ansonsten könnte ich mein Bleiberecht in der Bundesrepublik Deutschland verlieren. Dies war wie ein starker Wecker, der mich aus tiefem Schlaf riß, weil sie genau den entscheidenden Punkt angesprochen hatte. Sie fügte noch hinzu: »Sie sollen nicht schlafen und hoffen, daß das Problem sich von allein löst, sondern Sie müssen aktiv werden und kämpfen.«

Diese Äußerung gab mir wirklich Mut. Die Aufrichtigkeit und die innere Kraft dieser kleinen Frau um die Vierzig half mir, meine Situation zu bewältigen. Ihre Worte überzeugten mich, so daß ich nichts anderes mehr unternahm, als mich tatsächlich so schnell wie möglich zurück nach Freital zu begeben. Was ich einige Minuten vorher nicht wahrhaben wollte, war nun selbstverständlich.

Es blieb nun noch die Unterbringung für diese Nacht zu klären. Ich fragte sie, ob eine Möglichkeit bestand, in dem Heim zu schlafen, damit ich dann am nächsten Tag etwas für meine Reise unternehmen könnte. Sie wies mich wieder zurecht: »Wenn der Heimleiter erfährt, daß Sie hier übernachten wollen, dann wird er diese Nacht die gesamten Zimmer durchsuchen, um Sie hinauszuschmeißen. Achten Sie darauf, mein Herr, draußen ist es sehr kalt! Glauben sie mir, Sie können nicht einige Stunden draußen überleben.«

Ich muß ehrlich zugeben, obwohl diese Worte wie ein Messerstich in mein Herz drangen, machten sie mich munter und mutig. Diese Frau hinterließ bei mir ein Gefühl von Bewunderung.

Zum Glück hatte ich noch eine Möglichkeit. Ich hatte gerade mit den Zairern darüber geredet. Sie hatten mir ein riskantes Angebot gemacht. Sie hatten einen freien Platz für mich. Nur ich sollte später in der Nacht allein zurechtkommen, indem ich unbemerkt über den hohen Stacheldrahtzaun kletterte, um in ihr Zimmer zu gelangen. Daß sie sich verpflichtet fühlten, mir in so einer verzwickten Lage zu helfen, erfüllte mich mit einem tiefen Gefühl der Liebe und Dankbarkeit. Ich war nicht allein gelassen. Ich war damit einverstanden, wenn ich auch nicht wußte, ob ich es schaffen würde, über einen Stacheldrahtzaun zu klettern. Außerdem war das Heim rund um die Uhr bewacht. Ohne an meiner eigenen Geschicklichkeit zu zweifeln, war es sehr gut möglich, erwischt zu werden. Das hätte noch unangenehmere Folgen mit sich gebracht.

Als die Frau die Möglichkeit ausschloß, die Heimleitung um eine Übernachtung zu bitten, dachte ich mit Trost an das Angebot der Zairer. Was die Frau im Moment für mich unternehmen konnte, war, mir einen kurzen Umverteilungsantrag auf deutsch vorzubereiten. Sie verfaßte einen Brief mit allen erforderlichen Hinweisen und bat mich, ihn bei der Ausländerbehörde in Freital abzugeben. Sie vermutete, daß die ausgebliebene Antwort durch die Sprache bedingt war, denn mein Schreiben auf französisch schien sie nicht zu begeistern. Mehr konnte sie an diesem Tag nicht für mich unternehmen. Die dreißig Minuten, die ich in diesem Büro blieb, lösten bei mir eine unbeschreibliche Traurigkeit aus. Es grenzte schon an meine Verzweiflung in Ruanda.

Schreckliche Bilder während meines Aufenthalts auf dem Windberg wurden in meinen Gedanken lebendig. Ich konnte mir kaum mein künftiges Leben dort vorstellen, aber ich mußte wieder zurück. Meine Koffer gab ich bei den jungen Zairern ab, in der Hoffnung, bei ihnen zu übernachten. Dann entschied ich mich in der Zwischenzeit, mich nach Esslingen zu begeben, wo meine Cousine seit einigen Tagen wohnte. Sie war vor kurzem von Heilbronn überstellt worden und hatte mir ihre neue Adresse mitgeteilt. Ich wußte aber nicht, wie ich von Ludwigsburg nach Esslingen fahren konnte. Ich wußte nur, daß es in der Stuttgarter Umgebung sein sollte, also unweit von Ludwigsburg.

Als ich die Amerikanerin nach dem Ort fragte, bot sie mir an, mich nach ihrem Feierabend dorthin zu begleiten, weil sie in der Nähe von Esslingen wohnte. Sie war ein hilfsbereiter Mensch.

Es war schon dunkel, als wir uns auf den Weg machten. Sie schob ihr Fahrrad, das sie am Ludwigsburger Hauptbahnhof abstellte, bevor wir mit der S-Bahn weiterfuhren. Das war die liebste Hilfe, die ich überhaupt von ihr erwarten konnte. Ich kannte keine Buslinie, und auch die Dunkelheit in diesem Labyrinth der Stuttgarter Umgebung hätte meine Suche erschwert. Außerdem war ich nicht in der muntersten Verfassung. Am Hauptbahnhof in Stuttgart stiegen wir um, und nach einer dreiviertel Stunde, die die gesamte Fahrt dauerte, gelangten wir nach Esslingen. Die gesuchte Adresse fanden wir nicht gleich. Nach vielen Fragen erhielten wir endlich von einem Busfahrer eine genaue Auskunft.

Glücklicherweise war meine Cousine da. Ich war sehr erleichtert. Nicht weniger erleichtert ging die Amerikanerin zurück.

In der Unterhaltung mit meiner Cousine erwähnte ich meine Absicht, gleich nach Ludwigsburg zurückzufahren. Sie sagte mir, daß ihre Zimmerkollegin woanders übernachtete. Es stand also ein Bett zu meiner Verfügung. Wenn ich auch wußte, daß es strikt verboten war, in einem Mädchenzimmer zu übernachten, war das Risiko geringer, als in Ludwigsburg über den Zaun zu klettern oder die Nacht in einer Bahnhofshalle zu verbringen.

Erstaunlicherweise war das Heim nicht überwacht. Allerdings gab es Sicherheitsvorkehrungen, die die Bewohner selbst trafen. Die Polizei hatte besondere Geräte im Heim angebracht, die einen direkten Zugang zu ihr ermöglichen würden, falls es zu einem Überfall käme.

Ich begann, meiner Cousine zu erzählen, wie es mir am Windberg ergangen war. Es war mir noch schmerzhafter, etwas darüber zu erzählen, da mir meine schwierige Lage dadurch erst richtig gegenwärtig war. In unserem gemeinsamen Gebet bat ich um eine problemlose Rückkehr zum Windberg, um mein Bleiberecht nicht zu gefährden. Gott hat mich gehört.

Am Abend erzählte ich meinem Bruder meine mißliche Lage. Er konnte auch nichts dagegen tun. Doch alles ging gut am nächsten Tag, so daß sich auch meine psychische Verfassung allmählich besserte. Ich nahm telefonisch Kontakt mit einer Mitfahrzentrale in Stuttgart auf, die die nächste Gelegenheit für Dresden in drei Tagen meldete. Ich ging hin und bezahlte meine Gebühr.

An dem Abend rief ich Costel an und kündigte ihm meine baldige Rückkehr an. Ich tat es als vorbeugende Maßnahme, damit er nicht den anderen im Heim von meiner Flucht erzählte. Am Telefon war er allerdings enttäuscht. Meine Entschlossenheit, keinesfalls zum Windberg zurückzukommen, hatte ihn so überzeugt, daß er mich nun nicht mehr verstand. Er versuchte vergebens, mich zu ermutigen, andere Lösungen in Betracht zu ziehen. Es war schon zu spät.

Die folgenden Tage in Esslingen verbrachte ich einigermaßen unter Druck, da ich weiterhin fürchtete, in Freital abgemeldet zu werden und somit mein Bleiberecht zu verlieren. Meine vier Urlaubstage waren schon abgelaufen. Inzwischen fuhr ich nach Ludwigsburg, meine Koffer zu holen. Ich gab außerdem das Deutschlehrbuch, das ich vor einigen Monaten geliehen hatte, in die Bibliothek zurück. Und schließlich unternahm ich mit meiner Cousine und einer Familie aus Äthiopien gelegentliche Spaziergänge in die Umgebung.

Am Reisetag sollte ich den Fahrer am Hauptbahnhof in Stuttgart treffen. Meine Cousine begleitete mich dorthin. Die Wartezeit zog sich über dreißig Minuten hin. Da ich draußen warten mußte, stand ich zweifach unter Druck. Erstens war mir kalt, und zweitens fürchtete ich, diese Mitfahrgelegenheit zu versäumen. Ich war mir nicht sicher, daß ich am richtigen Platz des Treffpunkts stand. Auf meinem Papier stand Eingang Nord des Bahnhofs. Ich hatte einen Taxifahrer gefragt, der nur Deutsch sprach. Er hatte mir bestätigt, ich sei an der richtigen Stelle. Aber mit jeder verrinnenden Minute wuchs meine Verunsicherung. Solche Gelegenheiten, nach Dresden mitzufahren, waren sehr selten in Stuttgart. Sollte ich diesen Termin verpassen, wußte ich, daß ich lange Zeit auf eine nächste Gelegenheit warten mußte. Außerdem war ich eine Last für meine Cousine geworden. Obwohl die Hausordnung in ihrem Heim anders gestaltet war als im Windbergheim, wo kein unangemeldeter Besucher übernachten durfte, konnte ich ihren Aufenthalt gefährden.

Nach etwa einer Stunde Verspätung kam endlich der Fahrer, ein junger Mann. In dieser Minute spürte ich eine große Erleichterung. Eine schwere Last fiel augenblicklich von mir ab. Der junge Mann schien mir gleich auf den ersten Blick recht aufgeschlossen, im Gegensatz zu vielen anderen jungen Männern im Osten. Denn er half mir, meine Koffer einzuladen, während er sich entschuldigte, zu spät angekommen zu sein.

Es stand lange Zeit ein junges Mädchen dabei, das auf dieselbe Gelegenheit wartete, ohne daß wir uns gegenseitig bemerkt hatten. Wir fuhren nun also zu dritt im Auto. Ich saß hinten. Das Mädchen war ebenfalls sehr nett, was meine Reise noch angenehmer machte. Meine Nerven entspannten sich zusehends, so daß diese lange Reise nach Freital schließlich zum Vergnügen wurde. So paradox kann es sein. Als ich den Windberg verließ, wollte ich mir gar nicht vorstellen, jemals wieder dorthin zurückzukehren. Nun war es mein innigster Wunsch, wieder gut dort zu landen.

Sobald wir uns vom Stuttgarter Stadtverkehr befreit und die Autobahn erreicht hatten, fiel alle Last von mir ab. Der Fahrer hieß Ronald. Nachdem er sich vorgestellt hatte, Name und Alter, bat er uns, dasselbe zu tun. Nach dem Mädchen stellte ich mich vor und fügte hinzu, daß ich als Asylbewerber seit drei Monaten in Deutschland lebte. Ich sagte das auf deutsch. Ronald fragte mich, ob ich vorher Deutsch gelernt hatte. Als ich verneinte, ließ er das Lenkrad kurz los, obwohl wir schon Autobahngeschwindigkeit erreicht hatten, drehte sich leicht um und sagte überrascht: »Phantastiiisch!« Das war übrigens eine Wortschatzbereicherung für mich. Er sagte weiter, was ich gut verstand: »Weißt du Thomas, ich habe einen Freund, der schon elf Jahre in Deutschland lebt. Er spricht nicht besser Deutsch als du.« Dabei war ich damals kaum fähig, einen vollständigen Satz zu sprechen. Seine Bemerkung ermutigte mich, mich zunächst während der Reise freier mit ihnen zu unterhalten und dann weiter allein die Sprache zu lernen.

Immerhin erregten meine verhältnismäßig guten Sprachkenntnisse die Aufmerksamkeit der beiden, die mir die lange Reise zu einer besonderen Freude machten. Zum Glück gab es auch keine besonderen Probleme durch das Wetter oder Staus. Unterwegs aßen wir gemeinsam etwas. Eine ähnliche Atmosphäre hatte ich noch nicht in Deutschland erlebt.

Die Gegend um Dresden erreichten wir sehr spät. Ich wurde noch angenehmer überrascht, als Ronald in Wilsdruff die Autobahn verließ und Richtung Freital fuhr. Er sagte mir: »Ich fahre dich bis zum Windberg.« So eine unerwartete Hilfe, die ich gut brauchen konnte. Es war ein großer Umweg für ihn, denn ursprünglich sollte er mich am Dresdener Hauptbahnhof aussteigen lassen. Ich wußte bislang auch nicht, wie ich bis zum Windberg weiterfahren konnte, aber ich hatte keine andere Wahl gehabt.

Wir kamen ausgerechnet nach einem Anschlag auf das Heim an. Als wir uns dem Heim näherten, merkte ich schon von weitem, daß ungewöhnlicherweise einige Asylbewerber aus den Fenstern schauten, als beobachteten sie uns. Das Auto hielt in dem kleinen Hof, gleich unter einem der Fenster. Sobald ich ausstieg, sagte einer mit spürbarer Erleichterung: »Das ist bloß Thomas!« und ein anderer fügte gleich hinzu: »Thomas, es gab Nazis hier. Guck hier, die Fensterscheiben sind kaputt!« Sie erklärten weiter, daß Jugendliche auf das Fenster geschossen hatten und schnell auf Motorrädern geflohen waren. In der Tat waren die Fensterscheiben beschädigt. Zum Glück war niemand verletzt.

Da ich meine fröhliche Laune so lange wie möglich behalten wollte, statt gleich wieder in Schrecken und schlechte Gedanken versetzt zu werden, fragte ich gelassen: »Wie lange schon?« »Jetzt, vor zwanzig Minuten. Hast du kein Polizeiauto gesehen?« erwiderte er. Ich antwortete nicht mehr. Wir waren der Polizei gerade auf diesem Waldweg begegnet, so daß Ronald ängstlich gesagt hatte: »Ich habe gegen das Fahrverbot verstoßen und jetzt begegnen wir der Polizei.« Ich hatte ihm dann versichert, daß es kein Problem gäbe, solange wir zusammen waren, denn das Verbot galt nicht für Anlieger. Ich hatte ihm auch erklärt, daß die Polizei auf diesem Waldweg regelmäßig zu finden war, nicht um den ordnungswidrigen Verkehr zu bestrafen, sondern vielmehr, um Ordnung in dem Heim wiederherzustellen. Diesmal war die Polizei also aus anderen Gründen gekommen.

Ronald, der mithörte, öffnete mir den Kofferraum, damit ich meine Koffer herausholen konnte. Wir plauderten dabei freundlich über die schöne Reise. Trotz der furchtbaren Kälte kam auch das Mädchen aus dem Auto heraus und beteiligte sich an der Unterhaltung. Es war nach der angenehmen Fahrt trotzdem sehr schön für mich, wieder auf dem Windberg angekommen zu sein.

Ich wurde deshalb von der warmen Stimmung angesteckt und fragte, ob wir uns noch einmal sehen könnten. Ronald hatte mein gebrochenes Deutsch nicht so schnell verstanden wie das Mädchen, das nun lachend, in einem mißbilligenden Ton meine eigenen Wörter zu Ronald wiederholte: »Er sagt, er wünscht sich, daß wir uns noch einmal sehen.« Was mich noch überraschte, war die Spontaneität von Ronald. Als ich die festgesetzte Gebühr für die Reise bezahlte, gab er mir genau ein Drittel zurück und sagte freundlich: »Hier, das ist für dich, und die Reise mit dir hat mir Spaß gemacht.« Langsam und deutlich, damit ich ihn gut verstehe, fuhr er fort: »Ich werde noch einmal herkommen, zu Besuch.« Ich war von seiner Geste tief beeindruckt und nahm das Geld gern an, das mir von Herzen gegeben wurde.

Gleich darauf und genauso zufrieden wie ich fuhr er mit kurzer Hupe und fast quietschenden Reifen wieder los. Ich sah seinem Wagen lange nach, bis er unten im Wald verschwand. Eine Weile stand ich noch nachdenklich da und sagte mir dabei, bevor ich mich aus der Kälte rettete: »So wunderbare Menschen gibt es auch in dieser Gegend!« Leider hatte ich durch diese Aufregung meinen Wintermantel im Auto vergessen. Es wäre zu schön gewesen, wenn es ohne ein einziges Problem bis zu Ende gegangen wäre. Das löste bei mir zunächst Bestürzung aus, aber ich tröstete mich gleich: »Dieser Mann wird sich bestimmt Mühe geben, mir den Mantel zurückzubringen.«

Ich ging ins Zimmer. Alles sah genauso aus, wie ich es hinterlassen hatte, und so war meine sorgfältig vorbereitete Flucht beendet und noch dazu zu meiner Zufriedenheit.

Tatsächlich kam Ronald nach zwei Tagen mit meinem Wintermantel zurück. Ich wußte nicht, wie ich ihm danken sollte. Er kam mit seiner Freundin. Sie hatten leider keine Zeit und gingen gleich wieder. Als sie sich draußen auf dem kleinen Hof vor dem Haus befanden, schaute ich durchs Fenster. Ich sah ihnen lange nach, wie sie Hand in Hand bei dieser unerträglichen Kälte vorsichtig zu Fuß auf der glatten Straße liefen, bis sie unter einer dicken Nebeldecke verschwanden. Ich verstand, daß er sein Auto weiter entfernt abgestellt hatte, um nicht gegen das geltende Fahrverbot zu verstoßen. So mußten sie bei diesem nicht gerade zum Spaziergang einladenden Wetter einen Kilometer weit laufen. Das tat mir so leid. Seine Mühe war mir ein hervorragendes Zeichen seiner Menschlichkeit. Ich sollte ihn leider nie wiedersehen. Schade! Ich hätte mich wirklich gefreut, Ronald zum allerersten Freund in Deutschland zu haben, denn zu diesem Zeitpunkt hatte ich bei weitem mehr schlechte Erfahrungen gesammelt als gute.

Das Leben im Heim ging weiter. Ein äußerst schwieriger Lebensabschnitt auf dem Windberg hatte nun unter diesen erdrückenden Umständen begonnen. Ja, eine unvergeßliche Lebensphase hatte schon sein Morgengrauen am Horizont gezeigt.

Im Heim merkte ich kein Zeichen, das darauf hindeutete, daß jemand einen Verdacht geschöpft hatte. Nur Costel sagte mir, daß einige Rumänen gesagt hatten, ich sei fort für immer. Am Montag, als die Chefin kam, trafen wir uns in dem kleinen Korridor vor meiner Zimmertür. Sie hielt es für notwendig, mir zu sagen: »Ich habe nichts gesagt zum Landratsamt, sonst wären Sie abgemeldet.« Sie wußte, daß ich nur vier Urlaubstage hatte, die längst abgelaufen waren. Ich verstand, daß sie wohl doch etwas geahnt hatte. Ich war sehr beruhigt, da mein Bleiberecht nun nicht mehr in Gefahr war.

Dieser Fluchtversuch half mir entscheidend, in der Zukunft alle Probleme mit ungewohnter Geduld und Resignation zu akzeptieren. Nichts hätte mir für die Zukunft besser helfen können.

In den Wintertagen blieb ich grundsätzlich im Zimmer. Ich lernte weiter allein die deutsche Sprache. Bald suchte ich eine Bibliothek in Freital auf, in der Hoffnung, daß ich deutsche Lehrbücher mit Begleitkassetten finden könnte, was mir nicht gelang. Ich war aber, was die Phonetik angeht, schon einen Schritt weiter, so daß ich mir zutraute, die Sprache allein, mit normalen Büchern ohne Kassetten zu vertiefen. Ich holte aus der Bibliothek Kinderbücher, da in solchen Büchern einfache Wörter gebraucht werden. Von einem Buch lernte ich von der ersten Seite bis zur letzten alle neu vorkommenden Wörter. Ich hatte dabei ein altes Wörterbuch Französisch-Deutsch. Diese Methode erwies sich bald als so wirksam, daß ich nach nur zwei Wochen vollständige Sätze im Fernsehen zu verstehen begann. Nachdem ich das Buch zu Ende gelesen oder besser gelernt hatte, konnte ich mich gut verständlich machen. Ende Februar konnte ich gut Deutsch verstehen. Dies erlaubte mir, mich mit einem gewissen Selbstvertrauen allein auf die Suche nach einer Lösung meiner Probleme zu machen. Ich kam im allgemeinen sehr gut mit einfachen Unterhaltungen zurecht, wenn man langsam sprach.

Als ich einmal in Freital zufällig beim Roten Kreuz vorbeilief, fiel mir ein, ich könnte dort Hilfe bekommen. Ich entschied mich, mit ihnen über meine Angelegenheit zu reden. Ich sollte ja selbst handeln, hatte mir die Frau in Ludwigsburg gesagt; aber die Sprache war bislang das größte Hindernis gewesen.

Eines Tages begab ich mich also dorthin. Als ich mein Anliegen erklärte, wurde ich zur Abteilung »Wünsche« geschickt, die von einem kurz vor dem Ruhestand stehenden Mann geleitet wurde. Ich erklärte ihm meine Sorgen. Er war ein sehr verständnisvoller Mensch, der mich angenehm überraschte. Als Lösung schlug er gleich vor, einen Brief auf deutsch abzufassen und nach der sächsischen Zentrale des Bundesamtes für die Anerkennung ausländischer Flüchtlinge zu schicken. Er tat dies mit Begeisterung, da er mir versicherte, ich spräche gut Deutsch. Das war schon allein eine Ermutigung für mich. Als ich ihm sagte, daß ich erst seit vier Monaten die deutsche Sprache autodidaktisch erlernte, war er geradezu begeistert. Eins gefiel ihm nicht, nämlich daß ich meinen ersten Brief auf französisch verfaßt hatte. Er sagte mir: »Wer in unseren Ämtern einen Antrag stellen möchte, schreibt auf deutsch.« Dies erwies sich später als richtig, obwohl mir in Karlsruhe ausdrücklich gesagt worden war, die Sprache sei kein Hindernis für mein Asylverfahren. Er schrieb einen kurzen Brief, der im großen und ganzen meinem früheren Antrag auf französisch ähnelte.

Eine Besonderheit dieses Briefes war seine Entschlossenheit, zu bestätigen, daß ich die deutsche Sprache zu 80% beherrschte. Es entstand eine lange Diskussion zwischen uns über die Richtigkeit dieser Behauptung. Ich wußte zunächst, daß dieser Vermerk keine wesentliche Rolle spielen würde, was die Entscheidung über meine mögliche Übersiedlung betraf. Nach meiner vorsichtigen Einschätzung war ich außerdem überzeugt, daß ich noch nicht die Schwelle der 30% überschritten hatte. Als ich darauf bestand, daß dies falsch und unwichtig war, sagte er mir ruhig, aber entschieden: »Deutsch ist meine Sprache.«

Nebenbei erzählte er, daß er seit langer Zeit die tschechische Sprache erlernte, ohne vergleichbare Sprachkenntnisse errungen zu haben. Wir unterschrieben gemeinsam den Brief, den er nach Chemnitz schickte.

Ich sah den Mann noch ein paarmal. Inzwischen schenkte er mir ein Buch über die deutsche Grammatik, das mir in dieser Lernphase sehr nützlich wurde.

Einige Monate später, als ich ihm die Antwort aus Chemnitz zeigen wollte, erfuhr ich von einer Sekretärin, daß er in den Ruhestand getreten war. Ich bat sie dabei um seine Hausadresse. Die Sekretärin weigerte sich aber leider, mir die private Adresse zu geben. Ich versuchte ihr vergeblich zu erklären, daß der Mann mich sehr freundlich behandelt hatte. Ich sollte ihn nie wiedersehen, wenngleich ich die Hoffnung nicht aufgab, ihm vielleicht zufällig einmal auf der Straße zu begegnen, denn er wohnte in Freital.

Immerhin wurde unser Brief berücksichtigt, und etwa einen Monat später kam eine Antwort. Das war äußerst schnell. Es ging um einen Vordruck über die Umverteilungsanträge von Asylbewerbern, auf dem einige zutreffende Punkte angekreuzt waren.

Grundsätzlich ging es um Nachweise, die mein Bruder erbringen sollte, damit ich in seine Wohnung ziehen könnte. Er sollte unter anderem eine notariell beglaubigte Erklärung abgeben, wonach er sich verpflichtete, für meinen gesamten Lebensunterhalt (Unterhalt, Unterkunft, Krankenversicherung…) auf Dauer aufzukommen. Nur unter dieser Bedingung durfte ich übersiedeln. Das war aber nicht mein ursprünglicher Wunsch. Es war nicht denkbar für mich, auf Dauer auf Kosten meines Bruders zu leben. Trotzdem besprach ich es mit ihm. Doch wir schlossen diese Alternative aus. In einem späteren Brief machte ich deutlich, daß ich nur in ein Heim in der näheren Umgebung von Karlsruhe oder Esslingen übersiedeln möchte.

Die Lage im Heim wurde immer trauriger. Die Eintönigkeit wurde nur von neu Ankommenden unterbrochen oder Jacques´ Anrufe oder Briefe aus Ruanda, wenn sie auch keine guten Nachrichten mitbrachten. Einmal berichtete Jacques über den Tod einer ehemaligen Kollegin und eines ehemaligen Kollegen.

Ich wünschte mir in der Zwischenzeit vergeblich andere Afrikaner als Heimbewohner, damit wir wenigstens gemeinsam Spaziergänge ohne Angst im Wald oder sonst irgendwohin unternehmen könnten. Alles herum war mir furchtbar unangenehm.

Die schlechten Gedanken begannen unwiderstehlich Macht über mich zu gewinnen. Das Gefühl, eingesperrt zu sein, wuchs von Tag zu Tag. All dies wurde zu einer ernsthaften Belastung, die ich nicht mehr loswerden konnte. Aber dank meines gescheiterten Fluchtversuchs wußte ich, daß ich überhaupt keine andere Wahl hatte, als zu versuchen, meine Tage nützlich und positiv zu gestalten. Ich mußte etwas Interessantes und Unterhaltendes finden, denn ich konnte nicht den ganzen Tag nur die Sprache lernen. Da ich etwas im Fernsehen verstehen konnte, lernte ich teilweise auch dadurch, was mich weniger Mühe kostete. Den ganzen Tag wechselte ich also zwischen Fernsehen, Lesen, Sprachkassetten. Es gab keine andere spannende Unterhaltung. Nur manchmal habe ich abends Costel geholfen, sein Englisch zu verbessern. Trotzdem schien mir ein Monat wie eine Ewigkeit.

Seitdem ich zum Windberg zurückgekommen war, hatte ich nicht wieder Kontakt mit Mbunga an der Universität aufgenommen. Eines Nachmittags nahm ich mir vor, ihn zu besuchen. Als ich dort ankam, war er nicht in seinem Zimmer, sondern bei seinen Landsleuten in einem Nachbargebäude. Als ich dort erschien, war Mbunga sehr überrascht. Ich hatte mit aller Kraft behauptet, ich würde nicht wieder zum Windberg kommen. Er war mit vier anderen Studenten zusammen, die mir bekannt waren. Mbunga hatte manchen von ihnen schon erzählt, daß ich vom Windbergheim fort sei und daß ich nie wieder zurückkommen würde.

Die Unterhaltung schien mir wie früher warmherzig. Wir redeten über alles. Nur Mbunga machte mir gleich den indirekten Vorwurf, daß ich ihm nicht geschrieben hatte. Ich entschuldigte mich bei ihm, ohne jedoch den Grund dafür sowie den Grund meiner Rückkehr zu nennen. Ich wollte gar nicht erwähnen, daß meine Reise vor einigen Wochen eine Flucht war. Einige von ihnen hatten aber begonnen, sich Sorgen um mich zu machen. Das begriff ich erst später.

Ich hatte flüchtig gehört, es gebe Möglichkeiten für Asylbewerber, an Sprachkursen an der Universität teilzunehmen, ohne zu bezahlen. Als ich diese Frage stellte, antwortete einer mit unangenehmem Unterton: »Es gibt solche Organisationen, die Leuten wie dir helfen«, wobei er leider keine nannte. Seine Miene drückte aber plötzlich eine deutliche Verachtung aus. Ich verstand und beobachtete in den folgenden Minuten die Reaktionen der ganzen Gruppe. Keiner schien meine Anwesenheit mehr für unterhaltsam zu halten. Ich hielt mich nicht mehr lange in dieser Gruppe auf. Ich machte mir nicht die Mühe, Mbunga aufrichtig zu erklären, was bei meiner gescheiterten Flucht richtig passiert war. Nur unter diesem Zugeständnis hätte ich eventuell sein Vertrauen wieder gewinnen und damit unser schon gut entwickeltes Verhältnis aufrechterhalten können. Jedenfalls, als ich nicht wieder dorthin ging, gab sich auch umgekehrt keiner Mühe, mich zu besuchen. Ich wurde dadurch wieder isoliert.

Ich sollte leider später begreifen, daß sich die meisten Studenten, aber auch die meisten anderen Ausländer, die in Deutschland mit einer längeren Aufenthaltsgenehmigung durch andere Umstände als durch das Asylverfahren leben, grundsätzlich von den Asylbewerbern distanzieren.

Das war zum Teil verständlich, da zu dieser Zeit in Deutschland so etwas wie ein Krieg gegen Ausländer herrschte, die durch die Asyl-Tür ins Land gekommen waren. Diese Zeit war eine besondere Phase für alle Ausländer in Deutschland. Aber Asylbewerber zu sein, war an sich schon eine große Belastung. Zu dieser Zeit sprach man nur über Asyl und die damit verbundenen Probleme, unter anderem über Angriffe auf Asylheime. Diese Situation wurde durch die Medien so hervorgehoben, daß auch viele Bürger gegen Ausländer wie gegen »Asylanten« reagierten, wie sie uns abwertend genannt haben. Ich sah persönlich im Fernsehen Afrikaner, die sich offen von den afrikanischen Asylsuchenden distanzierten. Es lag ein gewisser Stolz für die afrikanischen Studenten in Deutschland darin, sagen zu können, daß sie nicht durch Asyl nach Deutschland gekommen waren. Deshalb verstand ich, daß es mir nicht viel nützen würde, Beziehungen zu solchen Menschen aufzubauen.

Ich fragte mich nur, was es ihnen nützte, denn ich war sicher, daß das, was ich erlebte, jeder andere Schwarze auch erlebte, egal ob Student oder Asylbewerber. Wie konnte man mich im Bus von einem Studenten unterscheiden?

Das ganze Ausmaß meiner mißlichen Lage war mir damals noch nicht deutlich, aber in den nächsten Begegnungen mit Deutschen wurde mir klar, daß Asylbewerber zu sein allein schon ein negatives Image war, unabhängig von der Herkunft oder der Hautfarbe. Ich mußte unter diesen Verhältnissen leben.

Mein Bestreben, an einem Sprachkursus teilzunehmen, blieb mein einziger Ausweg, die Tage unbelastet und nützlich zu verbringen. Ich hatte einmal von dem Iraner erfahren, daß es möglich sei, mit geringen Kosten einen Sprachkurs in der Volkshochschule in Freital zu besuchen. Es bestand nur bislang das Problem der Teilnehmerzahl.

Eines Tages begab ich mich dorthin. Ich traf zwei Frauen im Sekretariat, die mir erklärten, das Problem der Teilnehmerzahl bestünde weiter. Die Schule brauchte mindestens zehn Teilnehmer, um einen Kursus zu veranstalten. Ich war, nachdem der Iraner fortgegangen war, der einzige Interessent. Zehn Teilnehmer konnte ich damals nicht zusammenbringen, da es nicht nur Geld kostete, sondern bei den anderen auch kein Interesse dafür bestand. Mein Besuch war aber dennoch keine verlorene Mühe, da ich vom Leiter der Freitaler Volkshochschule, der Englisch sprechen konnte, eine Empfehlung bekam, es in der Volkshochschule Dresden zu versuchen. Ich benutzte die Gelegenheit und fragte ihn, ob ich Französischunterricht geben könnte. Er lehnte mein Angebot ab mit der Begründung, daß er einen noch nicht anerkannten Asylbewerber nicht einstellen dürfte. Ein Französischlehrer wurde jedoch dringend gesucht. Mein Versuch, ihn davon zu überzeugen, daß seit kurzem nach einem neuen Gesetz auch noch nicht anerkannte Asylbewerber arbeiten dürften, blieb ohne Erfolg.

Die Dresdener Volkshochschule war tatsächlich wesentlich größer und konnte bessere Möglichkeiten anbieten. Ich besprach meinen Wunsch mit der Chefin und bat sie, sich für mich telefonisch zu erkundigen. Die Möglichkeit bestand.

Costel begleitete mich dorthin. Ich wünschte mir eine mittlere Stufe, die leider zu der Zeit nicht vorhanden war. Es gab nur einen Kursus für Anfänger. Eine Frau zeigte mir ein Buch, das angeblich für den laufenden Kursus verwendet wurde. Als ich einige Seiten davon durchblätterte, fand ich, daß mir auch dieser Kursus nützlich sein konnte, denn es gab viel Neues darin. Ich akzeptierte, an dem Anfängerkurs teilzunehmen. Ich bezahlte die Gebühr und begab mich nach der angegebenen Adresse, wo die Unterrichtsstunden stattfanden. Ich wurde aber enttäuscht, als ich merkte, daß dem Kursus das Buch, das ich aus Ludwigsburg zu Ende gelernt hatte, zugrunde lag. Ich wußte nicht, was ich machen sollte, da zu der Zeit nur diese einzige Möglichkeit bestand. Aufgrund meines spürbaren Müßiggangs im Heim entschied ich mich, trotzdem an dem Kursus teilzunehmen. Eine aktive Wiederholung mit pädagogischer Methode hielt ich durchaus nicht für verlorene Zeit.

Die Lehrerin gab mir gleich einen Test aus dem Buch, um meine Kenntnisse einzuschätzen. Ich hatte ihr erzählt, daß ich das Buch schon zu Ende gelernt hatte. Ich sollte zu einigen Bildern des Buches in Deutsch eine Geschichte erzählen, was ich damals mit erträglichen Fehlern ganz gut tat. Sie bemerkte, daß ich über dem Kursniveau stand und riet mir, meine Zeit nicht zu verlieren. Zu viel Zeit hatte ich, das war eben mein Problem.

Ich blieb alle drei Monate dabei. Das war für einen Sprachkursus keine lange Zeit, da er nur am Mittwoch für zwei Stunden stattfand. Die Lehrerin hat mich nicht verstanden, bis zum Ende. Doch ich verbrachte eine unterhaltsame Zeit mit der Klasse, etwa zehn Teilnehmern aus der ehemaligen Sowjetunion und dem ehemaligen Jugoslawien. Außerdem bereitete ich weiterhin autodidaktisch die Grammatik- und Schreibübungen aus anderen Büchern für Fortgeschrittene vor, und die Lehrerin korrigierte mich.

Eines Tages im März lernte ich beim Einkauf in Freital Alberto kennen. Er stammte aus Mozambik und hatte schon über zehn Jahre in Deutschland gelebt. Er hatte in Leipzig studiert, und nach seinem Studium arbeitete er im Rahmen des Abkommens zwischen der DDR und Mozambik in unterschiedlichen Städten der DDR. Nach der Auflösung des Abkommens konnte er jedoch in Deutschland bleiben und arbeitete seitdem im Freitaler Glaswerk. Er war überhaupt der erste Afrikaner, den ich in Freital gesehen hatte. Das war in meinem fünften Monat auf dem Windberg.

Da auch er mich zum ersten Mal sah, wurde er neugierig und sprach mich an. Er kannte nämlich alle Einwohner afrikanischer Herkunft in Freital, da sie fast alle in einem gemeinsamen Wohnheim wohnten. Wir stellten uns einander vor. Er gab mir gleich seine Adresse.

Er war gerade aus seinem Urlaub in Mozambik zurückgekommen, wo er fast den ganzen Winter verbracht hatte. Wir mußten uns leider auf deutsch unterhalten, da er außer Deutsch nur Portugiesisch sprach. Das war kein Problem mehr für mich. Bei einem Ausländer konnte ich meist feststellen, daß ich die Sprache wesentlich besser verstand, als wenn ein Deutscher sprach. Ich fand Alberto sehr aufgeschlossen. Eine neue Bekanntschaft war mir sehr willkommen, die Isolierung, unter der ich litt, zu durchbrechen. Ich brauchte eine ehrliche menschliche Beziehung. Er war zwei Jahre jünger als ich. Als ich ihm erklärte, ich hätte kaum Kontakte zu anderen Ausländern in der Umgebung, sagte er mir, daß es zur Genüge gute Begegnungsstätten in Dresden gäbe. Er nannte einen Namen: Café Cabana.

Das war eine neue Ära in meinem isolierten Leben auf dem Windberg. Cabana war eine ökumenische Begegnungsstätte, die für Deutsche und Ausländer aller Herkunft offen war. Man entfaltete dort unterschiedliche unterhaltsame Aktivitäten, von Dia-Vorträgen oder Berichten über private Reisen bis hin zu Live-Musik. Jeden Samstag gab es eine Veranstaltung.

Es ging los mit dem nächsten Samstag. Wir fuhren gemeinsam mit dem Zug hin. Dort erlebte ich einen ersten eindrucksvollen Tag. Eine erstaunliche Entdeckung für mich, zu sehen, daß es viele Deutsche gab, die wirklich völlig anders waren, als ich es gewöhnlich auf der Straße sah. Schlagartig änderte ich meine Meinung. Ich traf dort freundliche Menschen aller Altersstufen. Am Ende der Veranstaltung wurde ich freundlicherweise von Frau H., etwa sechzig Jahre alt, angesprochen. Sie war aktiv in diesen Kontaktorganisationen mit den Ausländern. Sie erzählte von einer Familie, die mit mir im Windbergheim wohnte. Nach der Veranstaltung fuhr Alberto zurück. Ich konnte schon von Cabana, im Stadtzentrum, bis zum Windberg allein mit den Buslinien zurechtkommen. Nur die Angst, in den späteren Abendstunden angegriffen zu werden, blieb.

Es war schon dunkel, als ich Cabana verließ. Zufälligerweise sollte Frau H. dieselbe Richtung nehmen und sogar eine Strecke mit demselben Bus fahren. Wir liefen in einem feinen Regen durch die Innenstadt bis zur Hauptbahnhofhaltestelle der Buslinie 72. Während der Wartezeit kommentierte sie meine Sprachkenntnisse. Sie konnte etwas Englisch sprechen. Als ich ihr sagte, daß ich einen Sprachkursus unter meinem Niveau in der Volkshochschule besuchte, erwiderte sie überrascht: »Aber wieso? Es gibt einen intensiven Sprachkursus für Ausländer, in dem Sie kein Geld zu bezahlen brauchen. Ich kenne einige Asylbewerber, die den Kursus besuchen.« Ich war erfreut, davon zu hören. Es handelte sich um einen Intensivkursus, 5 Stunden am Tag und 5 Tage in der Woche. Ich erinnerte mich an meine Frage an die Studenten. Das war die schönste Geschichte des ersten schönen Tages, seitdem ich in der Gegend war. Cabana hatte mich angenehm beeindruckt. Dieser Sprachkursus, in den ich sofort meine Hoffnung setzte, könnte die beste Lösung für mich sein. Wie sie mir sagte, würde kein Hindernis bestehen. Ich stellte ihr viele Fragen darüber. Alles schien in Ordnung zu sein. Sie erklärte, daß 6 Rumänen den Kursus aufgegeben hatten, wodurch freie Plätze entstanden wären. Während der Fahrt versprach sie mir, sich um dieses Problem zu kümmern und mich telefonisch zu informieren.

Drei Tage später wurde ich von Herrn A. im Schlaf gestört. Ich sollte ans Telefon kommen. Das war das erste Mal, daß ich überhaupt aus dem Bett ans Telefon geholt wurde. Es war Frau H. am Telefon. Während des Gesprächs erlebte ich etwas Außergewöhnliches. Als ich in das kleine Zimmer kam, wo sich das Telefon befand, im allgemeinen Wachdienstzimmer genannt, saß Herr A. daneben und konnte das Gespräch verfolgen. Deshalb konnte ich mich kaum konzentrieren, weil mein Gespräch zur Theatervorstellung wurde. Herr A. hatte bestimmt zu den Frauen, die in der Küche arbeiteten, gesagt, daß mich eine deutsche Frau am Telefon verlangt hatte. Frau H. hatte vorher schon einmal angerufen. Da es noch sehr früh war, hatte Herr A. sie gebeten, später noch einmal anzurufen. Sobald ich zu sprechen begann, kamen zwei Frauen gerannt, unverkennbar um mein Gespräch zu verfolgen. Sie standen in dem kleinen Zimmer neben uns. Eine unvergeßliche Szene. Das Zimmer war wie eine Zelle, in der nur zwei Personen bequem Platz finden konnten. Daß die zwei Frauen mit hineinkamen und stehenblieben, war also unverständlich. Jedenfalls schien eine der beiden Frauen wirklich besorgt zu sein. Sie schien die Aufgabe zu haben, mein Gespräch zu verfolgen, um etwas Schlimmes frühzeitig zu verhindern. Ich verstand alles. Trotz meiner inneren Empörung führte ich ein gutes Gespräch mit Frau H., die mir mitteilte, daß die erwartete Möglichkeit noch bestand. Ich war glücklich. Wir verabredeten uns, dorthin zu gehen, um Kontakt mit der Schulleiterin aufzunehmen. Ich sprach am liebsten auf englisch, obwohl ich wesentlich besser in Deutsch war als Frau H. in Englisch. Ich wollte aber absichtlich nicht die Neugier der beiden Frauen stillen, die während des gesamten Gesprächs daneben standen. Sie gingen erst zurück, als ich aufgelegt hatte.

Es dauerte nicht lange, da hörte ich Gerüchte mit unangenehmen Untertönen, daß ich eine deutsche Freundin hätte. Woher wußten sie das? So schnell kann es in dieser Gegend gehen? Nur eine weibliche Stimme am Telefon bedeutet unbedingt eine Freundin? Das war mir eine sehr wichtige Erfahrung.

Ich hatte schon negative Kommentare gehört wie: »Die Schwarzafrikaner kommen durch Asyl, um die deutschen Frauen wegen des Geldes zu heiraten.« Ich sollte mehrfach von den Deutschen so etwas hören.

Am vereinbarten Tag traf ich Frau H., und wir fuhren gleich zur Volkshochschule. Als wir ankamen, war leider die Leiterin nicht im Gebäude. Die Sekräterin gab uns die Zeiten, zu denen die Leiterin im Büro sein konnte. Das war in den späteren Nachmittagsstunden.

Da ich mich einigermaßen auf deutsch verständigen konnte, nahm ich mir vor, am selben Nachmittag noch einmal allein hinzufahren.

Ich wollte Frau H. nicht beanspruchen für etwas, das ich selbst erledigen konnte. Ich wußte aber noch nicht, daß die Begleitung eines Deutschen eine Entscheidung positiv beeinflussen konnte.

Am Spätnachmittag kam ich dort an. Die Leiterin, die allein im Büro war, empfing mich. Ich erklärte mein Anliegen mit der ergänzenden Information, daß einige der Rumänen in dem beabsichtigten Kursus mit Sicherheit aufgegeben hatten.

Sie erklärte mir, daß der derzeitig laufende Intensivkursus nur für vietnamesische Anfänger vorgesehen war. Nach meinen Sprachkenntnissen schätzte sie, daß ich weit über dem Niveau des Kursus war. Das war mir jedoch egal, da sie ein anderes Buch benutzten. Da ich dies außerdem wie ein Kompliment empfand, wurde ich gesprächiger und wollte nunmehr erfahren, welche weiteren Möglichkeiten bestanden, die eben meinem Niveau entsprechen könnten. Unser Gespräch war bislang problemlos in einem ziemlich dunklen Vorzimmer ihres Büros verlaufen. Von Natur her sprach die Leiterin langsam und deutlich. Als sie mich fragte, was ich in Deutschland mache, sagte ich, daß ich Asylbewerber sei. Erstaunlich, wie Asylbewerber zu sein alles verändern konnte. Das schien sie plötzlich zu irritieren. Das langsame Sprechtempo wurde beschleunigt. Sie wurde zusehends nervös. Sie sagte mir, daß es bei ihr keinen Kursus für Asylbewerber gebe, daß dieser nur für ausländische Arbeitnehmer vorgesehen war.

Als ich die freien Plätze erwähnte, die von den Rumänen aufgegeben wurden, ging sie in ihr Büro zurück und schrieb hastig auf einen Zettel die Adresse einer Frau im Rathaus, die sich mit Fragen von Asylbewerbern befaßte. Ich sollte mich an sie wegen des vorgebrachten Anliegens wenden. Sie händigte mir den Zettel aus und bat mich, ihr Büro zu verlassen, indem sie mir sagte: »Gehen Sie bitte jetzt. Ich habe keine Zeit mehr für Sie.«

Ich fragte mich, was ich falsch gemacht hatte. Mein Fehler schien nur der »Asylbewerber« zu sein, obwohl die Rumänen, die den Kursus aufgegeben hatten, auch Asylbewerber waren. Ich bedauerte die vergebliche Mühe. Seitdem blieb ich bei meiner autodidaktischen Methode. Ich ging nicht zu der angegebenen Adresse im Rathaus. Ich sollte auch nie wieder nach einem anderen Sprachkursus streben.

Psychisch belasteten mich diese Mißerfolge sehr. Ich bemerkte bei mir Zeichen der Ermüdung und der Machtlosigkeit. Ich verlor langsam die Fähigkeit, meine Geduld weiter zu aktivieren oder sogar zu stabilisieren. Die gegebenen Möglichkeiten in meiner unmittelbaren Umgebung boten keine Abwechslung, die die erstickende Eintönigkeit hätten durchbrechen können. Ich konnte nichts mehr unternehmen, um meine Situation irgendwie zu beeinflussen. Ich steckte einfach in der Klemme. Das Windbergheim zu verlassen war längst – seit meines Fluchtversuches – eine ausgeschlossene Sache. Der einzige Ausweg für mich blieb, aus mir selbst heraus immer wieder neue Energie aufzubringen und durchzuhalten. Zum Glück konnte ich wenigstens gut schlafen.

Etwa eine Woche nach meinem telefonischen Gespräch mit Frau H. wurde ich von der Chefin aufgefordert, mich einer gesundheitlichen Untersuchung zu unterziehen. Ich verstand nicht, warum von mir plötzlich nach vier Monaten in diesem Heim eine derartige Untersuchung verlangt wurde. Eines Nachmittags fuhr sie mich mit ihrem Auto zu einer Ärztin gleich am Fuß des Windbergs. Sie stellte mich einer Krankenschwester vor und fuhr gleich wieder zurück. Die Untersuchung war offensichtlich längst vorbereitet. Die Ärztin sagte mir am Anfang mit gut artikulierter Aussprache, damit ich besser verstehe, daß das Gesundheitsamt Freital angeordnet hatte, eine medizinische Untersuchung bei mir durchzuführen. Sie fügte hinzu: »Sonst kein Asyl.«

Es begann mit den normalen kleinen Kontrollen, Blutdruck, Atemwege und kleine Untersuchungen, die gleich im Sprechzimmer durchgeführt werden konnten. Die Untersuchung wurde systematisch, aber auch mißtrauisch wie eine Vernehmung durchgeführt. Die Ärztin fragte mich, ob ich einen Knochenbruch erlitten hatte oder ob ich schon operiert worden war und anderes. Alle meine Antworten waren offen und ehrlich. Ich erklärte ihr, daß ich einen Knochenbruch am linken Arm erlitten hatte, als ich fünfzehn war. Eine Operation hatte ich noch nicht gehabt. Im Krankenhaus hatte ich auch noch nicht gelegen, obwohl ich oft Malaria gehabt hatte.

Meine offenen Antworten kamen offensichtlich nicht gut an, da ich meinen Bauch zeigen mußte. Als sie keine Narbe fand, kommentierte sie erstaunt mit einer Frage: »Ihr Blinddarm ist noch nicht entfernt worden?« Ich fragte mich, ob ein Blinddarm unbedingt entfernt werden mußte, bevor ich ruhig und leise antwortete: »Ich habe Ihnen doch schon gesagt, daß ich noch nie operiert wurde.«

Im nächsten Schritt kam sie zu meiner Wirbelsäule. Systematisch durchlief sie sie mit einer Fingerspitze vom Genick bis kurz vor das Steißbein, und immer mit Erstaunen sagte sie, indem sie meine Augen zu fixieren suchte: »Das scheint auch in Ordnung.« Je offener ich wurde, desto mißtrauischer wurde sie. Sie ging bis zu Fragen, ob ich noch Eltern hätte. Ich gab an, daß meine Eltern beide schon gestorben waren.

Was mich bei ihrem übertriebenen Mißtrauen endlich schockierte, war die Frage nach den Ursachen des Todes meiner Eltern. Auf diese Frage hätte ich mit Gegenfragen reagieren können, wenn ich gut hätte Deutsch sprechen können. Ich hätte gefragt, was die Todesursache meiner beiden Eltern mit dem Asylverfahren zu tun hätte. Ich wußte aber, daß ich alle ihre Fragen beantworten mußte, denn sie hatte mir ausdrücklich gedroht: »...sonst kein Asyl!«

Ich gab sehr entspannt und ungezwungen alles aufrichtig an. Diese Ärztin hat sogar die Todesursachen meiner Eltern erfahren. Sie schrieb alles auf, was ich sagte. Nach der gesamten Untersuchung schien sie mit meiner Gesundheit zufrieden zu sein. Nur ein Fehler wurde im Rachen entdeckt. Sie sagte mir: »Alles ist gut. Nur Ihr Rachen ist nicht in Ordnung«, indem sie eine Miene des Ekels machte. Sie gab mir Antibiotika dafür, um dringend die Krankheit zu beseitigen. Wegen meines Rachens hatte ich schon Beschwerde beim Sozialamt eingelegt. Seitdem ich am Windberg angekommen war, litt ich unter ständigen Halsschmerzen. Einmal hatte ich vom Sozialamt einen Krankenschein bekommen. Als ich nach einer kurzen Zeit mich wieder dort meldete, um über dieselben Beschwerden zu klagen, verweigerten mir die zuständigen Frauen den nächsten Krankenschein. Sie sagten mir, ich solle zum Gesundheitsamt gehen, da sie nur für Notfälle Krankenscheine ausstellen dürften. Ich erinnere mich, damals erstaunt reagiert und gefragt zu haben, wie sie einen Notfall erkennen könnten. Ich bekam die Adresse des Gesundheitsamtes und wurde gebeten, meine Beschwerde dort einzureichen. Ich ging niemals hin.

Inzwischen versuchte ich mit meinen eigenen Mitteln, die Halsschmerzen zu lindern bis zu dieser erzwungenen Untersuchung, vielleicht zwei Monate später. Die Ärztin hat meine Halsschmerzen für einen Notfall gehalten.

Für diesen Nachmittag war doch bei der Ärztin fast alles in Ordnung. Ich wurde aufgefordert, am nächsten Morgen, völlig nüchtern, in der Praxis für die Blutentnahme vorzusprechen. Ich sollte auch einige bestimmte Proben fürs Labor mitbringen.

Für den Bluttest entnahm die Laborantin so eine große Blutmenge in drei unterschiedliche Fläschchen, daß ich ihr belustigt sagte, daß ich nie zuvor soviel Blut verloren hatte wie an diesem Tag. Ich sollte anschließend an einem anderen Tag zum Röntgen ins Freitaler Krankenhaus gehen. Alles lief ohne Probleme.

Im Heim erzählte ich alles Costel und fragte ihn, ob er sich auch so einer umfassenden Untersuchung unterziehen mußte. Ich staunte nicht schlecht, als er mir versicherte, er hätte es nie getan. Er hatte auch vorher nicht von solcher Untersuchung bei den anderen Asylbewerbern gehört. Daß es von keinem anderen Asylbewerber zu dieser Zeit verlangt wurde, verstand ich nicht, warum ausgerechnet nur von mir?

Erst später gab es vergleichbare Untersuchungen bei einigen anderen Asylbewerbern und dann viel später systematisch bei allen Asylbewerbern. Als eine rumänische Familie, deren Kind von AIDS infiziert war, darüber informiert wurde, wurden meine Vermutungen bestätigt. Ich wußte, daß es sich um einen AIDS-Test bei mir handelte. Da ich keine Rückreaktion über die Ergebnisse meiner Untersuchungen bekam, verstand ich, daß ich keine ansteckende Krankheit hatte. Ich fragte mich nur schon damals, was aus mir geworden wäre, wenn ich von irgendeiner ansteckenden unheilbaren Krankheit betroffen gewesen wäre.

Obwohl die Tage im April allmählich wärmer und schöner wurden und trotz der guten Bekanntschaften durch Cabana, war dieser Monat einer der schwierigsten überhaupt. Eine unbeschreibliche Verzweiflung wurde zu meinem erzwungenen Begleiter.

Die Schwelle der fünf Monate war überschritten, seitdem ich auf dem Windberg angekommen war. Die Hoffnung, bald das Windbergheim zu verlassen, begann rapide zu sinken. Nicht nur mein Geist wurde von der unverständlichen Situation müde, sondern auch mein Körper.

Den ganzen Winter hatte ich ja nur gegessen und geschlafen. Die einzigen körperlich anstrengenden Bewegungen waren die seltenen Gelegenheiten, bei denen ich den Windberg hinunterlief, um Alberto in Freital zu besuchen. Er hatte mich dann meistens mit seinem Motorrad zurückgebracht. So sah ich machtlos zu, wie mein Bauch wuchs. Zu derselben Zeit entdeckte ich zum ersten Mal graue Haare bei mir. Dieses Phänomen erinnerte mich an einen Freund, dem die Haare innerhalb eines Monats grau wurden, weil er fälschlich geglaubt hatte, er sei von einer unheilbaren Krankheit befallen. So tief verzweifelt war ich nun auch wieder nicht. Aber die grauen Haare hatten sicherlich mit meiner schwierigen Lage zu tun. Ich war schließlich mit meinen 34 Jahren längst noch nicht im Alter der grauen Haare. Um meinen Körper und Geist einigermaßen zu entlasten, begann ich Sport zu treiben. Ich lief vormittags im Wald.

Die beste Beruhigung bekam ich jedoch von der Veränderung in der Natur. Es war sehr beeindruckend, zu sehen, wie die Natur zu leben begann. Das schöne Wetter und das lebendige Grün vermittelten ein neues Gefühl, das ich noch nicht in dieser Gegend erlebt hatte. Vögel, die ich über vier Monate lang nicht gesehen und gehört hatte, begannen plötzlich wieder zu zwitschern. Da habe ich mich an die Reaktionen von Jacques in seinen ersten Tagen in Ruanda erinnert, als er oft begeisterte Kommentare wiederholte, die ich damals kaum nachvollziehen konnte: »... so ein blauer Himmel! ... welch ein wunderschöner sonniger Tag!« Allerdings sollte er bald damit aufhören, denn in Ruanda erlebt man über dreihundert Tage im Jahr mit Sonne und kristallklarem blauem Himmel. Erst im April auf dem Windberg sollte ich seine Gefühle verstehen.

Ich erlebte und beobachtete die Entwicklung der Blätter auf den Bäumen, aber später an einem sonnigen Maitag wurde ich wirklich überrascht. Ich war auf dem Weg den Berg hinunter nach Freital. Das war mein gewohnter Weg, auf dem ich sicherlich schon jeden Stein kannte. Ich hatte ihn aber bestimmt über zwei Wochen nicht benutzt. Als ich auf einem ganz neuen Schatten-teppich wie unter einem Dach lief und keinen Durchblick hinunter ins Tal bekommen konnte, bekam ich plötzlich das Gefühl, unter einem fremden Himmel zu sein. Ja, die saftigen grünen glänzenden Blätter ließen kaum Sonnenstrahlen hindurch. Ein wunderschönes Gefühl. Seitdem fand ich Gefallen daran, stundenlang im Wald zu bleiben.

Während mir dies als psychische Erholung guttat, erlebte ich regelmäßig bei vielen Heimbewohnern Zeichen psychischer Ermü-dung und tiefer Verzweiflung. Einmal tief in der Nacht wollte ich zur Toilette gehen. Alles war ruhig im Heim, und ich dachte, alle schliefen. Als ich die Tür zum langen Korridor aufmachte, sah ich einen Mann mit gesenktem Kopf allein am Ende des Korri-dors sitzen. Ich wurde neugierig und ging auf ihn zu. Er beweg-te sich nicht, obwohl er die Geräusche der Tür und meiner Schritte gehört haben mußte. Ich dachte, er sei betrunken, da viele von uns Zuflucht im Alkohol suchten.

Als ich vor ihm stand, hob er langsam seinen Kopf und sah mich an. Es war ein Mann, der etwa zwei Monate im Heim lebte. Ich erkannte bei ihm Tränenspuren. Ich fragte ihn besorgt, warum er so spät allein im Korridor mit gesenktem Kopf und nicht im Bett war. Er erklärte mir auf deutsch, so gut er konnte, wie er seit eini-gen Tagen unter starker Hoffnungslosigkeit litt. Er konnte kaum schlafen, weil er ständig an seine zurückgelassene Familie, Frau und Kinder, dachte. Als ich ihn bat, sich wieder ins Zimmer zu begeben, ließ er mich verstehen, im Korridor ginge es ihm besser, als in seinem überfüllten Zimmer neben schlafenden Kollegen zu sitzen. Ich sah ihn noch ein paar Tage, bevor er das Heim verließ.

Ich habe aber auch bei vielen anderen Tränen am hellen Tag gesehen, die sie nicht mehr zurückhalten konnten. Meine hielt ich auch nur mit großer Mühe zurück. Zeichen wie in einem psychiatrischen Krankenhaus habe ich in diesem Heim erlebt. Mit manchen Schicksalsgenossen konnte ich mich sprachlich verständigen. Alle sprachen von ihren Frauen und Kindern. Ich konnte ihre Situation verstehen. In solchen qualvollen Momenten versuchte ich mir vorzustellen, wie es mir ergangen wäre, wenn ich Kinder und Frau zurückgelassen hätte. Ich möchte keine Spekulation darüber machen.

Wir waren alle müde. Auch Costel war müde geworden. In dieser Zeit kam es zur allerersten Auseinandersetzung zwischen ihm und mir. Nach dem gut zusammen verbrachten Winter unter diesen schlechten Bedingungen hatten wir eine nähere Beziehung aufgebaut und redeten offen über viele Themen. Seit meinem Fluchtversuch hatte ich jedoch gemerkt, daß er mir gegenüber nicht mehr dieselbe Person war wie früher.

Auf seiner Seite merkte ich aber auch, daß es ihm nicht mehr gut ging, obwohl er von Anfang an ein glückliches Ziel hatte. Er hatte zugegeben, daß er ständig unter Sehnsucht nach seinen Eltern litt. Er war schon über ein Jahr in Deutschland. Die Schritte zu seiner geplanten Hochzeit wurden immer wieder durch Bürokratie verzögert. Eines Abends kam es zu einer Diskussion über den möglichen Ausgang meiner Situation. Wir hatten uns oft darüber unterhalten, und immer wieder brachte ich zum Ausdruck, daß ich gute Aussichten hätte, in Deutschland anerkannt zu werden. Wir befanden uns in unserem Zimmer. Wir waren einigermaßen guter Laune an dem Abend.

Er hielt es für eine Lösung, daß ich meinen Namen ändern könnte, wie manche Rumänen, und so das Asylverfahren von vorne anzufangen, was mir erlauben würde, in Westdeutschland zu bleiben. Dort könnte ich arbeiten und eines Tages mit genug Geld nach

Ruanda zurückkehren. Als ich ihm erklärte, daß ich um nichts in dieser Welt meinen Namen ändern würde, gefiel ihm diese Behauptung offensichtlich nicht. Er war dabei, duschen zu gehen. Er stand auf, ging bis zur Zimmertür und sagte mir: »Ich habe schon gesehen, daß du naiv bist. Siehst du nicht, was im Fernsehen gesagt wird. Und du hoffst, daß etwas Positives für dich getan wird...«

Aus seinen Worten hörte ich Verachtung. Ich wollte ihn unterbrechen, aber er erlaubte mir keine Sekunde zu Wort zu kommen und fuhr fort: »Nein, wenn du so denkst, dann werde ich dich hier, in fünf Jahren, in diesem Zimmer und auf diesem Bett wiedertreffen.« Daraufhin verließ er das Zimmer. Eines war mir nun klar. Er hatte keine Lust mehr, mir zuzuhören. Meine Meinung war ihm plötzlich unwichtig geworden, nach fünf Monaten ohne Streit. Ich war schockiert.

Tatsächlich sollten wir von nun an nicht mehr offen miteinander reden. Er blieb noch eine kurze Zeit, in der er erhebliche Auseinandersetzungen mit den Deutschen im Heim erlebte. Eines Tages verließ er heimlich das Windbergheim wie viele andere. Ich sollte ihn einige Monate später sehen, ehe er Deutschland endgültig verließ und nach Rumänien zurückfuhr. Er hatte sich in der Zwischenzeit irgendwo in Deutschland aufgehalten und mußte unbedingt nach Freital wiederkommen, um seinen Paß zu holen. Er hat sein Ziel nicht erreicht, seine damalige deutsche Freundin zu heiraten.

Seine Bemerkung über fünf Jahre Wartezeit hat mich trotzdem geprägt. Jeder vergehende Monat hat sich allmählich einem Bruchteil seiner angegebenen Zeit genähert. Wenn ich an seine damalige Vision denke, dann kann ich froh sein, einen Menschen wie ihn kennengelernt zu haben. Die Tatsache, daß ich nach vier Jahren keine Entscheidung über mein Asylverfahren erhalten habe, was ich mir damals nicht vorstellen konnte, ist schon eine Erfüllung seiner Vision. Zwar sprach er von fünf Jahren, aber wenn er damals nur von drei Jahren gesprochen hätte, wäre ich genauso schockiert gewesen. Mein Name ist jedoch bislang unverändert geblieben. Ist das vielleicht der Grund, daß ich weiter leide?

Mit seinem Weggang waren fast alle Asylbewerber fort, die ich im vergangenen November vorgefunden hatte. Nur die bulgarische Familie, die Familie von Sylvia, war noch da. Wegen der anhaltenden Auseinandersetzungen besonders unter uns und den jungen Zivildienstleistenden im Heim begann eine private Firma ihren Wachdienst im Windbergheim. Sie löste die jungen Zivildienstleistenden für die Nachtzeit ab. Ihre Mitarbeiter sollten von nun an unsere Begleiter im Alltag sein.

Nachdem Costel fortging, wohnte ich allein im Zimmer. Ich bat die Chefin darum, allein bleiben zu dürfen, weil ich wirklich Ruhe brauchte. Sie stimmte zu. Es dauerte aber nicht lange, da kam einer, der genauso wie ich Ruhe brauchte. Ein junger Mann aus Kroatien namens Slavko war direkt aus dem Krieg gekommen. Er sollte deshalb mit mir wohnen, da mein Zimmer eine bessere Ruhe gewährleistete. Außerdem war er auch der einzige Kroate im ganzen Heim und katholisch.

So sah ich eines Vormittags einen völlig müden Mann, der unter traumatischen Erinnerungen des Krieges litt. Er war krank, nervlich am Ende. Er konnte kaum essen und schlief sehr schlecht. Die ganze Nacht hat er laut gestöhnt. In den ersten Tagen wurde er intensiv medizinisch betreut und mit Beruhigungsmitteln versorgt, so daß es ihm innerhalb einer Woche gesundheitlich besserging. Er konnte ein bißchen Deutsch sprechen, weil er vor dem Krieg in seiner Heimat als Kraftfahrer oft durch Deutschland gefahren war. Als wir reden konnten, erzählte er, daß er nicht wußte, ob seine Familie noch am Leben war. Sein Bruder war tot. Vom Rest seiner Familie hatte er keine Nachricht. Bald kamen wir gut miteinander aus und verbrachten eine gute Zeit zusammen. Es kam aber hin und wieder vor, daß gesundheitliche Probleme bei ihm auftraten.

Eines Abends erlitt er eine leichte Herzattacke in meiner Anwesenheit. Wir befanden uns im Zimmer. Ich saß am Schreibtisch, und er saß auf seinem Bett. Er war dabei, eine Scheibe Brot zu essen, während er fernsah. Plötzlich hörte ich ein dumpfes Stöhnen. Als ich mich umdrehte, sah ich, wie er sich krümmte, beide

Hände auf sein Herz pressend. Er konnte nicht mehr sprechen und schien starke Krämpfe zu haben. Ich verstand gleich, daß es möglicherweise um Herzprobleme ging. Es sah schlimm aus. »Was soll ich nun tun?« fragte ich mich, von Angst überfallen. Ich ging auf ihn zu und versuchte ihn langsam auf das Bett zu legen. Die Schnitte, die er in den Mund gesteckt hatte, konnte er weder weiter kauen noch ausspucken. Ich entfernte ohne Mühe das Brot von seinem Mund. Er war so stark verkrampft, daß die Angst in mir wuchs. Das Zimmer zu verlassen, um Hilfe zu holen, wäre sicherlich falsch, denn die käme dann vielleicht zu spät. So sah ich mich genötigt, Herzmassage durchzuführen, ohne sicher zu sein, ob ich es richtig machte. Ich hatte aber keine andere Wahl. Ich benutzte alles, was ich in der Sache Erste Hilfe zu kennen glaubte.

Zu meinem Glück begann sich Slavko nach einigen Stößen allmählich zu entspannen, bis er mir selbst sagte: »Es geht jetzt.« Das Schlimmste war vorbei. Das war eines meiner schrecklichsten Erlebnisse im Windbergheim, und die ganze Zeit, in der er mit mir wohnte, hatte ich Bedenken. Doch nichts sollte mehr passieren.

Dann kam der Monat Mai. Die beste Zeit zum wandern, und viele Wanderer kamen in das Naturschutzgebiet auf den Windberg. Durch meine Spaziergänge im Wald machte ich eine wertvolle Entdeckung, nämlich die offensichtliche Angst der Deutschen vor mir. Plötzlich vor einem Schwarzen in diesem Wald zu stehen, kam für viele Deutsche so unerwartet, daß sie ihre Angst kaum verbergen konnten, egal ob sie Kinder, Frauen oder Männer waren. In zahlreichen Fällen merkte ich, wie die Wanderer, wenn ich sie nicht überraschte, plötzlich den Weg wechselten. Bei denjenigen, die keine Ausweichmöglichkeit mehr hatten, bemerkte ich, daß sie meine Bewegungen vorsichtig beobachteten. Um ihnen zu helfen, grüßte ich schon aus angemessenem Abstand. Die meisten schienen dadurch beruhigt zu sein. Selten bin ich Menschen im Wald begegnet, die mich unverkrampft wie jeden anderen Wanderer betrachteten. Ein bißchen konnte ich das nachvollziehen, war ich doch meist allein unterwegs, und bestimmt wußten die meisten nicht, daß es in dem Wald ein Asylbewerberheim gab.

Allerdings freute ich mich, diese nützliche Erfahrung gemacht zu haben. Ich hatte ja selbst ständig Angst, besonders vor Jugendlichen. Daß nun die meisten selbst Angst vor mir hatten, gab mir ein gewisses Selbstvertrauen. Seitdem konnte ich mir ziemlich sicher im Wald längere Aufenthalte erlauben. Draußen zu sein, war zu diesem Zeitpunkt zweifellos besser, als ständig in meinem Zimmer zu bleiben.

Trotzdem, nur Spaziergänge zu unternehmen, wenn ich nicht gerade die Sprache lernte, empfand ich nicht als ausreichende Abwechslung. Ich mußte irgendeine andere Aktivität finden. So kam ich auf den Gedanken, mir Arbeit zu suchen. Slavko hatte mich dazu ermutigt, weil er erfahren hatte, es gäbe Möglichkeiten, als Helfer an Baustellen zu arbeiten.

Eines Tages gingen wir gemeinsam auf die Suche nach einer Arbeit. Zum ersten Mal meldeten wir uns beim Arbeitsamt Freital. Prinzipiell durften sich Asylbewerber beim Arbeitsamt melden, um eine Arbeitsstelle zu erhalten. Ich sprach schon ziemlich gut Deutsch und hielt es also für möglich, irgendeine Arbeit zu erhalten, wenn ich auch noch nicht fähig war, eine Arbeit entsprechend meiner Ausbildung aufzunehmen. Zu diesem Zeitpunkt war ich jedoch bereit, mit einer Handarbeit fürliebzunehmen.

Im Arbeitsamt wurden wir von Frau Menzel empfangen. Sie half uns, alle Formalitäten zu erledigen, nämlich einige wichtige Daten in den Formularen anzugeben. Da ich besser Deutsch sprach als Slavko und ihn besser verstehen konnte und umgekehrt, wurde ich zum »Dolmetscher«, Deutsch ins Deutsche. Frau Menzel stellte Fragen, die ich mit anderen Worten in gebrochenem Deutsch für Slavko wiederholte. Was er mir sagte, wiederholte ich für Frau Menzel.

Slavko war Lastwagenfahrer und Mechaniker von Beruf. Er war wie ich bereit, jede Arbeit als Bauhelfer zu leisten. Alles verlief recht gut bei Frau Menzel. Über eine Arbeitsvermittlung durfte sie aber nicht entscheiden. Herr Bartsch, ein Arbeitsvermittler, dem unsere Unterlagen übertragen wurden, durfte entscheiden. Er empfing uns gleich. Er vermied aber, uns falsche Hoffnung zu machen. Es gab keine Vermittlungsmöglichkeit für uns, da die Lage auf dem Arbeitsmarkt für Asylbewerber zu dem Zeitpunkt sehr ungünstig war.

Um als Asylbewerber eine Arbeit zu erhalten, gab es eine ganze Reihe von gesetzlichen Einschränkungen. Wenn für eine beabsichtigte Arbeitsstelle kein Deutscher oder kein Bürger der Europäischen Union oder kein anderer Ausländer mit unbefristeter Aufenthaltsgenehmigung zur Verfügung stand, dann durfte der Asylbewerber die Stelle erhalten. Wir waren also die letzten auf der Warteliste.

Es gab schon viele Arbeitslose, die auf eine Gelegenheit als Bauhelfer warteten. Herr Bartsch versprach uns aber, daß er uns eine Arbeitserlaubnis ausstellen würde, falls wir selbst eine Arbeit finden sollten. Er sprach sehr offen mit uns. Allein einen Arbeitgeber zu finden, war mir allerdings so gut wie unmöglich. Mir war nun klar, daß ich mir keine Illusionen machen durfte. Es war in meinem sechsten Monat auf dem Windberg.

In den folgenden Tagen verließ Slavko unauffällig das Windbergheim. Er hatte eine Möglichkeit, von einer großen Gemeinde seiner Landsleute in Frankfurt am Main aufgenommen zu werden, wo er sich bessere Chancen versprach, eine Arbeit zu bekommen.

Kurz nachdem Slavko fortgegangen war, kam der schreckliche Tag, den wir alle im Heim fürchteten. Tief in der Nacht hörte ich seltsame Geräusche, und dann sah ich plötzlich durch die Gardinen ein grelles Licht. Das war normalerweise die Zeit, in der ich fest schlief, aber diesmal war ich wie durch einen Zufall wach. Erschrocken sprang ich aus dem Bett wie von einer Tarantel gestochen, um zu sehen, was sich draußen abspielte. Ich war noch nicht richtig am Fenster, da erkannte ich Flammen gleich unter meinem Fenster.

»Ja, es ist nun geschehen. Das Heim brennt«, sagte ich mir. Welch ein Schreck! Ich glaubte der erste zu sein, der das Feuer gesehen hatte, und schrie schon vom Zimmer aus so laut ich konnte, damit die anderen mich hören konnten: »Feuer...Feuer...«, während ich das Zimmer in Richtung Korridor verließ. Wenn die Flammen nicht unter meinem Fenster gewesen wären, wäre ich bestimmt durch das Fenster hinuntergesprungen.

Im Korridor traf ich einige meiner Kollegen. Manche waren schon unten im Erdgeschoß und hatten die Feuerlöscher in der Hand. Es war in dieser Nacht nur ein neuer und sehr junger Wachmann da, der die Löscharbeit begonnen hatte, die eine sehr kurze Zeit dauerte.

Trotzdem war die Holztür beschädigt. Unbekannte hatten Benzin an die Haustür gegossen und angezündet. Die herbeigeeilte Polizei konnte keine Spur der Täter finden. Die späteren Ermittlungen, in denen ich selbst meine Aussagen gemacht habe, blieben ebenso erfolglos. Jedenfalls sollte ich nicht erfahren, was in dieser Nacht wirklich passiert ist. Die Angst, Opfer von Flammen zu werden, wurde immer größer, obwohl die Sicherheitsvorkehrungen nach dem Anschlag konsequent verschärft wurden.

Der Wachdienst sorgte für eine wirksamere Sicherheit gegenüber eventuellen Überfällen von außen, jedoch nicht für die interne Sicherheit unter uns, denn es gab immer wieder schwierige Situationen. Eine hätte sogar mit dem Schlimmsten enden können.

Es waren im Laufe der Zeit rivalisierende Gruppen unter den Rumänen entstanden, die das Leben im Heim schwierig machten. Es wohnte seit einigen Monaten ein Rumäne, George, um die fünfzig Jahre alt, im Heim. Er hatte sich einen gebrauchten Wagen zugelegt. Zu der Zeit hatte er seinen Asylantrag zurückgezogen und bereitete sich darauf vor, mit seinem Wagen nach Rumänien zurückzufahren. Er hatte eine Menge unterschiedlicher Gegenstände für seine kinderreiche Familie gekauft oder beim Roten Kreuz geholt. Einige Tage vor seiner Abreise wurde eine Scheibe seines Autos vorsätzlich von einem jungen Mann der Gegnergruppe zerschlagen. Dies geschah, wie ich später erfuhr, während George in seinem Auto saß. Eine ungeheure Provokation also. Der Täter, der in derselben Nacht nach Rumänien fahren wollte, verpaßte den Zug und mußte bis zum nächsten Tag warten. Da er schon die vergangene Nacht auf dem Dresdener Hauptbahnhof verbracht und nicht geschlafen hatte, wollte er nicht bis zum nächsten Zug dort bleiben, der erst am nächsten Morgen um drei Uhr abfahren sollte. So kam er gezwungenermaßen zurück ins Heim, weil er schlafen wollte.

Als er zu Mittag im Heim ankam, war George zum Glück nicht da. Der junge Mann bat mich, in meinem Zimmer schlafen zu können, indem er mir sagte: »Nur in deinem Zimmer kann ich ruhig schlafen, da ich in den anderen Zimmern große Schwierigkeiten bekommen würde, sobald George zurückkommt«, und dann erklärte er mir aufrichtig, was er angerichtet hatte. Da ich aber zur Schule gehen mußte, vereinbarten wir, daß ich ihn im Zimmer allein lassen würde. Er legte sich schlafen.

Als ich am Abend zurückkam, herrschte Angst im Heim. George war zurückgekommen und hatte erfahren, daß sein Feind bei mir schlief. Die Tür zwischen meinem Zimmer und dem Büro der Chefin war von George stark beschädigt worden, wobei es ihm nicht gelungen war, die Tür zu öffnen. Seitdem saß er am Ende des Korridors, hatte ständig die Tür im Auge und wartete. Er hatte eine Flasche Schnaps und einen großen Holzknüppel bei sich und hatte geschworen, den jungen Mann zu töten.

Als er mich sah, sagte er mir etwas wie: »Der Mann in deinem Zimmer wird nicht überleben.« George konnte kaum Deutsch, aber ich verstand Worte wie: »Mann...kaputt...« indem er mir seinen Holzknüppel zeigte. So bitterböse hatte ich ihn noch nicht gesehen, obwohl es schon einige unangenehme Szenen gegeben hatte. Zu meinem Glück bemerkte ich bei ihm kein Anzeichen von Haß mir gegenüber, obwohl ich mich indirekt in seine Angelegenheit eingemischt hatte. Ich besprach alles mit dem jungen Mann und bat ihn, im Zimmer zu bleiben. Als Mitarbeiter des Wachdienstes später kamen, verständigten sie die Polizei. Inzwischen saß ich eine Zeitlang bei George, um ihn abzulenken.

Die ganze Nacht saß er im Korridor, bis die Polizei den jungen Mann um zwei Uhr abholte und zum Bahnhof fuhr. Nur durch den Einsatz der Polizei konnte diese Auseinandersetzung einen glücklichen Ausgang nehmen.

All dies drückte immer mehr auf meine Psyche, und jeden Tag wartete ich auf eine mögliche Änderung meiner Situation. Doch jeder neue Tag war eine Stufe hinunter in die Ungewißheit. Außerdem hatte ich ein zusätzliches Problem.

Jeder Asylbewerber bekam einige Tage nach dem Asylantrag aus dem Bundesamt für die Anerkennung ausländischer Flüchtlinge in Zirndorf eine Bearbeitungsnummer für das Asylverfahren. Das war zumindest eine Bestätigung, daß der Asylantrag eingegangen war. Meine Bearbeitungsnummer hatte ich bislang noch nicht erhalten, was mich seit langem beunruhigte. Alle anderen Kollegen bekamen ihre Bearbeitungsnummer innerhalb eines Monats. Ich hatte deshalb schon geschrieben, ohne Antwort. Ich fürchtete also, daß meine Unterlagen möglicherweise nicht am richtigen Platz waren.

Jeden Samstag ging ich zu Cabana, aber das war auch keine Beruhigung. Es wurde mir allmählich bewußt, daß ich irgendwie Schäden für die Zukunft aus diesen Lebensumständen davontragen würde, wenn sich meine Situation nicht bald ändern würde. Die Folgen konnte ich nicht selbst einschätzen. Nur konnte ich spüren, wie meine Nerven allmählich immer mehr strapaziert wurden. Ich sah zu, wie ich in einen apathischen Zustand versank. An manchen Tagen war ich so fertig, daß ich in meinem Zimmer saß wie gelähmt. Ich wollte nicht lesen, nicht fernsehen, nicht spazierengehen, aber noch beängstigender war die Tatsache, daß ich nicht schlafen konnte.

Solche Krisen erlebte ich mindestens einmal im Monat; sie wurden immer häufiger. Ich hatte das Gefühl zu ertrinken, und keiner war da, mich zu retten. Es war dringend geboten, zu handeln. Eine rettende Lösung wäre, eine Arbeit zu erhalten, irgendeine Beschäftigung, zu der ich mich verpflichtet fühlen würde.

Bei meinem nächsten Treffen in Cabana gab ich zu verstehen, daß ich eine Arbeit suchte. Nach meinen Prinzipien wollte ich keine Schwarzarbeit annehmen. Solche Möglichkeiten gab es freilich genug. Aufgrund der gesetzlichen Einschränkungen wollte mir keiner in Cabana falsche Hoffnungen machen. Eine legale Arbeit für mich war zu dem Zeitpunkt kaum denkbar. Zwei Menschen versprachen mir, sich nach Möglichkeiten zu erkundigen, unter anderem sollte Frau H. in ihrer Kirchgemeinde fragen, ob es eine freie Stelle auf dem Bau gäbe. Ihre Gemeinde war dabei, ihr Kirchengebäude zu sanieren.

Am nächsten Samstag meldete sich Frau H. mit einer abschlägigen Antwort. Sie teilte mir jedoch gleich mit, daß es eine Möglichkeit gäbe, als Friedhofsmitarbeiter eine Stelle zu bekommen. Solch eine Arbeit war von den Deutschen weniger begehrt. Am Anfang kam mir dieser Vorschlag wie ein Scherz vor, weil diese Art der Arbeit in meiner Heimat nicht zu finden war. Dies hängt sicherlich mit den Sitten und Bräuchen zusammen. Wenn in Ruanda jemand auf dem Lande stirbt, sammeln sich die Männer in der Nachbarschaft und helfen beim Grabschaufeln. Das nennt man »Gutabara«, was so viel wie »Nothilfe leisten« bedeutet. Danach sitzt man und trinkt zusammen Bananenwein, der von der betroffenen Familie angeboten wird. Keiner darf Geld für diese Arbeit bekommen. In den Städten gibt es Tagelöhner dafür, die eigentlich auf jegliche Handarbeit warten. Auf jeden Fall kann kein Ruander stolz sein, sein Leben als Totengräber zu unterhalten. All dies saß tief in mir.

Darüber hinaus konnte ich mir aufgrund meiner Ausbildung kaum vorstellen, daß ich die erforderliche psychische Energie aufbringen würde, um diese Arbeit zu leisten. Sie war keine gute Lösung meiner ohnehin schon bedrückenden Lebensumstände. Ich entschied mich, mir die Sache eine Woche lang zu überlegen. Ich brauchte großen Mut dazu, den ich bald zu haben glaubte. Meine Devise wurde: »Wer nicht ums eigene Überleben kämpft, ist selbst schuld.«

Nur wußte ich nicht richtig, ob mein Körper eine solch schwere Arbeit durchstehen würde. Wenn ich mich auch gesund fühlte, hatte ich noch nicht schwere Handarbeit in meinem Leben geleistet.

An einem schönen Maitag, als ich im Wald spazierenging, machte ich mir selbst Mut und sprach ruhig, aber laut, während ich meine Arme hochhob und sie von den Fingern bis zu den Schultern betrachtete: »Ihr beide, lange und starke Arme, wenn mir eine Arbeit auf dem Friedhof gegeben wird, könnt ihr diese Arbeit gut leisten? Werdet ihr mich nicht im Stich lassen?«

Ich hörte meine Stimme ersticken, bevor ich meinen Monolog beendet hatte. Meine Kehle drückte sich zusammen, als erdrosselte mich eine starke Hand. Allerdings bekam ich keine Antwort auf meine Frage. Und doch bekam ich eine, denn mit diesem Ritual war ich endgültig entschlossen, diese Arbeit auf dem Friedhof anzunehmen. Jedenfalls entschied ich mich, es vorerst zu probieren. Wenn es sich als geistig belastender denn erholsam erweisen würde, dann durfte ich gleich aufhören.

Am nächsten Samstag bat ich Frau H., bei ihrer Kirchgemeinde für mich nach dieser Arbeit zu fragen. Ich bekam bald eine Antwort.

Sie bat mich, eine Bewerbung dafür abzufassen. Die Adresse lautete: Evangelische Kirchgemeinde Leubnitz-Neuostra in Dresden. Ich hatte durch Cabana einen Deutschen, Stefan, kennengelernt, der mir half, die Bewerbung vorzubereiten, eigentlich ein Aufschrei nach Hilfe, denn ich beschrieb kurz darin meine schwierige Lage. Ein Wachmann, Thomas K., half mir, sie auf Schreibmaschine zu schreiben. Dann schickte ich sie unverzüglich ab.

Thomas war ein offener junger Mann. Wir verstanden uns gut. Seine deutliche Sprechweise führte auch dazu, daß ich mich gern mit ihm unterhielt. Das war eine gute Sprachübung für mich.

In der Zwischenzeit kam Stefan einmal ins Heim zu Besuch. Wir unterhielten uns lange in meinem Zimmer, bis kurz vor 22 Uhr. Dann begleitete ich ihn. Er war von Dresden mit dem Bus und dann zu Fuß gekommen. Unterwegs zur Haltestelle beobachtete ich zwei junge Männer, die auf einem Motorrad hin und her fuhren. Es war schon leichte Dämmerung. An der Haltestelle unterhielten wir uns weiter, bis der Bus kam. Die beiden jungen Männer waren etwa zweimal hin und zurück vorbeigefahren.

Auf dem Rückweg beobachtete ich dieselben Bewegungen des Motorrades, bis ich am Rande des Waldes war. Ich machte mir Gedanken über diese seltsamen Fahrten. Ich hätte gleich die Waldpfade benutzen können, aber da es nun dunkel geworden war, entschied ich mich, auf der Hauptstraße zu bleiben und dann auf dem Waldweg weiterzulaufen. Dieser Waldweg war stellenweise beleuchtet und daher bequemer und grundsätzlich sicherer, als auf engen Pfaden zu laufen. Auf diesem Wegabschnitt sah ich wieder die jungen Männer in die Gegenrichtung fahren. Ich war nun hundert Meter von der Kreuzung mit dem Waldweg entfernt, da kamen sie schnell wieder zurück und fuhren in meine Richtung an mir vorbei. Ohnehin immer auf der Hut, paßte ich diesmal richtig auf. Zu diesem Zeitpunkt war keine andere Bewegung zu beobachten. Statt weiterzufahren, hielten sie an der Kreuzung und stellten den Motor ab. Ich konnte sie nicht sehen, aber ich konnte sehr gut hören. Ich entschied mich vorsorglich, gleich durch den Wald zu laufen. Ich kannte sehr gut diesen Teil des Waldes, so daß ich trotz der Dunkelheit sicher war, mich darin zurechtfinden zu können. Da die Büsche am Rande der Straße wie eine Hecke dicht nebeneinander standen, in der es keine Bresche gab, war ich gezwungen, ein paar Meter zurückzulaufen, um die nächste Bresche hinter mir zu benutzen. Ich wollte schnell handeln, aber es war fast zu spät. Die Jagd hatte längst begonnen.

Die beiden jungen Männer beobachteten mich und verstanden sicherlich, daß ich ihren Plan entdeckt hatte. Statt hinter mir auf der Straße zu laufen, gingen sie in den Wald, um mir den Weg zum Heim zu versperren. Sie wußten wohl, daß ich im Windbergheim wohnte. Ich geriet in den Wald und lief auf einem Pfad, während sie mitten im Wald liefen. Schnelligkeit war geboten. Ich konnte jede Bewegung durch brechende Äste auf dem Boden hören. Wir liefen so parallel etwa hundert Meter. Als sie später meine Bewegung auf dieselbe Weise hörten und feststellten, daß sie mich nicht mehr erreichen konnten, begannen sie, mich laut zu beschimpfen. Ich hatte schon einen ausreichenden Vorsprung, da hörte ich sie in etwa siebzig Meter Entfernung. Ich lief schnell weiter, bis ich das Licht des Heimes erblickte. Ich war etwa achthundert Meter in der Dunkelheit gelaufen. Die Angst packte mich erst, als ich wieder in meinem Zimmer war. Was hätten diese beiden jungen Männer gemacht?

Von nun an bangte ich echt um mein Leben. Das war der zweite gescheiterte Überfall, und dies war ein ernster Fall. Ich war selten in der Dunkelheit durch den Wald gelaufen. So kam ich zu der Feststellung, daß es Leute in der Umgebung gab, die auf jede Gelegenheit lauerten, um mich anzugreifen. Ich war erkennbar, weil ich weiterhin der einzige Schwarze im Windbergheim war. Mein mit Mühe erworbenes Selbstvertrauen wurde wieder in Frage gestellt. Von nun an konnte ich mich allein im Wald nicht mehr frei fühlen.

In dieser verzweifelten Situation kam zu meinem Glück die Einladung zum Vorstellungsgespräch. Meine Bewerbung war berücksichtigt worden.

Unter einem heiteren Himmel Ende Mai gingen wir, Frau H. und ich, dorthin. Ich sollte mit Pfarrer Höppner über meine Bewerbung reden. Als wir dort ankamen, war er nicht da. Er sollte aber bald kommen. In dieser Wartezeit kam Pfarrer Naumann, der zwar nicht direkt mit der Personalfrage zu tun hatte, der aber Pfarramtsleiter war. Frau H. erzählte kurz, worum es ging. Ich hörte mit Freude Pfarrer Naumann sagen: »Ja, er ist kräftig. Es sollte eine Möglichkeit bestehen.« Wie schön war es für mich, seinen Kommentar zu hören. Was nie in meinem Leben direkt nützlich gewesen war, nämlich mein massives kräftiges Aussehen, sollte nun zum ersten Mal entscheidend sein. Eins ist so gut wie sicher: Wenn ich nicht kräftig ausgesehen hätte, hätte ich mich sicherlich mit einem abschlägigen Bescheid begnügen müssen. Ich fürchtete sehr, diese Gelegenheit zu verpassen, denn es wäre bestimmt mein Untergang gewesen.

Nach etwa einer halben Stunde kam Pfarrer Höppner. Der Hausmeister der Kirchgemeinde beteiligte sich auch am Gespräch.

Die vorläufig positive Zusage fiel: Es gab zwar eine freie Stelle auf dem Friedhof, doch die Leubnitzer Gemeinde sollte zunächst mit der evangelischen Landeskirche meine Bewerbung wegen der Finanzierung besprechen. Ich war vorläufig beruhigt. Pfarrer Höppner bat Frau H., eine Woche später telefonisch nach der endgültigen Entscheidung zu fragen. Nach einer Woche rief sie an. Die Landeskirche hatte positiv entschieden.

In den nächsten Tagen wurde mir das Datum mitgeteilt, an dem ich die Arbeit beginnen sollte. Es war am 15. Juni. Vorher mußte ich mich noch um eine Arbeitserlaubnis kümmern. Pfarrer Höppner gab mir ein Schreiben, das ich beim Arbeitsamt vorlegen mußte. Da ich keine Ahnung von gesetzlichen Bestimmungen hatte, dachte ich mir, die Arbeitserlaubnis sollte beim Arbeitsamt Freital beantragt werden. Ich hatte das Versprechen von Herrn Bartsch nicht vergessen und hoffte, von ihm ohne Schwierigkeiten eine Arbeitserlaubnis zu bekommen.

Als ich mit dem Dokument vor Herrn Bartsch erschien, wurde ich von ihm enttäuscht. Er hatte schon die Formulare auszufüllen begonnen, da hörte ich plötzlich:»Herr Mazimpaka, ich muß Sie enttäuschen. Ich kann Ihnen keine Arbeitserlaubnis ausstellen, weil ihr Arbeitgeber in Dresden angesiedelt ist. Sie müssen im Arbeitsamt Dresden die Erlaubnis beantragen.« Ich fragte ihn, ob er mir helfen könne. Er könne nichts beeinflussen, sagte er mir. Pfarrer Höppner gab mir einen korrigierten Antrag, den ich beim Arbeitsamt Dresden vorlegte.

Nach vielen umständlichen Vorbereitungen, Formulare ausfüllen, vom Arbeitgeber unterschreiben lassen und dann wieder beim Arbeitsamt abgeben, bekam ich vom Arbeitsamt eine Aufforderung zur Geduld. Ich mußte noch warten. Die Anträge auf Arbeitserlaubnis für Ausländer mußten in einer bestimmten Zeit geprüft werden, um eben zu sehen, ob kein Deutscher zur Verfügung stünde. Dies führte dazu, daß ich nicht mehr meine Arbeit am 15. Juni beginnen konnte. Außerdem sagte mir die zuständige Beamtin, daß ich mit einem negativen Bescheid rechnen sollte.

Mein erster Arbeitstag sollte zufälligerweise mit einem Betriebsausflug der Leubnitzer Gemeinde zusammenfallen, an dem ich
auch teilnehmen durfte. Pfarrer Höppner hatte mir sogar erklärt,
daß der Ausflug ins Erzgebirge führen sollte. Ich war äußerst
begeistert, mit einem angenehmen Erlebnis meine Arbeit anfangen zu dürfen. Als ich merkte, daß ich die Erlaubnis nicht rechtzeitig bekommen würde, ging ich nur deshalb zum Pfarramt, um
zu fragen, ob ich trotzdem beim Betriebsausflug dabei sein könne.
Dies war nicht möglich. Leider bekam ich ausgerechnet die Arbeitserlaubnis erst am 15. Juni nachmittags. Es war zu spät für den
Ausflug. Ich war jedoch glücklich, meine Arbeit auf dem Friedhof bald beginnen zu können.

ARBEIT AUF DEM FRIEDHOF

Am Mittwoch, dem 17. Juni 1992, um 7 Uhr begann ich die Arbeit auf dem Leubnitzer Friedhof. Ein großer Tag in meinem Leben. Ich hatte schon drei solche Tage bei anderen erwünschten Arbeitsstellen hinter mir, aber keiner dieser Tage hatte eine derartig erlösende Wirkung wie an diesem 17. Juni.

Mein Chef war Herr Berger. Eine Kollegin und zwei andere Kollegen waren noch auf dem Friedhof beschäftigt: Holger, ein junger Mann um die zwanzig, Bernd, der fast vierzig war, und Frau Thiele. Um 7 Uhr begannen wir mit gegenseitigem Vorstellen und Herr Berger erklärte mir meine künftige Arbeit. Der Leubnitzer Friedhof ist ein riesiges Gelände, etwa drei Hektar, das sich an einem Hang mit leichtem Gefälle befindet. Auf dem Gipfelpunkt dieses Geländes steht die im Mittelalter erbaute Leubnitzer Kirche. Wegen der Sanierung war zu diesem Zeitpunkt die Kirche eingerüstet. Das Dach war schon fertig, aber man war noch dabei, eine der Außenwände zu streichen. Der Mann, der diese Malerarbeit verrichtete, war für uns wie ein Kollege, denn wir sahen uns oft. Von der Kirche aus sah der Friedhof darunter wie ein schöner großer Garten aus, in dem viele Baumarten vertreten waren, von riesigen Eichen über die Buchen bis hin zu Nadelbäumen. Viele Gräber waren mit Blumen geschmückt. Weit unten, außerhalb des Friedhofs befindet sich die Pfarramtskanzlei der Gemeinde Leubnitz-Neuostra.

Am ersten Tag sollte ich gemeinsam mit Holger einen Schacht für eine Grundmauer auf dem Friedhof graben. Holger zeigte sich von Anfang an freundlich und gab sich Mühe, sehr langsam und deutlich zu sprechen, damit er mich besser verstehen konnte. An diesem ersten Tag lernte ich von ihm die Namen unterschiedlicher Werkzeuge auf deutsch. Wir machten uns fleißig an die Arbeit. Der Tag war schön, aber sehr heiß. Übrigens wurde der Sommer 1992 zu einem der heißesten Sommer dieses Jahrhunderts erklärt. Trotz meiner Herkunft aus der tropischen Gegend habe ich genauso darunter gelitten wie die Deutschen.

Zum Glück arbeitete ich nur fünf Stunden am Tag. So war es in meinem Arbeitsvertrag vereinbart. Intern war entschieden worden, ich sollte vormittags von sieben bis zwölf Uhr arbeiten. So konnte ich der Hitze zum Teil entgehen, die nachmittags am stärksten war.

An diesem Vormittag verlief alles sehr gut. Nur kurz nach dem Frühstück erreichten wir eine Lehmschicht, die die Arbeit zäher machte. Wegen der gnadenlos prasselnden Sonne und besonders durch den Mangel an Übung wurde die Arbeit für mich sehr schwierig. Aller zehn Schläge wurde mir so schwindlig, daß ich mir gewünscht hätte, mich eine Weile zu setzen. Ich begnügte mich mit einer kleinen Erholungspause, indem ich mich an meinen Kreuzhackenstiel stützte und wartete.

Ich stand hinter Holger in dem engen Schacht. Jedesmal, wenn er meine Schläge nicht mehr hörte, drehte er sich um, sah mich an und lächelte. Hatte er gemerkt, daß es mir schlecht ging? Jedenfalls hat er mir an dem Tag und auch später nichts darüber gesagt. Meine Schwäche habe ich, so gut ich konnte, vertuscht, denn ich wollte nicht am ersten Tag den Eindruck erwecken, ich sei für die Arbeit nicht geeignet. Das war eine Prüfung, die ich unbedingt bestehen mußte, wenn ich meine Arbeitsstelle nicht verlieren wollte. Zwischendurch kam Herr Berger und arbeitete mit uns. Er unterhielt sich mit Holger. Damals konnte ich noch nicht alles verstehen, was Herr Berger sagte, wenn er sich mit den anderen Kollegen unterhielt. Nur wenn er sich direkt an mich wandte, konnte ich ihn verstehen, weil er dann langsam sprach.

An diesem Tag wollte er viel über mich erfahren. Es kam zu vielen Fragen über meine Heimat. Einmal stellte er die Frage, ob Ruanda ein armes Land wäre. Ich sagte ihm, das Land sei eines der ärmsten Länder der Welt.

Schon bald erschienen Wasserbläschen in meiner Hand, die die Arbeit noch unangenehmer machten. Ich hatte keine Handschuhe an. Ich versuchte, langsamer zu arbeiten bis zum Mittag. Der erste Tag war erfolgreich bestanden.

Am nächsten Tag setzten wir die Arbeit fort und beendeten sie, wobei ich keine Schwierigkeiten wie am Vortag mehr gehabt hatte. Von da an sollte ich keine weiteren Anpassungsprobleme mehr haben. Nachdem wir die Schachtgrabung beendet hatten, bekamen wir eine neue Aufgabe. Es stand schon lange ein Haufen abgeräumter alter Grabsteine auf dem Friedhof, die abtransportiert werden sollten. Ein Container war schon dafür bestellt worden. Mit Holger sollte ich ihn beladen. Da manche Steine sehr schwer waren, benutzten wir eine Sackkarre für den Transport vom Haufen bis zum Container. Beim Aufladen mußten wir uns dann gegenseitig helfen. Einmal paßte ich nicht richtig auf, und einer meiner Finger wurde von einem schweren Stein eingeklemmt. Zum Glück wurde nur der Nagel erwischt, der ein paar Monate später von einem neuen allmählich ersetzt wurde. Das war der erste kleine Unfall, der mich lehrte, besser aufzupassen und somit, wie man richtig mit Steinen umzugehen hat. Wir kamen mit dieser Arbeit sehr gut zurecht. Zu Mittag hatten wir den Container voll, der etwa acht Tonnen wog. Ich freute mich, als Holger mir sagte: »Für einen Container haben wir immer zu zweit zwei Tage gebraucht. Nun haben wir es an einem Vormittag geschafft! Herr Berger wird bestimmt mit unserer Arbeit zufrieden sein.«, und er hob lachend seine Hand, auf die ich als Zeichen unseres Erfolges klatschte. Das war ermutigend. Seitdem wußte ich, daß ich mich nicht mehr zu fürchten brauchte. Es war wie eine Anerkennung, daß ich diese Arbeit gut bewältigen konnte.

Mir gefiel, daß es auf dem Friedhof immer etwas zu tun gab. Es standen in jedem Friedhofsabteil Abfallkübel, die zu dieser Sommerzeit ständig voll waren. Sie mußten geleert werden. Meine regelmäßige Arbeit bestand in den folgenden Tagen darin, diese Abfälle mit der Schubkarre zum Kompostplatz zu fahren.

In der folgenden Woche wurde ich aufgefordert, mich bei anderen Mitarbeitern der Gemeinde vorzustellen. Mittwochs fand immer die Dienstbesprechung der Abteilungsleiter statt. Alle neuen Angestellten wurden jeweils gebeten, sich während so einer Sitzung vorzustellen. Diese Vorstellung lief für mich recht gut.

Einige Tage später, als ich zur Arbeit kam, saß ein kräftiger Mann, etwas über dreißig, in unserem Häuschen mit Bernd zusammen. Er hatte sich schon umgezogen, so daß er sich mit freiem Oberkörper nur mit einer Kniehose bekleidet mit Bernd unterhielt. Ich war sehr überrascht, da es sich eigentlich in unserem Häuschen, in dem wir uns umzogen und unsere Pausen machten, keine fremde Person so bequem machen durfte. Herr Berger achtete sehr streng darauf, aber er war selbst an diesem Morgen noch nicht angekommen. Doch der Mann, der Tilo hieß, war ein neuer Mitarbeiter. Er wurde durch das Arbeitsamt im Rahmen einer Arbeitsbeschaffungsmaßnahme, kurz ABM, für ein Jahr dem Leubnitzer Friedhof zugewiesen.

Am Tag zuvor hatte ich noch nichts von einem neuen Mitarbeiter gehört. Ich zog mich um und nahm an der Unterhaltung teil. Obwohl Tilo mich offen ansprach, blieb ich trotzdem zurückhaltend, denn ich hatte viele schlechte Erfahrungen mit den Deutschen gemacht, so daß ich jede neue Beziehung nur mit mißtrauischer Vorsicht begann. Ich dachte mir: »Ich werde diesen Mann nicht überleben. Nur Gott weiß, ob ich mit ihm gut auskommen werde.«

In den folgenden Tagen begannen wir eine besondere Aufgabe. Alte Gräber sollten eingeebnet werden. Herr Berger zeigte uns die verfallenen Gräber, deren Grabsteine abgeräumt werden mußten. Wir sollten die meist einbetonierten Einfassungen und Sockel ausgraben. Alle schweren und langen Steine mußten dann zerklopft und an einer Stelle aufgehäuft werden, um das bevorstehende Aufladen in den Container zu ermöglichen. Nach bestimmten zeitlichen Abständen wurde dann ein Container bestellt, den wir beluden. Diese Arbeit dauerte den ganzen Sommer und gefiel mir besser, als mit der Schubkarre Abfälle zu fahren. Zu dritt haben wir bestimmt in drei Monaten über zehn Container beladen. Nur wenn es eine Beerdigung gab, halfen wir Bernd, der immer die neuen Gräber vorbereitete, das Grab zuzumachen.

Durch diese gemeinsame Arbeit entwickelte sich eine gute Beziehung zwischen Holger, Tilo und mir. In den Pausen habe ich durch sie mein Deutsch verbessert. Jeden Tag habe ich mindestens zehn Wörter von ihnen gelernt. Das war für mich die beste Gelegenheit, die Sprache zu lernen. Mit Büchern hatte ich zwar einen beträchtlichen Fortschritt beim Hören und Lesen gemacht, aber ich konnte noch nicht gut sprechen. Mit den Kollegen, besonders mit Tilo, konnte ich freier üben. Tilo war immer bereit, mich zu korrigieren. Manchmal, um mir wirksam zu helfen, benutzte er sogar ungewöhnliches Lehrmaterial, nämlich Boden und Steine. So kam es oft vor, daß ein Bild gemalt wurde oder Steinstücke in einer bestimmten Ordnung gestellt wurden, damit ich etwas besser begriff. Ich war von seiner Hilfe begeistert, so daß ich schon bald nicht mehr bedauerte, den intensiven Kursus in der Volkshochschule verpaßt zu haben. Ich war nur zu neugierig und stellte Tilo ständig Fragen, daß er manchmal sagte: »Ach du, ich kann nicht mehr. Laß mich nun eine rauchen.«

Durch meine Kollegen lernte ich schnell die Sprache, wie es mir sonst allein nicht gelungen wäre. So war ich sehr froh, daß diese Arbeit auf dem Friedhof mir in vieler Hinsicht nützlich war.

Ende Juni wurde eine ökumenische Feier in der Gemeinde Leubnitz-Neuostra veranstaltet, die Johannisfeier, zu der ich eingeladen wurde. Mitglieder der katholischen Gemeinde Strehlen, die nächste katholische Kirche überhaupt, waren dabei. Nach dem Gottesdienst stellte mir Pfarrer Naumann den Pfarrer der katholischen Gemeinde Strehlen, Pfarrer Kuczera, vor. So kam ich zum ersten Mal mit einer katholischen Gemeinde in der Gegend in Kontakt. Pfarrer Kuczera gab mir die Adresse der katholischen Kirche in Freital, die ich bald besuchte. Sie befand sich unweit vom Heim, gleich am Fuß des Windberges. Während dieser Feier lernte ich noch viele andere Menschen kennen. Ein Vertreter einer kirchlichen Behörde, die einige Ausländer, meist Mozambikaner, unterstützte, war auch dabei. Ich wurde ihm vorgestellt. Bei unserer Unterhaltung zählte er alle seine Titel und Aufgaben auf, so daß ich mir etwas leichtgläubig dachte: »Jetzt habe ich bestimmt den richtigen Menschen getroffen, der mir in meiner schwierigen Situation helfen kann!« Eine bessere Bekanntschaft konnte ich mir zu dem Zeitpunkt nicht wünschen. Wir redeten auf englisch über seine Arbeit, seinen Besuch in Tanzania. Wir hatten uns gut unterhalten, da kam Herr Berger auf uns zu und beteiligte sich an der Unterhaltung. Er redete mit dem Mann.

Der Mann stellte Herrn Berger voller Neugier Fragen über meine Arbeit, indem er wissen wollte, ob ich schon ein Grab geschaufelt hatte. Herr Berger gab an, ich hätte im Moment noch kein Grab vorbereitet, aber ich würde es in Zukunft tun. Da wurde der Mann skeptisch. Ich hatte ihm gesagt, daß ich Betriebswirtschaft studiert hätte. Aber es fielen bald Fragen wie Hagel mit mißtrauischen Untertönen. Er fragte mich, ob ich ein Abschlußzeugnis meines Studiums hätte und ob ich legal in die Bundesrepublik Deutschland eingereist sei. Für viele seiner Fragen fand ich eine passende Antwort. Nur seine letzte Frage konnte ich nicht beantworten, da er sich vergewissern wollte, ob ich kein Wirtschaftsflüchtling sei. Immerhin hatte er für sich eine Antwort gefunden, denn gleich darauf schien er plötzlich kein Interesse mehr zu haben, sich weiter mit mir zu unterhalten. Er verließ mich, indem er mir die Hand reichte und zurückzog, bevor ich sie erreicht hatte und noch wieder streckte und zurückzog, als ob es sich um ein Spiel handelte, bis ich sie vielleicht zum dritten Mal endlich erreichte.

Ein paar Wochen später anläßlich der Woche ausländischer Mitbürger in Deutschland fanden viele Veranstaltungen in Dresden statt. Dort traf ich zufällig denselben Mann im Dresdner Rathaus. Als ich ihn begrüßte, gab er mir die Hand, bevor er mich erkannt hatte, so nahm ich an. Denn sobald er mich hinter seiner starken Brille erkannte, zog er hastig seine Hand zurück und lief schnell von mir weg, als fliehe er vor einer Gefahr. Ich hatte seine Haltung schon in Leubnitz bemerkt und wollte mich nur vergewissern, ob ich ihn damals vielleicht falsch verstanden hätte.

Ich wußte, was die Arbeit auf dem Friedhof bedeutete, und solche Reaktionen waren für mich keine Überraschung. Schon längst vorher hatte ich durch meine Hautfarbe und dann durch meinen Asylbewerberstatus viel Verachtung zu spüren bekommen. Nun hatte ich alle Bedingungen erfüllt, um als letzter in dieser Gesellschaft behandelt zu werden. In dem Moment, in dem ich die Arbeit auf dem Friedhof angenommen hatte, war ich schon darauf vorbereitet, solche Reaktionen zu akzeptieren.

Zu meinem Glück ging es hingegen positiv voran in meiner Beziehung zu Pfarrer Kuczera. In der folgenden Woche feierte er zufälligerweise sein fünfundzwanzigjähriges Priesterjubiläum. Ich wurde eingeladen. In der Kirche nach dem Gottesdienst kündigte er mich in der Gemeinde an. So war es üblich, neu Angekommene anzukündigen. Nachher bat er mich, auch an den für den Tag vorgesehenen Veranstaltungen teilzunehmen. Es war das erste Mal, daß ich richtig in Kontakt mit einer großen Gruppe von Deutschen kam, was eine große Freude für mich war. Alles verlief zu meiner Zufriedenheit, wenn ich auch einige böse Blicke gespürt, ja sogar böse Worte gehört habe. Es schien mir so merkwürdig, als ob es sich nicht vermeiden ließe. Im allgemeinen war aber alles in Ordnung.

Da Pfarrer Kuczera nach dieser Feier Urlaub nehmen wollte, war Klaus, ein junger Priester aus Münster, gekommen, um ihn zu vertreten. In den folgenden Tagen unternahm ich mit Klaus, seiner Schwester Barbara, die zu Besuch in Dresden war, und Martin, einem Musikstudenten, meine allererste Wanderung in der Gegend, die uns in die Sächsische Schweiz führte. Es war eine erfreuliche Gelegenheit. Seitdem besuchte ich manchmal den Gottesdienst in St. Petrus in Strehlen oder in St. Joachim in Freital.

Im Heim kam es auch zu Veränderungen. Die Chefin wurde durch einen neuen Heimleiter, Herrn Prenzel, ersetzt. Herr Prenzel war aber mit dem Windbergheim nicht vollbeschäftigt, sondern leitete noch ein anderes Heim in der Gegend. Herr A. war verantwortlich für alle kleinen Probleme im Heim.

Nach etwa zwei Monaten Arbeit merkte ich, daß ich stark abnahm. Steine zu zerklopfen war an sich schon eine harte Arbeit, aber die Hitze trug noch dazu bei, die Arbeit härter zu machen. Da ich mein Essen im Heim nicht selbst zubereiten durfte, aß ich weiterhin mit den anderen. Ich brauchte nun aber eine größere tägliche Ration, als ich bislang bekommen hatte. Obgleich die Ernährung immer wieder ein Grund zu unangenehmen Diskussionen zwischen der Heimleitung und den Asylbewerbern gewesen war, hatte ich damit keine Probleme. Ich brauchte nur die Freiheit. Nun war es notwendig geworden, mich gut zu ernähren. Ich fragte die Frau, die für die Küche zuständig war, ob ich mehr Essen bekommen könnte. Dies war nicht möglich, da alles aufs Gramm berechnet war. Sie schlug mir aber vor, mit Herrn Prenzel diese Frage zu besprechen. Nach ihrer Vorstellung war es möglich, das zusätzliche Essen zu bezahlen. Die Deutschen, die im Heim arbeiteten, bezahlten auch ihr Essen, das im Heim zubereitet wurde.

Ich hatte diese Arbeit für meine psychische Gesundheit angenommen. Nun war meine körperliche Gesundheit bedroht. Ich besprach mein Problem mit Herrn Prenzel, der zustimmte. Ich sollte dann meinen Betrag am Ende des Monats wie die Deutschen bezahlen. Dies wurde der Auslöser unendlicher Schikane zwischen den Deutschen und mir, wie ich es zuvor nicht ahnen konnte. »Er will sich wie ein Deutscher benehmen«, habe ich gehört. Bislang war mein Verhältnis zu den Deutschen ausgezeichnet. Mein Leben im Windbergheim wäre einfach undenkbar gewesen, wenn ich von Anfang an Probleme mit den Deutschen gehabt hätte. Ich erinnere mich nicht, irgendeinen Streit mit einem Deutschen gehabt zu haben. Es gab sogar freundliche Gesten, die mich in meiner persönlich schwierigen Situation trösteten. Einer der Zivildienstleistenden, Stefan, hatte mich oft so gut behandelt, daß ich mit bedrücktem Herzen von ihm Abschied nahm, als ich erfuhr, daß er aus gesundheitlichen Gründen nicht mehr seinen Dienst im Windbergheim leisten durfte. All dies war nun bald nur noch Vergangenheit. Mein Verhältnis zu den Deutschen wurde dermaßen gestört, daß ich in eine besonders schwierige Phase meines Lebens stürzte, zumal ich auf ihre Entscheidungen angewiesen war.

Ich hatte immer die wenigen Besucher in meinem Zimmer empfangen. Plötzlich wurde es mir verboten, Stefan von Cabana, der mich schon zweimal ohne Probleme besucht hatte, in meinem Zimmer zu empfangen.

Es war üblich, daß Ausweiskontrollen bei jedem Besucher durchgeführt wurden. Stefan wußte das. An dem Tag gab er seinen Ausweis bei einem neuen Angestellten des Wachdienstes ab. Erst nachdem er alles in ein dafür vorgesehenes Heft eingetragen hatte, sagte er uns, daß wir uns nur im sogenannten Klubraum unterhalten durften, aber nicht in meinem Zimmer. Da er neu in seinem Beruf war, versuchte ich zu erklären, daß ich schon mehrmals Besucher im Zimmer empfangen hatte. Die mir bislang bekannten Vorschriften erlaubten Besucher im Zimmer bis 22 Uhr. Da ich mich bei strittigen Fragen sprachlich nicht richtig äußern konnte, versuchte Stefan den Sachverhalt zu erklären, was uns keinen Schritt weiterbrachte. Da haben alle gesehen, wie ich aussehe, wenn ich aufgebracht bin. Es entstand ein heftiger Streit. Da der Wachdienst nur für die Sicherheit im Heim verantwortlich war, wartete ich. Als ich die Frage mit Herrn A., also mit der Leitung des Heimes diskutierte, wurden mir Vorschriften vorgelesen, daß Besucher in den Zimmern von Asylbewerbern, und es wurde betont, in Sachsen, verboten waren. Seitdem sagte ich jeden Besuchswunsch ab. Auch mit Alberto, der mich oft mit seinem Motorrad bis zum Heim fuhr, unterhielt ich mich draußen. Der hygienische Zustand des sogenannten Klubraums war keinesfalls einladend, um einen Besucher dort zu empfangen. Man hatte mich selbst selten dort gesehen, da dort immer geraucht wurde.

Damit hatte eine schreckliche Phase mit den Deutschen begonnen, in der ich nur Verlierer war. Es gab bald kein gegenseitiges Verständnis mehr. Mir wurden laut Vorhaltungen gemacht, Türen kriegte ich ins Gesicht ..., aber das war noch erträglich. Als mir ein geöffneter Brief meines Bruders zugestellt wurde, war meine Toleranzgrenze erreicht.

Mein Bruder hatte sich unterdessen bemüht, im Rahmen der ABADAHA e.V., dessen Vorsitzender er war, etwas für die wenigen Asylbewerber ruandischer Herkunft in Deutschland zu erreichen. ABADAHA e.V. war ein Verein, der die Interessen der ruandischen Bürger in der Bundesrepublik Deutschland vertrat. In einem fünfseitigen Schreiben hatte mein Bruder dem Bundesamt für die Anerkennung ausländischer Flüchtlinge die Lage in Ruanda geschildert und um eine Stellungnahme für unseren Fall gebeten. Es waren zu der Zeit fünf Asylbewerber ruandischer Herkunft in Deutschland. Von dem Schreiben schickte er mir eine Kopie. Auf dem Umschlang war zu lesen: »Drucksache«. Als ich den großen Umschlag aus den Händen von Herrn A. zu Gesicht bekam, war unverkennbar, daß er einmal zugeklebt gewesen war. Ich fragte Herrn A., warum mir der Brief offen zugestellt wurde. Er erwiderte, er sei so angekommen, bestimmt weil »Drucksache« darauf gestempelt war.

Nachdem ich vom Inhalt Kenntnis genommen hatte, bat ich Herrn A. zu lesen, was darin stand. Es waren zunächst interessante Informationen über die politische Lage in meinem Land. Ich wollte ihm vor allem klarmachen, daß ich keinen dubiosen Briefwechsel unterhielt. Ich war mir natürlich sicher, daß er den Inhalt schon vorher kannte, da er vor mir die fünf Seiten nur flüchtig durchblätterte. Als ich ihn fragte, ob er denn überhaupt etwas davon verstanden hatte, antwortete er gelassen: »Ja, ich habe alles gelesen. Ich lese schnell Deutsch.«

Bald darauf erfuhr ich von einem Wachmann, der nichts gegen mich hatte, daß manche mich nicht mehr holten, wenn ich am Telefon verlangt wurde. Er sagte mir, daß darüber geredet wurde, daß, als ich einmal im Hinterhof saß, mich jemand am Telefon verlangt hatte. Derjenige, der ans Telefon ging, sagte dem Anrufer, daß ich spazierengegangen sei. Zum Glück waren einige positiv eingestellt, unter anderem Herr Prenzel, der allerdings nicht wirklich wußte, was sich im Heim so alles abspielte. Ich habe jedoch in unterschiedlichen Situationen Worte von ihm gehört, aus denen ich schloß, daß er zwischen zwei Fronten stand. Dennoch war ich beruhigt, daß das Heim von ihm geleitet wurde. Meine Isolierung hatte doch zu diesem Zeitpunkt ihren Höhepunkt erreicht.

In der Zwischenzeit waren bekanntlich viele Asylbewerber gekommen und gegangen. In sieben Monaten hatte ich in diesem kleinen Heim bestimmt tausend Gesichter gesehen. Manche kamen und gingen am selben Tag. So war es auch für die einzigen Afrikaner, die ich je dort gesichtet habe.

Eines Tages kam ein junger Mann aus Ghana mit seiner Schwester im Heim etwa um 9 Uhr an. Ich war froh, sie zu sehen. Sie bekamen ein Zimmer und begannen sich über alles zu informieren. Als sie mich fragten, wie lange ich in diesem Heim war, konnten sie nicht fassen, daß ich so eine lange Zeit dort bleiben konnte. Es war mein 6. Monat im Heim. Damals war die Chefin noch da. Da ich bei allen Erklärungen der Chefin zum Dolmetscher wurde, entstand der Eindruck, daß ich mich mit der Chefin gut verstand. Im Laufe des Tages brachte das Mädchen deutlich zum Ausdruck, daß ich nur in dem Heim blieb, weil ich bestimmt private Beziehungen zur Chefin pflegte. Etwas anderes konnte und wollte sie sich nicht vorstellen. Am selben Tag nahmen sie den Zug nach Westdeutschland, woher sie gekommen waren.

Einmal geschah das Merkwürdige, daß die Zahl der Asylbewerber kleiner war als die der Deutschen, die dort beschäftigt waren. Es gab Zivildienstleistende, Wachdienst, Küchenmitarbeiter und die Heimverwaltung. An einem Tag zählte ich sogar fünfzehn Deutsche gegen dreizehn Asylbewerber.

Zwischen diesem Kommen und Gehen war mir ein junger Rumäne, Stefan, aufgefallen. Bei ihm konnte ich viele gute Eigenschaften beobachten, im Unterschied zu vielen anderen Heimbewohnern. Außerdem hatte er mir bei verschiedenen Gelegenheiten offene Freundlichkeit erwiesen. Seitdem Slavko fortgegangen war, wohnte ich wieder allein im Zimmer.

Viele Rumänen waren unzufrieden, daß ich allein wohnte. Da ich aber der einzige Afrikaner war, hatte ich noch einmal ausdrücklich die Heimleitung gebeten, mich allein im Zimmer zu lassen. Das hatte bislang auch geklappt. Herr A. hatte mich in dieser Frage immer unterstützt, was eigentlich ein großes Privileg war.

Als der Krieg im ehemaligen Jugoslawien viele Menschen zur Flucht trieb, kam eine große Anzahl davon nach Deutschland. Sie wurden in unterschiedliche Heime verteilt, so daß im Juli

1992 viele Heime der Gegend überfüllt waren. Einige sollten in unser Heim kommen, hatte mir Herr Prenzel gesagt. Ich wußte also, daß ich nicht mehr lange allein im Zimmer bleiben konnte.

Nachmittags pflegte ich auf der Wiese im Hinterhof zu lesen. Einmal kam Stefan auf mich zu und bat mich, bei mir wohnen zu können. Er konnte schon etwas Deutsch reden. Bevor ich irgendeine Antwort gab, überzeugte er mich, indem er mir sagte: »Kein Problem. Ich habe auch keinen Freund hier, und niemand wird uns stören. Ich rauche nicht. Ich möchte mit dir Deutsch lernen.« Da er schon einen positiven Eindruck auf mich gemacht hatte, fand ich keine Kraft, so eine Bitte abzuweisen, und stimmte zu. Es war günstig, mit jemandem zu wohnen, den ich kannte. Man konnte ja nie wissen.

Am nächsten Tag, als ich von der Arbeit zurückkam, war schon Herr Prenzel davon informiert und hatte zugestimmt. Stefan zog in mein Zimmer. Stefan sollte bald ein guter Freund werden. Wir sollten viel voneinander lernen. Seine menschlichen Eigenschaften halfen mir, diese schlechten Zeiten zu überbrücken. Außerdem wohnten wir nur zu zweit im Zimmer, was weiterhin bei den anderen Rumänen Neid erweckte.

Der Sommer ging zur Neige, und die Tage wurden immer kürzer. Da begann ich, um mein Leben zu bangen. Ich hatte noch nicht vergessen, in welcher Gefahr ich schwebte. In den dunklen Morgenstunden mußte ich allein den Wald durchqueren, um zur Bushaltestelle zu gelangen. Sollte ich beobachtet werden, wußte ich, daß die Jugendlichen jeden Moment zuschlagen könnten. Auf jeden Fall war ich mir sicher, in der umliegenden Gegend als ein Bewohner des Windbergheims bekannt zu sein.

Einmal bekam ich einen Sack voller Frauenkleidung von einem Mann, der zwei Kilometer vom Heim entfernt wohnte. Er hatte auf mich auf der Straße vor seinem Haus gewartet und mir gesagt: »Sie wohnen bestimmt in dem Heim auf dem Windberg. Nehmen Sie bitte diese Sachen mit. Sollten Frauen im Heim so etwas brauchen, gibt es noch gute Sachen drinnen.« Ich nahm den Sack mit und war froh, daß sich die Frauen im Heim darüber gefreut haben. Durch solche kleinen Beobachtungen wußte ich doch, daß ich in der Umgebung bekannt war. Ich mußte deswegen auf mich aufpassen, da viele mir gegenüber keine natürliche Haltung einnahmen wie dieser Mann.

Als Vorbeugungsmaßnahme wechselte ich jeden Morgen den Weg zur Bushaltestelle. Es gab drei Möglichkeiten. So lief ich einmal auf dem Waldweg und einmal quer durch den Wald. Ich mußte das Heim kurz vor sechs Uhr verlassen, und zu dieser Zeit Mitte September war es noch dunkel. Die beste Lösung, die mir einfiel, war, ein Auto zu kaufen. Es gab besondere Automärkte, in denen man äußerst billige Autos kaufen konnte. Für einen gebrauchten Trabant oder Wartburg waren die Preise so niedrig, daß es zum Teil als Geschenk bewertet werden durfte. Die meisten Besitzer wollten moderne Autos kaufen, West-Autos, wie sie damals genannt wurden.

Eines Samstags fuhr ich mit Stefan und anderen Rumänen auf einen solchen Automarkt. Ich legte mir einen Wartburg zu. Das Auto war sehr alt, aber da es aus erster Hand eines betagten Besitzers stammte, hoffte ich, daß ich noch eine Zeit damit fahren konnte. Das Problem kam nun: »Wie soll ich von hier bis zum Heim fahren?« Ich hatte noch keine Gelegenheit gehabt, in Europa Auto zu Fahren. Als ich in der Schweiz war, wollte Jacques mir ein Auto besorgen, damit ich weit in die Berge fahren konnte. Aus Sicherheitsgründen hatte ich sein nettes Angebot abgelehnt, denn es gab noch viele Dinge, für die ich noch Zeit brauchte. Auch nach einem Jahr in Europa, wenn ich auch alle neuen Straßenschilder gesehen zu haben glaubte, die in Ruanda aus unterschiedlichen Gründen nicht vorkommen konnten, war ich immer noch ziemlich unsicher. In Ruanda gab es keine Schilder in bezug auf Bahnübergänge, Straßenbahnen, Autobahnen, Schneeglätte ... Aber bis auf diese begrenzten Ausnahmen unterscheidet sich die Verkehrsordnung in Kigali nicht von der in Dresden.

Mit meiner Anschaffung war es nun soweit. Ich mußte fahren. Stefan hatte zwar einen Führerschein, aber er hatte keine lange Erfahrung. Von der Stelle, wo ich das Auto gekauft hatte, bis zum

Windbergheim mußte ich entweder ganz Dresden durchqueren oder auf der Autobahn fahren. Auf einer Autobahn zu fahren, durfte noch nicht in Frage kommen. Das war mir klar. Stefan saß auf dem Beifahrersitz. Wir fuhren los. Wir folgten dem anderen Auto, das ebenfalls sehr langsam fuhr, damit die rumänischen Kollegen uns zu Hilfe kommen konnten, wenn Schwierigkeiten auftreten sollten. Wir fuhren durch Dresden und weiter und weiter, bis wir unversehrt zum Heim gelangten. Stefan sollte viel später zugeben, daß er während der ganzen Fahrt unauffällig die Handbremse ständig griffbereit hatte.

Sein Mut war bewundernswert und wurde zu einem der wichtigsten Zeichen seines Vertrauens mir gegenüber. Schließlich hätte er mich auch allein fahren lassen können, denn es gab noch Plätze in dem anderen Auto. Ich hatte ihm ja nur flüchtig gesagt, ich hätte einen Führerschein.

Die Anmeldung meines Autos verlief ohne Probleme, denn ich erfüllte die Voraussetzungen. Ich gab meinen ruandischen Führerschein in Freital ab und bekam einen vorläufigen deutschen Führerschein für einen Monat. Seitdem fuhr ich mit meinem Auto zur Arbeit und war somit sehr beruhigt.

Durch meine Beziehung zur katholischen Kirche wurde ich im September eingeladen, an zwei Bistumswallfahrten teilzunehmen. Pfarrer Dittrich in Freital hatte meinen Namen und meine Adresse an die Veranstalter gegeben, die mich aufsuchten. Ich wurde gebeten, während der Wallfahrt zu einem Thema zu sprechen, das zum Teil Ausländer betraf. Das Thema war: »Laß sie eins sein, damit die Welt glaube.« Es waren zwei Tage vorgesehen. Einmal in Wechselburg und einmal in Rosenthal. Es war eine gute Gelegenheit, über meine Situation und meine Erfahrung mit den Deutschen zu sprechen. Ich wünschte mir Begegnungen mit Menschen guten Willens, und bislang hatte ich viele gute Erfahrungen mit den christlichen Gemeinden.

Wir begannen mit Wechselburg. Es kamen dort etwa zweitausend Wallfahrer. In meiner Ansprache beschrieb ich ziemlich ausführlich meine damalige Lage: meine Herkunft, die Lage in meiner Heimat und dann die Schwierigkeiten, die meinen Aufenthalt überschatteten. Es war auch eine Familie eines Vietnamesen dabei, der mit einer deutschen Frau verheiratet war. Hinsichtlich der Sicherheit auf den Straßen berichtete diese Familie über dieselben Ängste wie ich.

Nach meinem Vortrag wurde ich von Herrn Grund angesprochen, der bei der Caritas in Chemnitz arbeitete. Er schlug mir vor, meinen Fall mit einer Kollegin zu besprechen, die sich mit Fragen von Ausländern beschäftigte. Er hoffte, daß sie mir helfen könnte. Ich gab ihm meine Adresse und die Telefonnummer.

Am nächsten Sonntag hielt ich dieselbe Ansprache in Rosenthal, wo etwa dieselbe Zahl der Wallfahrer wie nach Wechselburg gekommen war. Diese Wallfahrten waren mir eine große Bereicherung. Auf der Rückfahrt von Rosenthal fuhr ich mit Pfarrer Dittrich. Wir machten einen Umweg, damit ich die berühmte Bastei in der Sächsischen Schweiz kennenlernte.

Von dort fuhren wir durch Pirna, wo zu diesem Zeitpunkt die Elbbrücke saniert wurde, weshalb wir dort im Stau standen. Als wir an einem Hof vorbeifuhren, der sich auf meiner Seite befand und in dem vier Männer es sich gemütlich gemacht hatten, kam es zum Stillstand. Es war ein schöner und für diese Jahreszeit ein sehr warmer Tag. Sobald diese Männer mich erblickten, begannen zwei von ihnen unangenehm laut zu schimpfen. Ich verstand nicht alles, aber: »… sterbe verbrannt …« vernahm ich deutlich. Als ich sie ansah, war ich erstaunt, sie mit so bösen Blicken zu sehen, als ob ich ihnen längst bekannt war und vor allem, als ob ich ihnen etwas schuldete. Ich merkte, wie Pfarrer Dittrich, der bestimmt alles mitbekommen hatte, sich genierte. Er drehte langsam seinen Kopf, um zu sehen, woher die Schimpfworte kamen. Um die Atmosphäre zu entlasten, kommentierte ich gelassen: »Ach, solche Situationen erlebe ich jeden Tag.« Dies kam komischerweise wie eine Bestätigung von dem, was ich in Rosenthal vorhin gerade gesagt hatte.

Bald bekam ich einen Anruf von der Caritas Dresden. Frau Strozda, eine Sozialmitarbeiterin, die sich mit Fragen der Ausländer befaßte, meldete sich am Telefon. Ich solle dort vorsprechen, um gemeinsam zu sehen, wie sie mir nach Möglichkeit helfen könne. Sie hatte meine Telefonnummer von der Kollegin aus Chemnitz erhalten. Frau Strozda sollte von nun an meine Begleiterin auf meinem schwierigen, langen Weg sein. Es hat sich in jeder Hinsicht gelohnt, an diesen Wallfahrten teilzunehmen.

Im Oktober 1992 war ein Jahr vergangen, seitdem ich in Deutschland lebte. Die damaligen gesetzlichen Bestimmungen sahen vor, Ausländer dürfen nur im ersten Jahr ihres Aufenthalts mit ihren ausländischen Führerscheinen Auto fahren. Nach dem Ablauf dieser Frist mußte ich also meinen ruandischen Führerschein umschreiben lassen. Da begann ich im Teufelskreis zu laufen, denn die Umschreibung konnte nicht automatisch erfolgen. Nach großer Mühe sollte ich genau dort landen, wohin ich eigentlich nicht wollte.

Für eine Umschreibung sollte ich eine theoretische Prüfung ablegen. Als Herr Frost, der Zuständige für die Führerscheinstelle in Freital, mir das erzählte, traute ich meinen Ohren nicht. Eine theoretische Prüfung konnte nur durch eine Fahrschule abgenommen werden. Abgesehen von den für mich unnötigen Kosten, fühlte ich mich noch lange nicht fähig, in einer Schule auf deutsch etwas Wichtiges zu lernen. Außerdem, als ich mit Falk im Heim darüber diskutierte, sagte er mir, daß auch für die Deutschen diese theoretische Prüfung eine schwierige Phase war. Denn drei ähnliche Fragen konnten sich nur mit einem kleinen Wort unterscheiden, dessen Bedeutung allerdings gut verstanden werden mußte. Jedenfalls war es undenkbar für ihn, daß ich mit einer theoretischen Prüfung zurechtkäme. Deshalb entschied ich mich, um eine Ausnahme zu bitten. Ich glaubte ja, verständliche Gründe zu haben.

Als ich Herrn Frost mein Anliegen vortrug, erklärte er mir, daß er über eine solche Ausnahme nicht entscheiden dürfe. Herr Frost hatte mich immer so positiv empfangen, daß ich ihm glaubte. Ein gesetzlicher Spielraum stand ihm bestimmt nicht zur Verfügung, um mir in dieser Frage irgendwie behilflich zu sein. Ich brauchte aber dringend Hilfe. Dafür riet er mir, mich an das sächsische Verkehrsministerium zu wenden. Ich begab mich dorthin. Nach vielen Erklärungen an verschiedene Mitarbeiter des Ministeriums kamen wir nur zu dem Ergebnis, daß keiner von ihnen für meine Frage eine Entscheidung treffen durfte. Einer empfahl mir, mein Anliegen im Präsidium vorzutragen. Den Namen des Zuständigen, der eine Ausnahmegenehmigung erteilen dürfe, wurde mir gegeben. Als ich im Präsidium meine Bitte mündlich erklärte, wurde ich aufgefordert, einen geschriebenen Antrag zu stellen, was ich unverzüglich tat. In der Antwort kam nicht nur die Ablehnung, sondern auch ein deutliches Mißtrauen zum Ausdruck. Der Zuständige schrieb darin, daß, wenn ich meinen in Freital vorgelegten Führerschein fälschlich erworben hätte, mir auch der vorläufige Führerschein entzogen werden würde.

Mit diesem Bescheid sah ich mich genötigt, das Unmögliche zu versuchen, nämlich mich auf die theoretische Prüfung vorzubereiten. Ich ging zur Fahrschule. In der Fahrschule B. in Freital absolvierte ich die gesetzlich vorgeschriebenen Lehrgänge. Herr B. hatte mir einen ermäßigten Preis angeboten. Auch meine Furcht vor der Sprache konnte ich schnell überwinden, da ich die Lehrgänge ohne große Schwierigkeiten verfolgen konnte. Ich konnte fast alles im Lehrmaterial verstehen. Darüber hinaus hatte mich eine Tatsache ermutigt. Es war zum Glück möglich, meine Prüfung auf französisch abzulegen, da in der DEKRA, der prüfenden Organisation, Fragebögen auf französisch vorhanden waren. Die Vorprüfung in der Schule sollte ich jedoch mit deutschen Fragebogen ablegen. Nach der Vorprüfung war ich selbst überrascht, als Herr B. mir in fast nachdenklichem Ton sagte: »Alles ist richtig. So schaffen es unsere Leute beim ersten Mal nicht.« Die eigentliche Prüfung bestand ich auch gleich beim ersten Mal.

Das Problem mit dem Führerschein war jedoch lange noch nicht beendet. Ich sollte ein Jahr lang weiter mit einem vorläufigen Führerschein fahren, weil die Rechtmäßigkeit meines ruandischen Führerscheins vorerst geprüft werden mußte. Leider hatten die

Untersuchungen, die über die deutsche Botschaft in Kigali liefen, auch ein Jahr später noch nichts ergeben. Da ich mich ab und zu in der Führerscheinstelle meldete, um etwas über die Ergebnisse zu erfahren, schlug mir Herr Frost vor, eine praktische Fahrprüfung zu machen. Seiner Ansicht nach wäre dies der beste Weg, das lästige Problem ein für allemal zu lösen. Sein Vorschlag kam jedoch fast ein Jahr, nachdem ich meine theoretische Prüfung bestanden hatte. In der Zwischenzeit waren neue Gesetze herausgekommen. Jeder Besitzer eines ausländischen Führerscheins mußte nicht nur eine theoretische Prüfung, sondern auch eine praktische Fahrprüfung ablegen. Obwohl dieses Gesetz mich eigentlich nicht betraf, war ich bereit, die praktische Fahrprüfung abzulegen, denn es wäre überhaupt kein Problem für mich gewesen. Während der ganzen Wartezeit war ich schon Auto gefahren. Nur fürchtete ich mich vor den Kosten, die damit verbunden waren. So entstand eine lange Diskussion zwischen Herrn Frost und mir. Es war merkwürdig zu hören, wie die im selben Raum sitzende Kollegin als Zeichen von Mißbilligung leise, aber hörbar stöhnte, sobald Herr Frost nachgeben wollte. Es gelang mir trotzdem, verständlich zu machen, daß diese neuen Gesetze für mich nicht galten, da ich mich angemeldet und meine Prüfung bestanden hatte, bevor sie in Kraft traten. Endlich bekam ich einen normalen deutschen Führerschein. Aber nur Gott weiß, wieviel Energie und Zeit mich dieser Führerschein gekostet hat. Und ich erhielt gleichzeitig noch einmal ein Begleitschreiben, in dem stand, ich sollte noch mit einem Führerscheinentzug rechnen, sollte es sich später herausstellen, daß ich meinen ruandischen Führerschein unrechtmäßig erworben hatte. Bis heute, und vielleicht für immer, fahre ich unter dieser Bedingung.

Inzwischen fuhr ich kreuz und quer und bei Wind und Wetter durch Deutschland. Jahre später kann ich nur froh und dankbar sein, daß ich bislang immer unfallfrei gefahren bin. Denn unabhängig von der Fähigkeit, Auto zu fahren, weiß jeder, was alles auf der Straße passieren kann.

Meine Arbeit wurde allmählich leichter. Körperlich war sie inzwischen kein Problem mehr. Mir war es viel wichtiger, daß Holger und Tilo zu meinen Freunden wurden. Ich wurde bei der Familie von Holger eingeladen, in der ich mich gleich wohlfühlte. Bald lernte ich auch Tilos Frau Kerstin und seine Tochter Liane kennen. Ich durfte mich vom ersten Tag an als ein Freund der Familie fühlen. Ich erinnere mich an das erste Mal, wo ich außerhalb des Heimes und noch dazu bei einer deutschen Familie übernachtet habe. Es war bei Tilo. Bald sollte es zur guten Gewohnheit werden.

Im Oktober verließ uns Holger wegen seines Zivildienstes. Doch er kam aber fast jeden Tag vorbei, und zwar nachmittags. Wir konnten so regelmäßig voneinander hören. Bei der Arbeit blieb ich ständig mit Tilo zusammen. Im Herbst beschäftigten wir uns hauptsächlich mit dem Laub. Die große Fläche des Leubnitzer Friedhofs zu kehren und das Laub wegzufahren, war genügend Arbeit für uns. Bernd hatte immer andere Aufgaben, so daß wir uns meistens nur während der Pausen sahen.

Bei meiner Arbeit erlebte ich weiterhin das Unausbleibliche, nämlich die verachtenden Blicke. Einmal sprach eine ältere Frau Tilo an und beklagte sich, ihr Geld sei aus der Handtasche auf diesem Friedhof entwendet worden, während sie ihre Grabstätte pflegte. Ich stand dabei und konnte alles mithören. Sie beklagte sich weiter lange über die steigende Kriminalität in Dresden. Das ganze Gespräch schien mir zunächst harmlos zu sein in bezug auf mich, zumal das Geld, eigentlich eine kleine Summe, am Nachmittag gestohlen wurde.

Es dauerte aber nicht lange, da merkte ich, daß dieselbe Frau mir gezielt böse Blicke zuwarf. Hatte ihre Haltung etwas mit dem bedauerlichen Fall zu tun?

Und schließlich war ich regelrecht schockiert, als ich feststellen mußte, daß einige ältere Frauen sich echt Sorge um ihre Handtaschen machten, sobald ich mich näherte. In den zwei oder drei Fällen, die ich beobachtet habe, erinnere ich mich ganz genau, die Schubkarre in den Händen gehabt zu haben. Eine unterbrach ihre Pflegearbeit und setzte ihre Handtasche an eine sichere Stelle weit entfernt von meinem Weg um. Ich war wirklich verletzt.

Mit dem allgegenwärtigen Mißtrauen glaubte ich mich abgefunden zu haben. Aber diese Fälle haben mich sehr geprägt. Eigentlich schob ich diese Schubkarre, um Geld zu verdienen. Ich wollte all dies ignorieren, aber ich muß ehrlich zugeben, es gelang mir nicht. Im Gegenteil wurde ich buchstäblich zum Sklaven meiner Beobachtungen, wenn ich auch bald echte Furcht bekam, Menschen direkt in die Augen zu schauen.

Ich hatte schon überall beobachtet, daß die Sachsen untereinander sehr offen und gesprächig sind. So war es der Fall auf dem Friedhof zwischen den älteren Frauen und Tilo. Außerdem war mir aufgefallen, daß sich Unbekannte in vielen Situationen grüßen. Jedenfalls war dies eindeutig beim Arzt. Derjenige, der in den Warteraum kommt, grüßt die Anwesenden, egal ob sie antworten oder nicht. Eine nennenswerte menschliche Gewohnheit für mich, denn so ist es auch in Ruanda.

Eines Tages schob ich eine volle schwere Schubkarre und lief mühsam an unserem Häuschen vorbei, wo das Gelände ziemlich steil ist. Da merkte ich, daß ein Mann, etwa sechzig Jahre alt, mich von weitem lange ansah. Nach meiner gewöhnlichen schnellen Prüfung erkannte ich keinen bösen Blick bei ihm. Ich näherte mich allmählich und warf ab und zu einen Blick auf ihn. Er sah mich unablässig an, bis ich ganz nahe herankam. Da wünschte ich ihm einen »Guten Tag«. Ich traute meinen Ohren nicht, als er deutlich antwortete: »Nein!« und in leises Gelächter ausbrach, wobei er noch einmal ein hörbares »Nein« wiederholte, als ob er sich selbst noch bestätigen wollte, er brauche wirklich meinen »Guten Tag« nicht. Als ich ihn ansah, war sein Blick längst nicht nur böse geworden, sondern auch von einem gewissen Ekel geprägt.

Von dieser Zeit an versuchte ich, möglichst direkte Augenkontakte zu vermeiden. Unbekannte sollte ich auch nie wieder auf diesem Friedhof grüßen. Niemals haben meine Kollegen von solchen Fällen erfahren. All dies zu verschweigen und ruhig weiter zu arbeiten, war mein einziger Ausweg zur Ruhe, denn den größten Trost fand ich in meiner Arbeit.

Ich freute mich sehr, als ich Herrn Berger eines Tages an einer abgelegenen Ecke traf, wo ich allein das Laub kehrte, und er mir sagte:»Der Kirchenvorstand möchte wissen, ob du deinen Vertrag verlängern möchtest. Im Winter gibt es zwar auf dem Friedhof wenig zu tun, aber du verstehst dich mit Tilo. Du kannst hier bleiben, wenn es dir gefällt.« Dazu brauchte ich keine Bedenkzeit. Ich erklärte ihm gleich, bereit zu sein, meine Arbeit fortzusetzen. Es war ursprünglich vereinbart, daß mein Vertrag nur über sechs Monate laufen sollte, da die zu leistende Arbeit nur für den Sommer vorgesehen war. Für mich war gleich klar: Im Winter wünschte ich mir keine Arbeit im Freien! Aus dieser Unterhaltung konnte ich außerdem entnehmen, daß es grundsätzlich nur als Hilfsmaßnahme gedacht war, mich im Winter zu beschäftigen.

Darüber hinaus hatte ich bislang keine Antwort, weder auf den Antrag auf meine Überstellung nach Westdeutschland, noch sonst bezüglich meines Asylverfahrens. Das von Anfang an erträumte Studium war ohnehin schon eine vergessene Geschichte. Die Lage im Heim war nach wie vor unverändert. Mir war also bewußt, daß ich bald wieder in meine bekannte schwierige Situation stürzen würde, sobald ich meine Arbeit beenden würde. So nahm ich den Vorschlag von Herrn Berger mit großer Erleichterung an. Bald teilte er mir mit, daß meine weitere Beschäftigung bestätigt war.

Durch alle diese Lebensumstände schien mir die Zeit, die mich von meiner Ausreise aus Ruanda trennte, wie eine Ewigkeit. Alle Erlebnisse in meiner Heimat kamen mir in meinem Gedächtnis wie alte Erinnerungen vor. Ich hatte zwar noch einige Kontakte durch Briefe von Freunden und Kollegen in der Heimat, aber nicht so häufig, wie ich es mir gewünscht hätte. Dies hing immer noch mit der Postzensur zusammen. Jedenfalls hatte ich lange auf irgendeine Nachricht gewartet, bis dann ein Brief von Léon kam.

Mit ihm und Alois hatte ich vor dem Krieg in Ruanda zusammengewohnt. Gemeinsam mit Alois hatte ich die Schwierigkeiten des ersten Kriegsjahres durchgemacht. In diesem Brief kam nun die schreckliche Nachricht: Alois war vor einigen Monaten gestorben. Es dauerte Minuten, ehe ich mir vergegenwärtigen konnte, daß es mit Alois aus war. Ich wollte es nicht wahrhaben. Aber es war schon zu spät. Er hatte genau ein Jahr überlebt, nachdem ich ihn verlassen hatte. Über die Todesursache konnte Léon in dem Brief nichts sagen. So war das Leben sehr zerbrechlich geworden. Als ich Alois verließ, war er kerngesund. Eine schmerzhafte Situation für mich.

Es war im Oktober, als die bulgarische Familie, die Familie von Sylvia, das Windbergheim verließ und nach Bulgarien zurückfuhr, nachdem sie ihren Asylantrag zurückgezogen hatte. Die Kinder mußten zur Schule. Sie waren die letzten Asylbewerber, die ich in diesem Heim vorgefunden hatte. Da wir die längste Zeit alle diese Schwierigkeiten gemeinsam durchgemacht hatten, hinterließ ihr Fortgang eine gewisse Schwermut bei mir. Die Frau sagte mir aber schöne ermutigende Worte, die ich in dem Moment brauchte, dann verließ mich diese Familie. Mir wurde gleichzeitig bewußt, daß nur ich dazu verurteilt war, dort zu bleiben und zuzusehen, wie die anderen mit Freude in ihre Heimatländer zurückfuhren. Die Frau hatte sich auf diese Reise sehr gefreut. Ich jedoch hatte keine andere Wahl. Ich mußte ruhig bleiben und viel Geduld aufbringen.

Genau am 17. 11. 1992 bekam ich eine Einladung, bei der Ausländerbehörde Freital vorzusprechen. Frau B. hatte dazu im Heim angerufen. Als ich mich dort meldete, bekam ich endlich einen Bescheid über meinen Umverteilungsantrag. Es war ein abschlägiger Bescheid. Dies geschah ein Jahr, nachdem ich den Antrag gestellt hatte. Auch die Bearbeitungsnummer für mein Asylverfahren erhielt ich erst an diesem Tag.

In der Zwischenzeit war es mir jedoch nach und nach gelungen, nicht mehr über mein Asylverfahren nachzudenken. Nun stand ich wieder vor der bitteren Wahrheit. Dieser Bescheid bestand aus einem vorgedruckten Formular, auf dem man einige zutreffende Punkte angekreuzt und nach Bedarf einige Wörter hinzugefügt hatte.

In der Begründung dieser Ablehnung hatte man zunächst einige gesetzliche Paragraphen erwähnt, deren Inhalt ich aber natürlich nicht kannte. Einer der angekreuzten Punkte lautete im Vordruck: »Es wird nicht substantiiert vorgetragen und glaubhaft gemacht, daß die Antragsteller mit den Verwandten in Karlsruhe enger als allgemein zwischen Verwandten üblich verbunden gewesen und so sehr auf sie angewiesen sind, daß durch die Trennung von ihnen eine zusätzliche, unzumutbare Belastung auftreten würde.« Lediglich »in Karlsruhe« war für meinen Fall konkretisiert. Weiterhin war im Vordruck als zutreffend angekreuzt: »Härtefall ist nicht erkennbar, wird auch nicht vorgetragen.« Und der letzte Punkt: »Unsere Anfrage zur Umverteilung nach Karlsruhe wurde am 01. 10. 1992 abschlägig entschieden.« Ausgefüllt war wieder nur: »nach Karlsruhe« und »am 01. 10. 1992«.

Dieser Bescheid vom 03. 11. 1992 wurde mir genau zwei Wochen später, am 17. 11. 1992, von Frau B. ausgehändigt. (Siehe Kopie des Schreibens S. 228)

Wenn der Bescheid mir direkt durch die Post zugeschickt worden wäre, wie Frau B. vor einem Jahr beteuert hatte, hätte ich ihn spätestens vier Tage danach gehabt. Den Bescheid begleitete die Anlage der Rechtsbehelfsbelehrung mit der Erklärung: »Gegen diesen Bescheid kann innerhalb von zwei Wochen nach Zustellung Klage beim Verwaltungsgericht Chemnitz, Zwickauer Str. 54, Postfach 6 39 ... bei der Geschäftsstelle des Gerichts erhoben werden.«

Dieser Bescheid machte mich nur sprachlos. Verständnis dafür habe ich jedenfalls nicht gehabt, da ich nicht mit einer negativen Antwort gerechnet hatte. Aber da mir ein rechtlicher Weg geboten wurde, entschied ich mich, gleich eine Klage gegen diese Entscheidung einzureichen. Ein sinnloser Überlebenskampf hatte damit begonnen.

REGIERUNGSPRÄSIDIUM CHEMNITZ
Zentrale Ausländerbehörde

Regierungspräsidium Chemnitz
Zentrale Ausländerbehörde · Gaußstraße 5 · O-9030 Chemnitz

Chemnitz, den **03.11.1992**

Landratsamt Freital
Ausländerbehörde
z. H. des Asylbewerbers
Willi-Schneider-Straße 22

O-8210 Freital

Aktenzeichen: Referat 23
(Bitte bei Antwort angeben)
~~Landratsamt Freital~~

Eing. : - 6. NOV. 1992

Ansprecher: **88 38 53**

Bearbeiter: **Herr Langhof**

II -13167
8

DM

Betr.: Verteilung von Asylbewerbern

hier: MAZIMPAKA, Thomas

geb. am 15.03.1958
BAFL-Nr.: A 1211660-265

Antrag zur Umverteilung
von **Sachsen** nach **Baden-Württemberg**
und dort **nach Karlsruhe**

Der beantragten Umverteilung wird nicht zugestimmt.

Begründung:

☒ Gründe gemäß § 50 Abs. 4 und § 51 Abs.1 AsylVfG liegen
nicht vor.

☒ Es wird nicht substantiiert vorgetragen und glaubhaft
gemacht, daß die Antragsteller mit den Verwandten **in
Karlsruhe** enger als allgemein
zwischen Verwandten üblich verbunden gewesen und so sehr
auf sie angewiesen sind, daß durch die Trennung von
Ihnen eine zusätzliche, unzumutbare Belastung auftreten
würde.

☐ Aus dem vorgelegten ärztlichen Attest ergibt sich nicht,
daß die beantragte Umverteilung aus medizinischen
Gründen zwingend erforderlich ist, zumal eine ausreichende ärztliche Betreuung auch
gewährleistet ist.

☐ Die Belastung psychischer Art, die der Aufenthalt in
einem fremden Land bei begrenzten wirtschaftlichen
Möglichkeiten zwangsläufig mit sich bringt, treffen Sie
offensichtlich nicht in stärkerem Maße als andere Asylbewerber gleicher Herkunft und gleichem Alters und Geschlecht.

☐ Auch kann der dargelegte Aspekt der Religionsausübung
keine Zuweisung **nach**   rechtfertigen. Das
Grundrecht der Religionsfreiheit wird durch die Zuweisung **nach**   nicht beeinträchtigt,
da eine Glaubensausübung auch dort möglich ist. Im
übrigen muß die Einschränkung im überwiegenden öffentlichen Interesse an einer gerechten und zügigen Verteilung der Asylbewerber auf das Bundesgebiet hinge-
nommen werden.

☐ Fehlende Deutsch-Sprachkenntnisse haben eine Vielzahl
von Asylbewerbern, auch jene, die Erzeihungsaufgaben
wahrnehmen müssen, so daß sie nicht in stärkerem Maße
belastet sind als andere Asylbewerber.

☐ Für die Unterkunftsverhältnisse ist allein die Ge-
bietskörperschaft zuständig, der sie zugewiesen wurden.
Um hier eine Verbesserung zu erzielen, empfehle ich
Ihnen, sich mit der zuständigen Ausländerbehörde in
Verbindung zu setzen.

☒ Härtefall ist nicht erkennbar, wird auch nicht vorgetragen.

☒ Unsere Anfrage zur Umverteilung **nach Karlsruhe**
wurde **am 01.10.1992**   abschlägig entschieden.

☐ Sonstige Gründe:

Rechtsbehelfsbelehrung:

Gegen diesen Bescheid kann innerhalb von zwei Wochen nach
Zustellung Klage beim

Verwaltungsgericht Chemnitz
Zwickauer Str. 54
Postfach 6 39

O-9005 Chemnitz

schriftlich oder zur Niederschrift des Urkundsbeamten bei
der Geschäftsstelle des Gerichtes erhoben werden.

Die Klage muß den Kläger, den Beklagten (Freistaat Sachsen)
und den Streitgegenstand bezeichnen. Sie soll einen bestimmten Antrag enthalten, die zur Begründung dienenden
Tatsachen und Beweismittel sind binnen eines Monats anzugeben.

Die Klage und die weiteren Schriftsätze sollten in vierfa-
cher Fertigung eingereicht werden. Der Rechtsbehelf hat keine aufschiebende Wirkung (§ 75 AsylVfG). Auf Antrag kann das
Verwaltungsgericht Chemnitz die aufschiebende Wirkung der
Klage anordnen.

Langhof

Ich suchte Frau Strozda von der Caritas auf, die mir half, die Klage in gutem Deutsch vorzubereiten. In der Begründung meiner Klage wiederholten wir, was ich zum Teil vorher in meinem auf französisch verfaßten Brief schon erwähnt hatte, unter anderem: »Ich weise darauf hin, daß ich mich als einziger Afrikaner im Asylbewerberheim Freital isoliert und bedroht fühle und deshalb schon im Antrag auf Umverteilung nach Karlsruhe darauf hingewiesen habe. Ich habe allerdings die Antragsbegründung in französischer Sprache verfaßt. Aus der Antragsbegründung ist ersichtlich, daß ich als einziger Ruander und allein seit über einem Jahr in Freital lebe. Ich leide an den traumatischen Erlebnissen meiner Verfolgung als Angehöriger der ethnischen Minderheit der Tutsis in meinem Heimatland. (cf. insbes. Umverteilungsantrag: Mes raisons d'asile) Die letztgenannten drei Tatsachen stellen eine Härte in meinem Leben als schwarz-afrikanischer Asylbewerber dar. Ich habe im Antrag meine Umverteilung zu meinem älteren Bruder beantragt. Er ist mir in Deutschland mein engster Verwandter und seinen Beistand brauche ich in meiner schwierigen Lebenssituation dringend. (cf. Begründungsschreiben) Ich weise darauf hin, daß ich seit über einem Jahr auf mündliche Anhörung warte, ohne bislang seitens der zuständigen Behörden Nachrichten über den Stand meines Asylverfahrens erhalten zu haben. Das Warten, die Ungewißheit und mein Leben in ständiger Angst vor Bedrohung und tätlichen Übergriffen und meine Isolation als Schwarzafrikaner stellen eine große psychische Belastung für mich dar.« Ich schickte fristgerecht die vollständige Klage an die obengenannte Adresse. Bald bekam ich die Bestätigung, daß die Klage eingegangen war.

Einige Monate danach reagierte die Zentrale Ausländerbehörde auf die Klage, indem sie beim Verwaltungsgericht beantragte, die Klage abzuweisen. (Siehe Kopie des Schreibens, S. 232)

Schon Anfang November wurden im Heim Gerüchte verbreitet, daß das Windbergheim bald aufgelöst werden würde. Namen wie Mohorn oder Klingenberg, die gleichermaßen weit von Dresden waren, wurden genannt. Wieder eine Umstellung?

REGIERUNGSPRÄSIDIUM CHEMNITZ

Regierungspräsidium Chemnitz · PF 8 48 · O - 9010 Chemnitz

	Chemnitz, den	18.12.1992
Verwaltungsgericht	Aktenzeichen:	23/1343.1
Chemnitz	(Bitte bei Antwort angeben)	
Zwickauer Str. 54		
Postfach 6 39	Fernsprecher:	88 38 08
O-9005 Chemnitz	Bearbeiter:	Frau Schönfeld

Verwaltungsgericht
Chemnitz
Eing.: 0 7. JAN. 1993
Durchschriften
Anlagen

Az.:   C 3 K 31069/92

In der

Verwaltungsstreitsache

   MAZIMPAKA, Thomas
   geb. am 15.03.1958 in Ruanda

   g e g e n

Freistaat Sachsen

wegen: Zuweisungsrecht

wird beantragt:

1. die Klage abzuweisen

2. die Kosten des Verfahrens dem Kläger aufzuerlegen

3. den Antrag auf Prozeßkostenhilfe abzulehnen.

                                                    o o o

B e g r ü n d u n g

Der Kläger ist durch Zuweisungsentscheidung vom **04.11.1991**
dem **Land Sachsen** für die Dauer des Asylverfahrens zugewiesen
worden.

Die Zuweisungsentscheidung findet ihre rechtliche Grundlage
in § 50 Asylverfahrensgesetz n.f.. Der Beauftragte der
Bundesregierung hat gemäß § 50 Abs. 7 AsylVfG bestimmt, daß
der Kläger sich für die Dauer des Asylverfahrens in Sachsen
aufzuhalten hat. Entsprechend hat die Stadt Karlsruhe/Baden-
Württemberg gemäß § 50 Abs. 3 AsylVfG die Zuweisungsentscheidung getroffen.

Ein Asylbewerber hat keinen Anspruch darauf, sich für die
Dauer des Asylverfahrens in einem bestimmten Land oder an
einem bestimmten Ort im Bundesgebiet aufzuhalten. Der Kläger
ist der Zuweisung nach Sachsen gefolgt.

Bei der Zuweisung ist die Haushaltgemeinschaft von Ehegatten
und ihren Kindern unter 18 Jahren entsprechend § 50 Abs. 4
AsylVfG zu berücksichtigen.

Im vorliegenden Fall strebt der Kläger das Zusammenleben mit
seinem Bruder in Karlsruhe an.

In der Ablehnung des Umverteilungsantrages der Stadt
Karlsruhe vom 01.10.1992 wird dazu festgestellt, daß einer
Übernahme des o.g. Asylbewerbers nicht zugestimmt wird, da
die Stadt Karlsruhe vom Zuzug von Asylbewerbern grundsätzlich befreit ist.

Das Interesse eines Asylbewerbers, sich bei nicht in § 50
Abs. 4 AsylVfG genannten Verwandten und Bekannten
aufzuhalten, ist regelmäßig nicht zu berücksichtigen.

Auf den Inhalt der beigefügten Ausländerakte wird ergänzend
Bezug genommen.

Eckert

Obwohl mein Verhältnis zu den Deutschen im Windbergheim mich zusätzlich belastete, war ich nicht begeistert, das Windbergheim zu verlassen, denn ich hatte vor einigen Tagen meinen Arbeitsvertrag für weitere 6 Monate verlängert bekommen. Ich konnte mir kaum vorstellen, daß ich die weite Strecke von den genannten beiden Orten fahren sollte, nur um einige Stunden am Tag auf dem Friedhof zu arbeiten. Ich hatte noch nicht über diese eventuelle Umstellung richtig nachzudenken begonnen, da kam die Entscheidung. Vom Landratsamt Freital bekam jeder Heimbewohner einen Brief, in dem die Auflösung des Heimes angekündigt wurde. Aus bautechnischen Gründen mußte das Windbergheim geschlossen werden, so die Behörde. Alle Heimbewohner wurden in das neu eröffnete Asylbewerberheim Klingenberg im Landkreis Freital verlegt. Die Verlegung sollte am 30. 11. 1992 stattfinden.

Das schlimmste war nun nicht allein die unangenehme Umstellung, sondern auch die Angst vor Angriffen. Es wurde viel darüber geredet, daß die Rechtsradikalen in der Gegend sehr aktiv waren, da es einmal einen schweren Überfall in Dippoldiswalde gegeben hatte, was verhältnismäßig nahe bei Klingenberg liegt. Als einziger Schwarzafrikaner in der Gruppe fühlte ich mich von der durch die Verlegung wachsende Unsicherheit stärker betroffen als jeder andere. Ich konnte dennoch nichts dagegen tun.

Zum Glück sollte der Wachdienst von derselben Firma in dem neuen Heim fortgesetzt werden. Da es ein privates Heim war, brauchten die jungen Zivildienstleistenden und die in der Küche arbeitenden Frauen nicht mit uns dorthin zu ziehen. Unter diesen beiden Gruppen hatte es Schikanen gegeben. Ein neuer Heimleiter wurde angekündigt. Da baten wir, Stefan und ich, Herrn Prenzel, sich bei dem neuen Heimleiter für eine Ausnahme für uns einzusetzen. Wir wünschten uns, wieder ein gemeinsames Zimmer zu bekommen. Schon bald kündigte uns Herr Prenzel an, daß unser Wunsch erfüllt worden war. Wir sollten ein Zimmer für uns allein bekommen. In der Zwischenzeit fuhr ich mit Stefan und einigen anderen dorthin, nur um die Gegend kennenzulernen. Der Umzugstag fiel zufälligerweise mit meiner theoretischen Fahrprüfung zusammen. Um 10 Uhr sollte ich unten in Freital meine Prüfung ablegen, und genau um diese Zeit sollte ein Bus für den Umzug vor dem Windbergheim stehen. Das war aber kein Problem für mich. Stefan kümmerte sich um den Umzug, indem er meine Gegenstände mitnahm. Nach der Prüfung erledigte ich noch die damit verbundenen Formalitäten in der Führerscheinstelle Freital, dann fuhr ich gleich nach Klingenberg. Damit war das Kapitel Windbergheim abgeschlossen.

IN KLINGENBERG

Als ich dort ankam, hatte Stefan unser Zimmer schon bekommen, unsere Gegenstände abgestellt und auf mich gewartet. Unser neues Zimmer war so klein, daß er nicht wußte, was er tun sollte. Einen Korridor hatte man in ein langes, aber enges Zimmer von 12 Quadratmetern umgewandelt. Da drinnen standen vier Betten, jeweils zwei aufeinander, drei breite Schränke, ein kleiner Schreibtisch und ein Kühlschrank. Es war kein Platz für einen zweiten Tisch geblieben. Als ich das sah, wußte ich, daß wir unter diesen Bedingungen nicht leben konnten. Da ich besser Deutsch sprach als Stefan, suchte ich gleich den neuen Heimleiter auf, Herrn Gündel. Ich erzählte ihm alles. Er kannte schon das Problem, aber da wir ausnahmsweise ein Zimmer zu zweit brauchten, bestand keine andere Möglichkeit im ganzen Heim. In der langen Diskussion zeigte er sich doch kooperativ. Er erlaubte uns endlich, zwei Betten auszubauen. Sie durften jedoch nicht aus dem Zimmer weggeschafft werden, weil es später zu Kontrollen kommen könnte und er damit Schwierigkeiten bekäme. So legten wir die Betten zusammen und banden sie senkrecht an unseren Bettenkanten fest. Damit hatten wir uns etwas mehr Platz geschaffen, wenn auch nicht genug, um einen weiteren kleinen Tisch hinzustellen. Mit dem einzigen kleinen Schreibtisch mußten wir zurechtkommen.

Wir behielten damit ein Doppelstockbett, wobei Stefan auf dem unteren Bett schlief und ich auf dem oberen. So sah das Zimmer aus, in dem ich einige Jahre verbringen sollte.

Im Heim waren zwei weitere Personen beschäftigt: Frau Schmidt, die eigentlich die alltäglichen Verwaltungsgeschäfte des Heims führte, und der Hausmeister, der sich mit den technischen Fragen befaßte. Das Heim, das aus einem Hauptgebäude mit zwei Stockwerken, einem großen Nebengebäude und einer kleinen Baracke bestand, befand sich in einem riesigen Gelände, das unmittelbar nach unserer Ankunft von einem Hochzaun mit Sta-

cheldraht umgeben wurde. Früher war es eine Gewerkschafts-
schule gewesen. Das Gelände grenzt so unmittelbar an den Tharandter Wald, ein großes Naturschutzgebiet, daß die Bäume am
Rand über den Zaun hingen. Einige Meter weiter befindet sich das
Dorf Klingenberg, ein ruhiges Dorf dreißig Kilometer südwest-
lich von Dresden, das nichts Besonderes kennzeichnet außer der
kleine Bahnhof Klingenberg-Colmnitz. Die Züge zwischen Dresden und den südlichen Gebieten Deutschlands über Freiberg lassen Klingenberg einigermaßen bekannt werden.

Die Gegend um Klingenberg, die höher gelegen ist als die um
den Windberg, bietet eine malerische Landschaft. Ich hatte zwar
kaum Zeit dazu, mir die Gegend anzusehen, da ich frühmorgens
nach Dresden fuhr und abends müde ins Heim zurückkam, aber
als ich später die Gegend näher betrachtete, entdeckte ich ihre
vielfältigen Schönheiten. Die außergewöhnlich ruhige Lage unten
um die Talsperre herum machte meine einsamen Wanderungen
im Wald, am buchtenreichen Ufer entlang, zu erholsamen Momenten. Fast täglich wanderte ich nun durch den Tharandter Wald,
um mir die Zeit zu vertreiben. So habe ich bei jeder Jahreszeit
alle kleinen Wege durchwandert.

In dem neuen Heim waren die Lebensbedingungen in vieler
Hinsicht besser als im Windbergheim. Hier durften wir unser
Essen selbst zubereiten. Dafür bekamen wir zweimal in der Woche
Verpflegungspakete mit Standardlebensmitteln. Es gab zwar kaum
Abwechslungsmöglichkeiten, da wir auf dieselbe Kost Monat
für Monat angewiesen waren, aber man konnte damit besser leben. Außerdem war man nicht mehr unter so strenge Disziplin
und Regelungen gestellt, die mit den geregelten Mahlzeiten verbunden waren. Leider durfte ich keine Anrufe mehr bekommen,
was mich in eine tiefere Isolierung stürzte. Da das Heim privat
war und besonders eine größere Anzahl von Bewohnern unter-
bringen sollte, etwa dreihundert, wurde uns kategorisch unter-
sagt, telefonische Gespräche in Empfang zu nehmen. Ohne angerufen werden zu dürfen, war ich nun von der Außenwelt so gut
wie abgeschnitten. Eine dringende Nachricht konnte mich nur

durch die Post erreichen. Jedenfalls habe ich einmal ein Telegramm bekommen.

Täglich fuhr ich zur Arbeit durch den Tharandter Wald und dann über Berge und Täler, die die Gegend um den Kurort Harta und Tharandt prägen, dann durch ganz Freital und einen Teil von Dresden, um nach Leubnitz zu gelangen. Im Winter waren mir die Fahrten frühmorgens durch den Tharandter Wald sehr unangenehm. Da ich wenige Stunden arbeitete, bat ich Herrn Berger, meinen Arbeitsbeginn zu verschieben. Er stimmte zu. Von da an fing ich meine Arbeit um neun an, und mit einer Stunde Pause beendete ich sie um 15 Uhr.

Auf Grund meiner Arbeit hatte ich kaum Kontakt mit Menschen in Klingenberg. Meine Einkäufe machte ich in Dresden oder in Freital. Aber mein allererster Kontakt außerhalb des Heimes erweckte einen recht positiven Eindruck bei mir. Es war in der Post. Dort saß eine junge Frau am Schalter, die alle meine Fragen sehr geduldig beantwortete. Durch meine Erlebnisse bei den Deutschen war ich so verletzlich geworden, daß nach jedem direkten Kontakt irgendwie in mir eine bewußte oder unbewußte Bewertung stattfand. Dieser erste gute Eindruck hat vielleicht mein Bild über Klingenberg positiv beeinflußt. Ich blieb zwar ohne persönliche Beziehung in der Gegend, aber bei solchen Kontakten, die sich nicht vermeiden lassen, wie beim Arzt und vielen anderen, bekam ich einen recht positiven Eindruck.

Das Jahr 1993 kam. Ich konnte froh sein, das vergangene Jahr nervlich gesund überstanden zu haben. Den Winter überstand ich ebenfalls, wenn ich mir auch starke Erkältungen zuzog. Es war jedoch ein einmaliges Erlebnis und eine gute Erfahrung für mich, bei zehn Grad Minus zu arbeiten. Da es tatsächlich im Winter wenig zu tun gab, außer die Wege vom Schnee freizumachen, indem wir den Schneepflug durch alle Wege des Friedhofs schoben, hatte sich Herr Berger eine zusätzliche Arbeit einfallen lassen, die uns den ganzen Winter beschäftigte. Es befand sich seit geraumer Zeit ein sehr großer Kompostplatz an einer Ecke des Friedhofs. Den Winter über habe ich mit Tilo aus diesem

Haufen eine gute Erde gesiebt, die dann an die Grabinhaber verkauft wurde.

Meine Beziehungen zu Cabana hielten weiter, aber in diesem Winter war ich nicht mehr so oft dort. Schon bald sollte ich mich auch dort nicht mehr so wohlfühlen, denn Frau H. begann allmählich unangenehm auf mich zu wirken. Frau H. war fast immer in der Cabana. Es war zur Gewohnheit geworden, daß ich mich mit ihr lange unterhielt. Eine andere Frau, die auch regelmäßig da war, erklärte mir, daß meine Beziehung zu Frau H. von vielen nicht gut angesehen sei, da sie vom Alter her meine Mutter sein konnte. Ich verstand allerdings, was sie meinte. Da ich nichts von dieser Andeutung bei Frau H. bemerkt hatte, antwortete ich nur, daß ich immer gewußt habe, mit den Freundinnen meiner Mutter umzugehen. Das war für mich eine schnell vergessene Geschichte. Aber eines Tages unterhielt ich mich intensiv mit Beata, einem achtzehnjährigen Mädchen, in einer abgelegenen Ecke. Sie war immer nett zu vielen von uns gewesen, und im Moment war sie dabei, mir etwas Grammatik zu erklären. Da merkte ich zum ersten Mal, daß dies Frau H. nicht gefiel. Als sie mich vor allen Leuten kritisierte, Beziehungen zu jüngeren Mädchen zu pflegen, reagierte ich gelassen nur mit einer Gegenfrage: »Warum nicht?« Dies nahm ich zum Anlaß, alles genau zu beobachten. Ich fand bald heraus, daß ich meine Beziehung zu ihr tatsächlich falsch verstanden hatte. Ich hatte ihre ganze Mühe als liebenswerte menschliche Hilfsbereitschaft verstanden. Als ich jedoch klare Distanz gegenüber Frau H. wahrte, fühlte ich mich oftmals durch ihr Verhalten verletzt. Ich hatte inzwischen gute Bekannte, die wußten, daß ich auf einem Friedhof arbeitete. Viele andere wußten es jedoch nicht. Jedesmal, wenn eine gute Stimmung in der Gruppe hochkam, war es an der Zeit für Frau H., direkte Fragen über meine Arbeit zu stellen. Ich sollte plötzlich Fragen beantworten wie: »Wieviel Beerdigungen gab es in dieser Woche auf dem Friedhof, wo du arbeitest?« oder »Hast du diese Woche schönes Wetter bei deiner Arbeit auf dem Friedhof?« Sie wußte, daß ich von Anfang an von dieser Arbeit nicht begeistert war. Sie wußte aber besser als ich, was diese Arbeit in der deutschen Gesellschaft bedeutete. In solchen Begegnungen unterhielt ich mich ja mit einer besonderen Klasse der Gesellschaft. Immerhin habe ich so unbefangen wie möglich geantwortet. Am meisten wiederholte und betonte ich das Wort »Friedhof«. Ich wollte ihr nicht zeigen, daß ihre Fragen mich irritierten, denn genau das wollte sie. In Wahrheit war ich aber doch getroffen. Manche der neuen Bekannten, die inzwischen mit mir gute Gespräche geführt hatten, reagierten mit plötzlicher Zurückhaltung. Einmal reagierte der deutsche Stefan, der mir bei der Suche dieser Arbeit geholfen hatte, mit einem spöttischen Kommentar vor der ganzen Gruppe, der mir sehr gefiel: »Aber Thomas, bist du ein Krimineller oder was? Frau H. stellt dir immer Fragen über Tote!«

Monatelang ging es mir so, bis ich mich nicht mehr in solcher Stimmung entfalten konnte. Cabana war dadurch nicht mehr der Ort, wo ich meine Ruhe finden konnte. Ich ging zwar noch ab und zu hin, aber nicht mehr regelmäßig wie früher. Die von dort gewonnenen guten Beziehungen konnte ich jedoch außerhalb von Cabana weiterhin pflegen. Das war mir wichtiger.

Der Fall von Frau H. lehrte mich jedoch, äußerst aufmerksam zu werden. Ich sollte später dadurch merken, daß viele Deutsche am Rande der Gesellschaft überzeugt sind, daß ihnen, was sie bei einem Deutschen in privaten Beziehungen nicht erreichen können, nun bei den Afrikanern möglich sei. Solche Partnerschaften zwischen deutschen Frauen und Afrikanern beobachtete ich nun mit großer Aufmerksamkeit und fand heraus, daß sich nur ein geringer Teil auf Liebe und Menschenwürde gründete.

In diesem Winter kam Thomas K. vom Wachdienst eines Abends in mein Zimmer. An dem Tag hatte er keinen Dienst im Heim, da er krankgeschrieben war. Er hatte sich einen Arm gebrochen. Als er ins Zimmer kam, war ich allein. Er schloß so schnell die Tür hinter sich, als wolle er nicht gesehen werden. Da wurde ich etwas stutzig. Wenn wir auch gute Beziehungen hatten, da er einer der wenigen Deutschen war, die ohne Ressentiments ein freies menschliches Verhältnis zu mir eingingen, waren wir jedoch nicht so befreundet, daß er mir einen privaten Besuch abstatten konnte. Außerdem war es mir im Laufe der Zeit deutlich geworden, daß die Deutschen im Heim eine gewisse Distanz gegenüber uns Asylbewerbern halten mußten. Das mag eine berufliche Vorschrift gewesen sein. Thomas fragte mich gleich, ob ich hundert Mark dabei hätte. Er brauchte das Geld dringend und wollte es mir in kurzer Zeit zurückgeben. Daß ein Deutscher Geld von mir leihen wollte, war ein besonderes Zeichen von Vertrauen. Aber da ich selten eine so große Summe bei mir hatte, verneinte ich spontan. Da stieß er einen verzweifelten Seufzer aus und begann mir zu erklären, warum er dieses Geld dringend brauche. Der Fall schien mir ernst. Als ich den Inhalt meines Geldbeutels prüfte, damit ich ihm wenigstens das gäbe, was ich gerade zur Verfügung hatte, fand ich einen Hundertmarkschein darin. Ich war zunächst froh, ihm helfen zu können. Ich machte mir keine Gedanken, ob er mir einen Schuldschein unterschreiben sollte. Ich gab ihm vertrauensvoll das Geld. Da war er erleichtert und wurde gesprächiger. Mein Zimmerkollege Stefan, der damals in einem Reinigungs- und Entsorgungsbetrieb arbeitete, hatte mir eine alte große elektrische Schreibmaschine besorgt. Ich war dabei, darauf zu üben. Thomas machte auch eine kleine Probe auf dieser Schreibmaschine. In diesem Moment fiel ihm etwas ein und er sagte mir: »Thomas, ich weiß, daß du dich für Computer interessierst. Soll ich einen alten DDR-Computer für diese Summe besorgen?« Ich sah ihn begeistert an, bevor er fortfuhr: »Ein Freund hat einen, und er will ihn sehr billig verkaufen.« Ich äußerte den Wunsch, für diese Summe den Computer zu bekommen. Das wäre ja fast geschenkt gewesen. Es war ein Montagabend. Gleich vereinbarten wir, daß er mir am Freitag entweder das Geld oder den Computer bringen sollte. An dem vereinbarten Tag kam er nicht. Zwei Monate später war er auch noch nicht gekommen. In der Zwischenzeit hatte ich begriffen, daß er nicht bereit war, mir das Geld zurückzugeben. Ich hatte mich dann bei seinen Kollegen über seine Ehrlichkeit erkundigt. Alle sagten mir, ich könne das Geld vergessen. Viele von den Asylbewerbern hatten mir bestätigt, er hatte von vielen Rumänen Geld geliehen, das sie nie zurückbekamen. Ich wäre bereit gewesen, Thomas das Geld zu schenken, wenn er mir von vornherein die Wahrheit gesagt hätte. Nun wollte ich mit allen Mitteln mein Geld zurück haben. Ich erhielt seine Adresse in Kleinnaundorf von jungen Rumänen, mit denen er befreundet war, und schickte ihm einen Brief, in dem ich mein Geld verlangte. Darin gab ich auch an, der Computer interessiere mich nicht mehr. Wochenlang kam keine Reaktion. Thomas wohnte bei seiner Mutter, die mich einmal mit ihm gesehen hatte. Inzwischen fuhr ich mehrmals zu seiner Wohnung, ohne jemanden zu treffen. Eines Tages traf ich seine Mutter zu Hause an. Ich entschied mich, die Geschichte nicht mehr lange zu verschweigen. Thomas war wenig über zwanzig, und ich hatte den Eindruck gewonnen, seine Mutter konnte noch seine Entscheidungen beeinflussen. Als ich ihr die Geschichte vor der Wohnungstür erzählte, entschied sie sich, mich in die Wohnung einzulassen und mir einen Computer von Thomas zu zeigen. Sie gab an, Thomas wäre bestimmt bereit, den Computer zu verkaufen. Wir diskutierten lange darüber. Ich war an dem Computer interessiert, obwohl Thomas mir selbst gesagt hatte, sein Computer sei nicht so gut wie der seines angeblichen Freundes. Die Mutter versprach mir, mit ihm darüber zu reden, und hoffte, daß er sich dann bei mir melden würde. Wochenlang kam er nicht. Ich nutzte vergeblich jede Gelegenheit, ihn zu Gesicht zu bekommen.

Doch dann kam der Tag, an dem ich ihn auf der Straße vor seiner Wohnung traf. Das war die Hauptstraße in Kleinnaundorf. Er war dabei, etwas mit seiner Mutter, die oben am Wohnungsfenster stand, zu besprechen, wobei er an der geöffneten Tür seines Autos stand, bereit, loszufahren. Ich grüßte aus meinem Wagen heraus. Als er mich erblickte, tat er so, als ob er mich nicht erkannte. Es wäre lächerlich gewesen, wenn seine Mutter mich nicht hätte erkennen wollen. Ich verließ meinen Wagen, ging auf ihn zu und bat ihn, mein Geld zurückzugeben. Erstaunlich, wie es unmittelbar zur offenen Drohung kam. Er ermahnte mich, sehr schnell zurückzufahren: »… ansonsten bist du ein toter Mann.«

Thomas war ein sehr kräftiger junger Mann, etwa 100 Kilo schwer. Seine theatralische Haltung fand ich nur komisch. Es dauerte eine Weile, bis ich mir vergegenwärtigt hatte, daß er es ernst meinte. Denn er begann mich laut zu beschimpfen, so daß die Nachbarn auf der anderen Seite der Straße an den Fenstern standen und alles verfolgten. Meine Mühe, ihn zu überzeugen, brachte mich allerdings keinen Schritt weiter. Er sprach kurz mit seiner Mutter. Dann stieg er in sein Auto ein und mit quietschenden Reifen fuhr er vor mir weg, nachdem er seine Drohung deutlich wiederholt hatte: »Glaube mir, wenn du dich hier wieder blicken läßt, bist du ein toter Mann.« Die Schimpfworte, die ich dabei zu hören bekam, möchte ich dem gebildeten Leser nicht zumuten. Ich sah oben die Mutter an, damit ich vielleicht eine gerechte Reaktion von ihr erleben konnte. Sie schloß schnell das Fenster. Ich blieb da noch eine Weile wie versteinert stehen. Da fiel mir nur ein: Ich muß gleich den Fall der Polizei melden.

In der Polizeistelle Freital wurde ich von einem Polizeibeamten empfangen. Ich erklärte ihm den Vorfall und gab offen an, daß ich keinen geschriebenen Beweis für das geliehene Geld hatte. Ich fügte aber hinzu: »Ich habe gehört, wenn man eine Anzeige gegen Unbekannt bei der Polizei abgibt, kann dies manchmal zu einem zufriedenstellenden Resultat führen. Nun hoffe ich, daß es in meinem Fall möglich sein wird, denn ich gebe Ihnen den Namen und die Adresse der anzuzeigenden Person. Bitte benutzen Sie alle psychologischen Mittel, um herauszufinden, wer von uns beiden Recht hat.« Gegen das Wort »psychologisch« reagierte der Polizeibeamte: »Hier können wir keine psychologische Methode in dem Ermittlungsverfahren anwenden. Sie dürfen trotzdem eine Anzeige wegen Betrug erstatten.« Eine Dreiviertelstunde lang erklärte ich alle Vorgänge. Er schrieb alles sorgfältig auf, wobei er mir trotzdem zwischendurch auf psychologische Weise komplizierte Fragen stellte. Ich bekam eine Kopie der Anzeige und wartete auf die Entscheidung. Seitdem sah ich Thomas nicht wieder.

Über ein halbes Jahr verging, ohne daß ich eine Nachricht zu meiner Anzeige bekam. Dann erhielt ich eine Einladung von der

Polizei zur Gegenüberstellung. Ich sollte im Polizeirevier Freital bei Herrn H. vorsprechen. An dem Vormittag bat ich Herrn Berger um Erlaubnis und meldete mich bei Herrn H. Thomas hatte am Tag davor abgesagt und erschien nicht zu der Gegenüberstellung. Herr H. entschuldigte sich, nicht frühzeitig in der Lage gewesen zu sein, mich über die Absage von Thomas zu informieren. Er hielt es jedoch für notwendig zu fragen, ob ich gültige Arbeitspapiere hätte. Als ich ihm sagte, daß ich in normalen Arbeitsverhältnissen stünde, zeigte er sich überrascht. Ich vermute, daß man ihm gesagt hatte, ich arbeitete illegal. Ziemlich besorgt versprach er mir, sich um einen neuen Termin zu kümmern. Es dauerte vielleicht einen Monat, da bekam ich eine neue Einladung. Diesmal kam auch Thomas. Auf Routinefragen sollte man antworten, ob man den Gegner kannte und wenn ja, woher. Für mich war es keine Frage. Aber auch Thomas gab zu, daß er mich vom Windberg und von Klingenberg kannte. Auf die Frage, ob er von mir Geld erhalten hatte, antworte er: »Nein, ich habe kein Geld von ihm erhalten.« Da drehte ich mich um und fixierte seine Augen. Er machte wirklich eine überzeugte Miene und fuhr sogar mit Schimpfen und Drohen gegen mich fort, so daß Herr H. sich durchsetzen mußte. Jedenfalls hörte ich noch einmal von ihm: »... sonst bist du ein toter Mann.« Außer den Schimpfworten und Drohungen erfand er auch Geschichten, die das Ziel hatten, mich in den Augen von Herrn H. unglaubwürdig zu machen. Er behauptete, ich sei in seine Wohnung eingedrungen und ich hätte alles angesehen und gesagt: »... dies und jenes interessiert mich...«, wobei er so undeutlich zu sprechen versuchte, daß ich von seinen Aussagen nichts verstand. Doch ich verstand alles. Über seine falschen Aussagen hinaus machte er Herrn H. darauf aufmerksam: »Wir arbeiten für diese Leute.« Vor einigen Tagen hatte ich seine Kollegen gefragt, ob er noch bei der für den Wachdienst zuständigen Firma arbeitete. Die Antwort war: »... fristlos entlassen.« Seine Arbeit bestand letztlich nur darin, eine bestimmte Anlage zu bewachen, also an einer bestimmten Stelle zu sitzen. Trotzdem war er dieser leichten Verpflichtung nicht nachgekommen. All dies saß fest bei mir. Herr H. forderte mich auf, etwas dazu zu sagen. Ich sagte: »Es kommt aus seinem Mund, daß er kein Geld von mir erhalten habe. Ich sage es mit meinem Mund, daß ich ihm mit meiner Hand die strittige Summe gegeben habe. Ich bin froh, daß er es so gesagt hat.« Denn durch diese Behauptung hatte er indirekt bestätigt, was ich schon von anderen gehört hatte. Tatsächlich fühlte ich mich erleichtert, denn genau das wollte ich von ihm hören. Damit hatte ich mein Ziel erreicht. Trotzdem hielt ich die Klage aufrecht, die zur Staatsanwaltschaft Freital übertragen werden sollte. Seither sind Jahre vergangen, und ich habe nichts mehr von dem Fall gehört.

Dieses Vorkommnis stürzte mich in eine Welt voller innerer Fragen und Beobachtungen. Ich wollte wirklich die deutsche Gesellschaft verstehen. Denn Frau H. und Thomas waren mir in diesem Zeitabschnitt freundschaftlich näher gekommen wie kaum ein anderer Deutscher. Seitdem empfand ich jede offene Annäherung mit kritischem Bedenken. Früher war ich so eingestellt, daß ich jede meiner neuen Begegnungen mit anderen Menschen von vornherein für gut hielt, bis zum gegenteiligen Beweis. Durch dieses immer unerklärlichere Verhalten bei den Deutschen wurde meine Einstellung anderen Menschen gegenüber umgekehrt. Der unbekannte Deutsche, der mir gegenüberstand, war zunächst nicht gut, bis zum gegenteiligen Beweis. Jedenfalls wurde meine natürliche Offenheit sehr beeinträchtigt.

Ich habe aber auch viele Erfahrungen gemacht, in denen ich mich mit einem Deutschen vertraut fühlte. Aber sobald ich über diese schlechten Erfahrungen oder überhaupt von meinen schwierigen Lebensumständen erzählte, führte dies meist zu ungeheuren Mißverständnissen. Denn dies wurde immer als Kritik an Deutschland eingestuft. Wenige Deutsche tolerierten es, wenn ich meine negativen Erfahrungen erwähnte. Zum Glück hatte ich zumindest mit Tilo eine Stufe erreicht, die mich glauben ließ, er akzeptiere mich so, wie ich bin. Zwischen uns bestand ein Niveau von menschlichem Vertrauen, das ich zu diesem Zeitpunkt unter den Deutschen völlig vermißte.

Sobald der Winter vorüber war und das schöne Wetter kam, begann ich mit Tilo und seiner Familie Ausflüge zu machen. Ich bekam dadurch eine abwechslungsreiche Erholung. Während dieser Ausflüge machte ich jedoch eine Entdeckung, die ich zuvor nicht gemacht hatte: Die bösen Blicke auf der Straße waren überhaupt nicht mehr auf mich gerichtet, sondern auf Tilo und Kerstin. Ich war nur zum Zuschauer geworden von dem Theater, dessen Urheber ich war. Tilo war gesprächiger als Kerstin, da er mir immer alles zu erklären versuchte. Ich bin überzeugt, daß er die bösen Blicke kaum bemerkte, während mir solche Szenen selten entgingen.

Die allererste Reise führte uns, Tilo, Kerstin und mich, nach Berlin. Es war das erste Mal, daß ich nach Berlin kam. Dort besichtigten wir viele Sehenswürdigkeiten, vom Fernsehturm über das Brandenburger Tor bis hin zum Pergamon-Museum, das wir leider nur von außen sahen. Als wir dort ankamen, war es schon zu spät für eine Besichtigung, die sich nur lohnt, wenn man dafür mindestens eine Stunde Zeit hat. Von dort liefen wir in Richtung Alexanderplatz zurück, wo wir den Zug nach Dresden nehmen wollten. An dem Tag kam es zu schauerartigem Regen. Jedenfalls war der Himmel über Berlin sehr bedeckt. Aber auf diesem Wegabschnitt wurde die Stadt von einem dicken Nebel plötzlich so bedeckt, daß die Sicht nur noch wenige Meter betrug. Da wir wegen dieses Nebels den Fernsehturm nicht mehr sehen konnten, der die Richtung wies, verirrten wir uns in kleinen Gassen, unweit vom Alexanderplatz. Jeder Berliner weiß bestimmt, daß der Fernsehturm, der fast überall zu sehen ist, am Alexanderplatz steht. Tilo hatte auch in Ost-Berlin gelebt. Als wir den Weg nicht fanden, bat Tilo ein älteres Paar, das uns entgegenkam, um Auskunft. Die Frau antwortete anscheinend mit letzter Energie an Höflichkeit: »Welch eine blöde Frage? Sie brauchen nur dem Fernsehturm nachzugehen«, und bevor sie ihr Fahrrad weiterschob, hatte Tilo schon reagiert: »Aber ich finde die Richtung nicht, weil ich eben den Fernsehturm nicht mehr sehen kann.« Die Frau drehte sich wieder schnell um, als wolle sie endgültig Tilo beweisen, daß er tatsächlich irgendwie blöd war. Sie behauptete schon, bevor sie selbst die richtige Blickrichtung hatte: »Dort ist er«, und erst danach stellte sie fest, daß der Fernsehturm verschwunden war. Sie nahm sich erst dann Zeit und erklärte uns, wie wir dorthin kommen konnten. Diese kleine Szene ist an Tilo völlig unbemerkt vorbeigegangen. Aber an mir nicht. Ich hatte die Deutschen lange beobachtet. Ich hätte nicht glauben können, daß ein Unbekannter so plötzlich als »blöd« bezeichnet wird, egal welche »blöde Frage« er auch stellte.

Die Fernsehsendungen mit versteckter Kamera hatten mir die wahre Natur der Deutschen untereinander enthüllt. In manchen Szenen erlebte ich eine große Toleranz, die ich wirklich bewunderte. Als bei den zahlreichen Gelegenheiten, die ich mit Tilo erlebte, immer wieder dieselben Reaktionen kamen, wurde mir klar, daß all dies nur mit meiner Begleitung zusammenhing. Ich war von allen Seiten belastet. An einem bestimmten Zeitpunkt bekam ich das Gefühl, vom Himmel vergessen zu sein. Alles schien wie gegen mich gerichtet zu sein. Ich spürte, daß ich keinen Platz in dieser Gesellschaft haben durfte. Es kam mir vor, daß, wenn ich nicht regelrecht um diesen Platz kämpfen würde, es bald mein Ende bedeuten dürfte.

Im Heim kam es einmal zu Auseinandersetzungen, die mich dazu zwangen, den folgenden Brief zu schreiben:

Thomas Mazimpaka, Asylbewerberheim
Bahnhofstr. 15, O-8215 Klingenberg

Regierungspräsidium Chemnitz
Zentrale Ausländerbehörde, Gaußstraße 5

Beschwerde

BAFL-Nr. A1211660-265   07. 06. 1993

Sehr geehrte Damen und Herren,
nach einem Jahr und 7 Monaten in Deutschland als Asylbewerber fühle ich mich allmählich frustriert.

Gegenüber den Behörden und im Briefwechsel mit Behörden habe ich immer wieder zu verstehen gegeben, daß ich mich isoliert und bedroht fühle. Ich bin nämlich der einzige Schwarzafrikaner im Asylbewerberheim (seit November 1991 bis Ende November 1992 im Heim Freital und seitdem im Heim Klingenberg).

Ich habe erwartet und erhofft, daß mein Asylantrag zügig bearbeitet wird und daß ich als Asylbewerber aus Afrika in Ost-Deutschland sicher leben kann. Das Gegenteil ist jedoch der Fall. In meinem Schriftverkehr mit der Zentralen Ausländerbehörde in Chemnitz und in meiner Klage, betreffend meinen Umverteilungsantrag nach Karlsruhe zu meinen Verwandten, habe ich auf den Tatbestand hingewiesen, daß ich bedroht bin, mich isoliert fühle und in Angst vor Übergriffen leben muß.

Meine Situation hat sich nicht geändert. Mit meinen Nerven bin ich jetzt am Ende.

Seit einigen Monaten fühle ich mich mehr als je zuvor in meiner Sicherheit bedroht. Die Verachtung und den Fremdenhaß spüre ich stark.

Die evangelische Kirchengemeinde Dresden Leubnitz-Neuostra hat mir eine Beschäftigung besorgt. Für diese Beschäftigung beziehe ich ein kleines Gehalt. Mit meinem Gehalt finanziere ich meine Sicherheit, d. h., ich habe mir einen sehr alten Gebrauchtwagen gekauft und fahre damit zu meiner Arbeit. Ich habe Deutsche mit folgenden Reaktionen erlebt:

– Sie neiden mir meinen Wagen und verstehen nicht bzw. wollen nicht verstehen, daß ich den Wagen nicht zum Spaß und zum Angeben, sondern zu meiner Sicherheit und für meine Arbeit gekauft habe.

Folgende Zwischenfälle mit Deutschen bringe ich hiermit zur Kenntnis:

Am Sonntag, den 16. 5. 93, 8.10 Uhr, befand ich mich außerhalb der Heimtür und im Gelände des Heimes. Ich traf einen der Bediensteten, einen Mitarbeiter des Wachdienstes. Es war Detlef H., der im Dienst war. Ohne Vorwarnung sagte er mir in einem aggressiven Ton: »In Deutschland müssen die Ausländer ›Guten Tag‹ sagen.« Ich antwortete scharf (sinngemäß), weil ich schon einmal von ihm rassistische Provokationen und verbale Bedrohung erlitten hatte: Ich brauche mir in meinem Alter keine Leviten mehr lesen zu lassen, wenn es ums Grüßen geht. Daraufhin hat er geschimpft: »Fahre mit deinem Auto in deinen Busch.« Mehr als dreimal schimpfte er so. Ich habe auch geschimpft. Wir befanden uns immer noch im Heimgelände. Wir gingen ins Haus, und er begann den Kollegen, die ihn fragten, was los gewesen sei, den Vorfall »zu erklären«. Ich befand mich zu dieser Zeit vor der Bürotür. Herr H. und seine 2 Kollegen befanden sich im Büro. Die beiden Kollegen hatten die Auseinandersetzung vom Bürofenster aus verfolgt. Ich war aufgebracht und stand immer noch vor dem geöffneten Büro in der Tür, d. h. an meiner linken Körperseite befand sich der geöffnete Türflügel. Herr W. kam aus dem Büro und schob mich kräftig nach hinten, also aus dem Türrahmen heraus. Dabei ließ er Schimpftiraden auf mich los. Herr H. kam ebenfalls auf mich zu. Er ist ca. 120 kg schwer und schob mich kräftiger als Herr W. nach hinten. Ich erhielt zwei Stöße, und unablässig schimpften beide. Die Schimpftiraden verstand ich nicht alle. Herrn H. gelang es, die Tür unter Gewaltanwendung zu schließen. Der 3. diensthabende, Marko W., der sich während dieses Zwischenfalls im Büro aufhielt, war Zeuge. Er kennt mich, und ich habe den Eindruck gewonnen, daß er freundlich zu mir ist, ohne jegliche Vorbehalte und Ressentiments. Ich würde ihn im Falle einer genauen Ermittlung dieses Vorfalles als »neutralen Zeugen« benennen.

Ich verstehe nicht, wieso es Probleme wie den obenerwähnten Zwischenfall mit Deutschen gibt. Ich verstehe mich mit den anderen Asylbewerbern im Heim gut. Bislang gab es dort keine Handgreiflichkeiten.

Es ist doch lächerlich, wenn ich von Leuten, die bezahlt werden, um mich zu schützen, nun im Gegenteil von ihnen während

ihres Dienstes provoziert werde. Evtl. hätten diese Handgreiflichkeiten mit Verletzungen enden können.

Ich befürchte, daß in der Zukunft Übergriffe des diensthabenden Personals mich wieder treffen werden und ich mit Schaden
für meine Gesundheit und mein Leben rechnen muß. Ich war
aber bislang noch nicht Opfer solcher Aggressionen mit gravie-
renden Schäden für Leib und Leben.

Ich habe längere Zeit gewartet, um Beratung in diesem Zwischenfall zu suchen. Ich finde es wichtig, diesen Zwischenfall
schriftlich mitzuteilen. Ich ziehe diese Art der Mitteilung der
mündlichen Mitteilung vor.

Wenn es jetzt um meine leibliche Sicherheit geht, verlange ich
Garantien. Außerdem erhoffe ich, Antworten zu bekommen auf
folgende Fragen:

1. Warum habe ich bislang, also seit 1 Jahr und 7 Monaten, kein
   Anhörungsverfahren gehabt?
2. Meine Klage ist immer noch anhängig nach 7 Monaten. Ich er-
   warte eine Entscheidung.
3. Wer garantiert für meine Gesundheit und mein psychisches
   Wohlergehen? Meine Nerven sind stark strapaziert, ich bin bedroht, ich lebe in ständiger Angst. Meine Angst wächst, denn
   ich muß mit weiteren Provokationen, Beleidigungen und Handgreiflichkeiten rechnen.

Sollte ich verletzt werden infolge von Übergriffen, laste ich dieses den »Provokateuren« und / oder evtl. Komplizen an.

Mit freundlichen Grüßen

Thomas Mazimpaka

Anmerkung: Ich setze Sie in Kenntnis, daß dieser Beschwerdebrief
zur Kenntnisnahme an folgende Adressaten geschickt wurde:

1.) Bundesamt für die Anerkennung ausländischer Flüchtlinge
2.) Wachfirma

3.) Verwaltungsgericht Chemnitz
4.) Amt des Hohen Flüchtlingskommissars
5.) Landratsamt Freital
6.) Diözesancaritasverband
7.) Der Ausländerbeauftragte des Freistaates Sachsen
8.) Die Ausländerbeauftragte für Dresden
9.) Der Heimleiter des Asylbewerberheimes Klingenberg

Nachdem ich diesen Brief abgefaßt hatte, suchte ich Frau Strozda bei der Caritas auf, damit sie ihn korrigierte. Außerdem, da ich schlechte Erfahrungen hinsichtlich meines Briefwechsels mit den Behörden gemacht hatte, wollte ich mich auch durch die Caritas in dieser Frage vollständig betreuen lassen. Frau Strozda schrieb in einem Begleitschreiben, daß ich in meiner Angelegenheit bei der Caritas vorgesprochen habe, dann schickte sie den Brief an alle Adressaten.

Nachträglich schickte sie auch eine Fotokopie an das Sächsische Ministerium des Innern, nachdem wir uns bei einem Rechtsanwalt Rat geholt hatten.

Die Tatsache, daß die Caritas mich betreut hat, sorgte sicherlich für einen besseren Effekt. Innerhalb eines Monats wurden wir, Frau Strozda und ich, bei der Zentralen Ausländerbehörde Chemnitz zu einem Gespräch in meiner Angelegenheit eingeladen. Ebenfalls kurz darauf reagierte das Verwaltungsgericht Chemnitz, indem es mir mitteilte, daß eine Terminierung in meiner Sache sobald wie möglich erfolgen wird. Der sächsische Ausländerbeauftragte, Herr Sandig, reagierte auch.

Zu dem Gesprächstermin in der Zentralen Ausländerbehörde Sachsen in Chemnitz wurden wir von dem Geschäftsführer und Herrn L. empfangen. Herr L. war der zuständige Sachbearbeiter für die Daten von Asylbewerbern und die damit verbundenen Fragen. Die meisten Dokumente, die ich bislang von der Zentrale bekam, waren von ihm unterschrieben. Die beiden wandten sich an Frau Strozda. Ich saß nur daneben und konnte alles mithören. Als ich einmal eine Frage beantwortete, deren Antwort Frau Strozda nicht gleich fand, waren die beiden sehr überrascht. Nach ihrer Reaktion verstand ich, daß sie mir nicht zugetraut hatten, mich auf deutsch zu verständigen. Von da an diskutierten wir ziemlich offen über meine Situation.

Nach anderthalb Jahren erfuhr ich zum ersten Mal etwas über meine Unterlagen. Als Herr L. im Computer prüfte, stellte sich heraus, daß sie sich zu diesem Zeitpunkt in Berlin befanden. Die Adresse des betreffenden Amtes wurde uns gegeben.

Aufgrund meiner Sprachkenntnisse reagierte Herr L. wie viele andere Deutsche, als er mir spontan auf natürliche Weise sagte: »...aber Sie hätten sich an der Entwicklung Ihres Landes beteiligen können.« Ich verstand seine Reaktion als indirekte Bemerkung. Das war so, als wollte er sagen: »Warum sollen Sie in die Ferne schweifen, wenn sie von Ihren Fähigkeiten in Ihrer Heimat gut leben können.« Allerdings wurde meine Zunge im Mund schwer. Was konnte ich dazu sagen? Ich hoffe nur, daß er erst ein Jahr später die Antwort bekam.

Ich stellte ihnen die dringendste Frage, ob sie meine Rückkehr nach Karlsruhe ermöglichen könnten. Sie konnten nichts dafür tun. Da ich mich über die Verhältnisse im Heim in Klingenberg beklagt hatte, mich allein als Afrikaner isoliert zu fühlen, versprachen sie mir, eine Überstellung in ein anderes Heim in Sachsen zustande zu bringen, falls ich eines mit Landsleuten kennen würde. Nur über eine Überstellung innerhalb Sachsens durfte die Zentrale Ausländerbehörde Sachsen entscheiden. Nach meiner und ihrer Erkenntnis war kein anderer Asylbewerber aus Ruanda zu diesem Zeitpunkt in Sachsen.

An dem Tag erreichten wir also nicht viel. Ich mußte in Klingenberg bleiben. Was meine Klage anbelangte, wurde das Urteil nach einigen Monaten gefällt. Allerdings wurde die Klage gemäß dem Antrag der Zentralen Ausländerbehörde abgewiesen. In der Begründung wies man darauf hin, daß in Sachsen, den Statistiken zufolge, die Fremdenfeindlichkeit deutlich nachgelassen hätte. Von da an wußte ich, daß ich verurteilt worden war, auf unbestimmte Zeit in Sachsen zu leben.

Zur selben Zeit war Frau B. in der Ausländerbehörde Freital durch Herrn J. ersetzt worden. Ich hatte das Gefühl, daß Herr J. eine falsche Einstellung zu seiner Arbeit hatte. Es war nicht selten, daß Asylbewerber ihn grüßten, ohne eine Antwort zu erhalten. Ich dachte, es passiere nur mir.

Zu dieser Zeit war ein junges Ehepaar, Mara, die Frau, und Misko, der Mann, aus dem ehemaligen Jugoslawien im Heim eingetroffen. Ich war inzwischen mit ihnen befreundet und hielt sie im ganzen Heim für die anständigsten Menschen.

Als ich mich einmal über Herrn J. beklagte, reagierte Mara spontan, die sehr gut Deutsch sprach: »... wenn ich es dürfte, hätte ich Herrn J. an manchen Tagen gefragt, ob er den Schlüssel seines Mundes zu Hause vergessen hat.« Ihre Reaktion half mir, die ganze Situation anders zu bewerten. Ich war überhaupt nicht schuld an all dem, was ich überall erlebte. Als ich mich über diese chaotische Lage weiter unterhielt, erfuhr ich im Heim, daß fast jeder Asylbewerber sich irgendwann von Herrn J. verachtet gefühlt hatte. Es war sogar zu offenen Auseinandersetzungen zwischen ihm und jungen Kosovo-Albanern gekommen. Es gab auch kollektive Protestschreiben über das Arbeitsverhalten von Herrn J.

All dies erfuhr ich erst viel später. Ich hatte viele seiner Verachtungen geduldet, da kam der Tag, an dem ich mich von ihm nicht nur verachtet fühlte, sondern auch regelrecht provoziert. Ich konnte nicht mehr. Ich wollte ein Anliegen klären. Ich betrat sein Büro auf übliche Weise. Es war selbstverständlich während der Öffnungszeiten. Als er mich erblickte, machte er eine Handgeste ohne ein Wort auf eine Weise, die mir die letzte Geduld nahm. Mit seiner Geste wollte er wohl sagen: »Draußen bleiben...« Doch wie er dies tat, bestand kein Zweifel, daß er mich absichtlich seine Verachtung spüren lassen wollte. Dies geschah erst ein paar Tage, nachdem ich bei Frau Z. vom Sozialamt, also einer Kollegin in der Zusammenarbeit von Asylbewerberfragen, dieselbe Geste gesehen hatte. In diesem Moment ging es mir wie ein Alarmsignal durch den Kopf. Ich stand noch in der Tür und zögerte, während ich mich fragte, ob ich die Bedeutung seiner Geste richtig verstanden hatte. Da wiederholte er noch aggressiver seine Geste. Dann ging ich vorwärts, schloß die Tür und fragte ihn: »Aber… Herr J., warum soll ich wie ein Hund fortgejagt werden?« Ein Hund ist in der ruandischen Tradition das Symbol der Erniedrigung und Verachtung. Er antwortete nicht, sondern arbeitete weiter auf dem Computer in einer Ecke seines Büros. Dann nahm ich Platz an dem Besucherstuhl und blieb ruhig. Als er merkte, daß ich mit seiner Methode nicht einverstanden war, sprach er mich an, während er weiter arbeitete: »Herr Mazimpaka, ich habe Ihnen gesagt, draußen zu warten.« Es entstand eine lange unfruchtbare Diskussion, in der nur eine gute Ausrede kam: »Draußen warten auch andere Asylbewerber.«

Tatsächlich warteten einige Vietnamesen, die aber auf eine bestimmte Person ihrer Landsleute warteten, um gemeinsam ein Problem bei Herrn J. zu klären. Ich kannte einen, der mit mir im Heim wohnte. Als ich ankam, saß ich eine Weile neben ihnen im Korridor, ehe er mir erklärte, sie warteten noch auf jemanden und Herr J. sei allein im Büro. Das sagte ich Herrn J. Ich bat ihn sogar, sie zum Beweis zu fragen. Ich konnte auch inzwischen mein Anliegen erläutern. Trotzdem weigerte er sich, sie zu fragen, auch ging er auf mein Anliegen nicht ein, sondern bestand weiterhin darauf, daß ich gleich sein Büro verlassen sollte. Die Auseinandersetzung wurde lauter. Seine Willkür ging mir auf die Nerven. Ich reagierte: »Entweder Sie rufen die Polizei, damit sie mich aus diesem Büro heraushole, oder Sie lösen mein Problem, damit wir alle Ruhe haben.«

In diesem Augenblick betrat eine neue Mitarbeiterin, die seit kurzem in diesem Büro arbeitete, den Raum. Herr J. bat sie, Herrn Wolf in sein Büro zu holen, damit er Augenzeuge unseres Streites sei. Herr Wolf war sein Chef. Ich hatte ihn noch nie gesehen. Als Herr Wolf hereinkam, grüßte er mich, dann schrieb er das Datum und die Zeit in sein Notizbuch. Herr J. erklärte kurz, worum es ging. Der Hauptgrund blieben die Vietnamesen im Korridor. Als ich Herrn Wolf die Situation etwas anders schilderte, drohte er aufgebracht:

»Sie haben sich strafbar gemacht! Wissen Sie, daß Herr J. der Chef in diesem Raum ist.« Da reagierte ich ruhig: »Aber ich habe eben gerade gehört, Sie seien der Chef von Herrn J.« »Das ist richtig«, antwortete Herr Wolf. »Und wenn ich gut verstehe, geben Sie ihm Recht in diesem bedauerlichen Vorfall.« Da bekam ich keine Reaktion. Es herrschte eine Weile Stille. Herr Wolf hatte mir die ganze Zeit direkt in die Augen geschaut. Zum Glück kam mir seine Antwort versöhnlich vor, denn er war augenblicklich selbst ruhig geworden. Dann diskutierten wir alles in Ruhe, und ich bekam einen zufriedenstellenden Bescheid in meiner Angelegenheit, wobei ich Herrn Wolf erklärte, daß mich die rassistische Arroganz von Herrn J. immer verletzt hatte.

In Anwesenheit von Herrn Wolf sagte Herr J., ich sollte beim nächsten Mal auf meine »terroristische Haltung« verzichten, damit wir gut auskommen. Trotzdem reagierte ich nicht auf das, was ich für reine Provokation hielt.

Herr Wolf und ich verließen das Büro und diskutierten eine Weile im Korridor weiter.

Inzwischen war die von den Vietnamesen erwartete Person gekommen. Sie bereiteten sich darauf vor, in das Büro hineinzugehen. Da fiel mir ein, Herrn Wolf zu beweisen, daß ich tatsächlich mit den Vietnamesen gesprochen hatte. Der Vietnamese, der mit mir im Heim wohnte, stand schon im Türrahmen. Ich zog ihn so kräftig zurück, daß ich mich ein wenig geschämt habe, meine latente Wut auf ihn abgeladen zu haben. Zum Glück nahm er es nicht übel. Im Gegenteil begann er ruhig, Herrn Wolf die ganze Geschichte zu erzählen.

Daraufhin begann Herr Wolf mir freundlich alles zu erklären, daß in dieser ihm unterstehenden Abteilung alles nur nach Gesetz gemacht wird, daß, wenn ich mich von irgendeinem Mitarbeiter benachteiligt fühlen sollte, ich mich an ihn wenden dürfe. Die Diskussion entspann sich bestimmt noch einmal über zwanzig Minuten. Mein Verhältnis zu Herrn J. hatte sich so verschlechtert, daß ich mir gewünscht hätte, nie wieder etwas mit ihm zu tun zu haben.

Im Juni wurde ich von der Gemeinde Leubnitz eingeladen, an einem Seminar in Spiekeroog, einer Insel in der Nordsee, teilzunehmen. Im Rahmen der Partnerschaft mit der Evangelisch-lutherischen Gemeinde Hannover wollten sich die beiden Gemeinden für vier Tage treffen und über ihre Zusammenarbeit reden. Jeder Mitarbeiter der Gemeinde war herzlich eingeladen. Ich hielt diese einmalige Gelegenheit für die beste Abwechslung in meinem Leben seit meiner Ankunft in der Gegend. Da die anderen Friedhofsmitarbeiter aus familiären Gründen nicht mitmachen konnten, meldete ich mich allein. Aber viele andere Kollegen in der Gemeinde hatten sich gemeldet.

Der Abreisetag fiel mit einem Besuch zusammen, den ich unbedingt im Westen machen wollte. Ich wollte an einer Hochzeit teilnehmen. Ich entschied mich, vom Ort der Hochzeit aus direkt mit meinem Auto nach Spiekeroog zu fahren. Inzwischen hatte ich ein besseres Auto, das auch für solche langen Reisen geeignet war. Ich besprach all dies mit Pfarrer Naumann und bekam von ihm alle erforderlichen Hinweise. Ausnahmsweise bekam ich von der Ausländerbehörde eine Erlaubnis für diesen langen Urlaub.

Nach dem Hochzeitsfest fuhr ich gleich nach Spiekeroog. Ich schätzte die Strecke auf siebenhundert Kilometer. Ich fuhr um 8 Uhr los. Zu Mittag befand ich mich in der Gegend um Köln, wo es stark regnete. Die Aquaplaninggefahr war so hoch, daß ich lange Strecken langsam fahren mußte, was meine Reisezeit mächtig beeinträchtigte. Unterwegs legte ich nur eine kleine Pause ein. Da die letzte Fähre vom Festland nach Spiekeroog um 18 Uhr fuhr, stand ich unter Zeitdruck. Kurz vor 18 Uhr kam ich in Neuharlingersiel an, einer kleinen Stadt vor Spiekeroog, wo ich mein Auto abstellen mußte. Da Spiekeroog eine autofreie Insel ist, gibt es in Neuharlingersiel Firmen, die die Autos der Bewohner und Besucher der Insel bewachen. Aber ich fuhr noch lange herum, ehe ich den richtigen Parkplatz fand.

Als ich endlich dort eintraf, stand Pfarrer Naumann mitten im Gelände und schien unruhig etwas zu suchen. Als er mich sah, war er sichtlich beruhigt. Er kam auf mich zu, half mir schnell, mein Gepäck auszuladen. Da verstand ich, daß er nur noch auf mich wartete. Die Zeit drängte. Alle anderen waren schon unten am Hafen. Ich bezahlte die Parkgebühr. Ein Parkplatz wurde mir hinter dem riesigen Gebäude angegeben. Als ich um das Haus herumfahren wollte, stieg Pfarrer Naumann ein, indem er sagte: »Ich komme mit.« Ich verstand nicht, warum er unbedingt einige Meter mit mir fahren wollte. Dann beobachtete ich, wie er auf meine Fahrweise achtete. Ich stellte das Auto ab, dann liefen wir schnell zum Hafen. Nach einer zehnstündigen Fahrt war ich wirklich erleichtert, gerade noch rechtzeitig angekommen zu sein.

Am Hafen warteten noch einige Personen unserer Gruppe außerhalb der Fähre, aber eine große Anzahl saß schon drinnen. Ich konnte sie gerade noch begrüßen. Wir stiegen als letzte Passagiere in die Fähre ein. Die Fähre war voll. Als ich ankam, traf ich die Leiterin des Kindergartens Leubnitz. Sie sprach mich erfreut an: »Wir waren sehr beunruhigt, daß dir etwas passiert ist!« Da verstand ich die innere Unruhe vom Pfarrer Naumann und vor allem, warum er meine Fahrweise prüfen wollte. Ich erklärte ihr, daß ich keine großen Schwierigkeiten gehabt hatte, trotz des starken Regens auf einem Wegabschnitt. Ihre Worte drückten Zufriedenheit aus; ein Zeichen, daß sie sich tatsächlich Gedanken gemacht hatte. Auf der Fähre traf ich eine weitere Gruppe. Einen Mann in der Gruppe kannte ich aber nicht. Ich wußte, daß andere Gemeindemitglieder dabei sein würden. Mein Blick war mehrmals auf ihn gestoßen. Jedenfalls, so wie sie zusammensaßen, war es unverkennbar, daß er der Seminargruppe angehörte. Ich stand schon eine Weile da, als mich eine Kollegin ansprach, wobei sie mir eigentlich zeigen wollte, daß ich neben ihr stand, ohne sie bemerkt zu haben. Ich grüßte alle, aber ich sprach in einem freudigen Ton über meine Unaufmerksamkeit: »Ich habe jemanden gesehen, von dem ich nicht wußte, daß er unserer Gruppe angehört«, wobei ich auf diesen Unbekannten hinwies. Einige sahen sich überrascht in die Augen und hatten dabei einen solch kalten Gesichtsausdruck. Seit einiger Zeit half ich Frau Reif, der Kantorin der Kirchgemeinde, ihre Kenntnisse der französischen Sprache zu verbessern. Sie war auch angereist und saß in dieser Gruppe. Als ich sie ansah, las ich auch aus ihrem Gesicht Kälte. Da begann ich mich zu fragen, welchen Fehler ich gemacht hätte. Ja, ich hatte behauptet, der Mann gehörte unserer Gruppe an, obwohl er vielleicht ein normaler Passagier war. Aber vielmehr verstand ich, daß meine unbefangene freudige Haltung nicht in diese Atmosphäre paßte. Eigentlich hatte ich im Moment vergessen, wo und wer ich war. Das war vielleicht das erste Mal, daß ich mich in Deutschland in meiner natürlichen Weise benommen hatte. Wie konnte ich nicht froh sein, nach dieser gelungenen Reise? Wenn ich diese Fähre verpaßt hätte, hätte ich mir eine Unterkunft suchen müssen. Aber mir wurde nun bewußt, wenn ich nicht rechtzeitig angekommen wäre, hätte allein die Lawine von Spekulationen für eine unangenehme Stimmung in der ganzen Gruppe gesorgt. Durch diese innere Unruhe von Pfarrer Naumann bekam ich auch das Gefühl, daß er sich irgendwie verantwortlich fühlen würde, sollte mir etwas auf dieser Reise passieren. Seine Frau und sein jüngster Sohn waren auch dabei. Ich saß neben ihnen. Wir versanken in eine Unterhaltung über die Reise. Aber ich beobachtete unauffällig die andere Gruppe. Später merkte ich, daß einige Männer, unter anderem der Unbekannte, lange über mich redeten, vielleicht auch mich auslachten. Denn sie lachten, während sie mich unablässig anschauten. Sie hatten sich von der großen Gruppe gelöst und standen ganz hinten in einer Ecke. Ich freute mich jedoch viel später in Spiekeroog, zu sehen, daß der Unbekannte doch einer von uns war.

Auf Spiekeroog verbrachten wir vier schöne Tage. Zum ersten Mal in meinem Leben war ich zu einer See gekommen, deren Gewässer eigentlich vom Ozean stammen. Da prüfte ich, ob die Geschichte des salzigen Wassers stimmte.

Im Seminar waren wir etwa dreißig Personen. Es herrschte eine schöne familiäre Stimmung, in der ich mich wohlfühlte. Es konnte jedoch nicht ausbleiben, daß ich hin und wieder krumme Bemerkungen bekam. Zu einer bestimmten Zeit sollten sich Gruppen nach Verantwortungsgebiet bilden, um ihre Erfahrungen auszutauschen. Da ich der einzige unter den direkten Friedhofsmitarbeitern war, sollte ich ausnahmsweise am Friedhofsausschußtreffen teilnehmen. Ich hatte eine Menge zu sagen. Seitdem ich dort arbeitete, hatte ich zahlreiche positive Veränderungen auf dem Friedhof erlebt. Es war ja schon über ein Jahr. In das Gespräch des Friedhofsausschusses wurde ich allerdings nicht einbezogen. Als wir später in der Versammlung saßen, fragte Pfarrer Naumann, ob ich etwas über den Friedhof zu sagen hätte. Da protestierte Frau D.: »Thomas gehört dem Friedhofsausschuß nicht an.« Frau D. war die Zuständige für die Friedhofsverwaltung, also meine Chefin, und hatte mich bislang sehr gut behandelt. Da ich von ihrer Reaktion überrascht war, sah ich ihr direkt in die Augen. Der Ton allein war schon aufschlußreich für mich. Aber ich erkannte auf ihrem Gesicht den gleichen bösen Blick, wie ich ihn sonst auf den Straßen erlebte. Ich begnügte mich damit, zu danken, auf dem Friedhof arbeiten und in diesem Seminar dabeisein zu dürfen. Ich verstand jedoch deutlich, daß ich nach ihrer Vorstellung keine Rolle in diesem Seminar hatte.

Bei den anderen Themen war ich aber nicht von den Diskussionen ausgeschlossen, an denen ich mich auch offen und aktiv beteiligte. Nur ein Mann aus Dresden zeigte mir offen seine Feindlichkeit bis zum letzten Tag. Aber dieser Aufenthalt auf Spiekeroog bleibt in meiner Erinnerung die schönste Erfahrung unter Deutschen überhaupt.

Auf der Rückfahrt nahm ich zwei Damen nach Dresden mit, was meine Rückreise angenehm gemacht hat.

In diesem Sommer ging die ABM-Beschäftigung von Tilo zu Ende. Sein Versuch, sie über das Arbeitsamt verlängert zu bekommen, blieb erfolglos. Er verließ uns. In den nächsten Wochen erhielt er eine Lehrstelle als Tischler. Wir konnten uns immer noch häufig sehen. In diesem Sommer verließ auch mein Freund Alberto aus Mozambik Freital und zog nach Leipzig, wo er eine gute Arbeit bekommen hatte. Das war wieder eine schwere Situation für mich, mit der ich von neuem lernen mußte, fertig zu werden.

Aufgrund anhaltender Auseinandersetzungen mit den Deutschen im Heim und der Unmöglichkeit, in ein anderes Heim überstellt zu werden, entschied ich mich, ein Zimmer für mich in Dresden zu suchen. Die Gemeinde Leubnitz wollte mir ein günstiges Angebot machen. Als ich mich bei Herrn J. meldete, um eine Ausnahme zu erbitten, erfuhr ich, daß ich das Heim auf keinen Fall verlassen dürfe. Die Gesetze waren eindeutig darin. Ein noch nicht anerkannter Asylbewerber muß in der von der Behörde zur Verfügung gestellten Unterkunft leben. Die Belastung wurde immer größer. Es wurde mir immer peinlicher, feststellen zu müssen, daß ich eigentlich nicht über mein Leben entscheiden durfte.

Dann kam endlich eine Einladung zur Anhörung. Es war im August 1993. Inzwischen hatten wir, Frau Strozda und ich, die Spuren meiner Unterlagen regelmäßig verfolgt. Seitdem wir erfuhren, daß sie sich in Berlin befänden, hatten wir telefonisch darum gebeten, daß meine Anhörung auf französisch durchgeführt wird. Meinen Asylantrag hatte ich auf kinyaruanda geschrieben, was später zum Problem wurde. Ich erhielt die Zusage, daß meine Anhörung auf französisch ausgeführt werden sollte.

Außerdem wurde ich angenehm überrascht, als man mir mitteilte, daß meine Anhörung in Kollm, nur etwa hundert Kilometer von Klingenberg entfernt, stattfinden würde. Es war nicht selten, daß Asylbewerber über fünfhundert Kilometer fahren mußten, nur um angehört zu werden, wobei grundsätzlich keine Unterkunft vor Ort vorhanden war. Jedenfalls stand diese Bemerkung in meiner Einladung zur Anhörung. Der Termin wurde am 26. August 1993 um 8.15 Uhr angesetzt.

Spätabends am Tag vor der Anhörung kam Mohamed in mein Zimmer, ein junger Mann aus Bangladesh, der seit einigen Monaten im Heim wohnte. Inzwischen hatte er seinen Asylantrag zurückgezogen und wollte dringend in seine Heimat zurück. Die Wartezeit auf seinen Paß wurde ihm unerträglich. Nach drei Monaten war er sehr niedergeschlagen. Mohamed sprach sehr gut Englisch. Ich hatte das Glück, aber auch das Problem, Deutsch besser zu sprechen als viele unter den Asylbewerbern, so daß ich immer wieder gebeten wurde, Inhalte von Briefen zu erklären oder jemanden zu einer Behörde zu begleiten. Mohamed bat mich um dringende Hilfe, bei der Ausländerbehörde Freital wegen seines Passes nachzufragen. Ich entschuldigte mich, daß ich ihm leider nicht helfen konnte, und erzählte ihm von dem Anhörungstermin. Ich lag schon im Bett. Er hörte mir aber kaum zu und versuchte sein Problem noch besser verständlich zu machen: »Thomas, ein Tag hier ist für mich wie ein Jahr.« Dabei stützte er seinen Kopf auf meine hochgelegene Bettkante und begann zu schluchzen. Ich verstand, daß er mit seinen Nerven am Ende war. Da sah ich mich genötigt, ihm meine Hilfe zuzusagen, ohne sicher zu sein, ob ich die Zeit dazu haben würde. Ich wußte nicht, wann ich von der Anhörung zurückkehren würde. Der Tag danach war ein Donnerstag. Donnerstags hatten die Ämter bis 18 Uhr geöffnet.

Als ich ihm versicherte, daß ich alles tun würde, um ihm zu helfen, streichelte er meine Haare und sagte: »Danke...danke, du bist wie mein Bruder«, wobei er weiter schluchzte. Ich hatte Mohamed und anderen seiner Landsleute gelegentlich geholfen, einige Unterlagen zu übersetzen, aber es bestand keine Freundschaft unter uns. Seine Haltung mir gegenüber zeigte mir, wie tief verzweifelt er war, und erinnerte mich wieder an die jüngste Vergangenheit. Ich dachte an die stürmische Situation im Windbergheim. Ich hatte ja auch unter solchen seelischen Schmerzen gelitten. Inzwischen war es mir jedoch gelungen, meine Situation zu akzeptieren. Ich jammerte kaum. Ein Wachmann sagte mir ausgerechnet während dieses Zeitabschnitts: »Für dich ist die Welt in Ordnung.« Es mag so ausgesehen haben, aber ich hatte mir in der Tat eine eigene Welt geschaffen, in der ich mich einigermaßen zufrieden fühlte. Ich kümmerte mich also kaum um das Kommen und Gehen von Asylbewerbern. Zu der Zeit waren immer weniger Rumänen in diesem Heim, zu denen ich sonst ein gutes Verhältnis hatte, bestimmt auch durch Stefan. Inzwischen lebten mehr Vietnamesen und ehemalige Jugoslawen im Heim, zu denen ich kaum Kontakt hatte. Die Situation von Mohamed brachte mich zum Nachdenken.

Um 5 Uhr fuhr ich von Klingenberg zu meiner Anhörung los. Kurz vor 8 Uhr meldete ich mich beim Pförtner im Bundesamt für die Anerkennung ausländischer Flüchtlinge in Kollm.

Die Anhörung begann um 8.45 Uhr und wurde von Herrn Hegewald ausgeführt. Ein Mann aus Marokko war mein Dolmetscher. Herr Hegewald gab mir alle Anweisungen. Mit Routinefragen begann meine Anhörung. Dann wurde ich in aller Ruhe über viele Vorgänge und Begebenheiten befragt, die meinen Asylantrag unterstützen würden. Auch ein ausführlicher Lebenslauf sowie eine vollständige Beschreibung des Fluchtwegs wurden von mir verlangt. Der entscheidende Teil war allerdings die Begründung meines Asylantrages. So beschrieb ich die tödliche Gefahr, der ich ausgesetzt war, als ich mich entschied, meine Heimat zu verlassen. Im großen und ganzen beschrieb ich die Vorgänge, wie sie zum Teil in diesem Buch zu finden sind. Alle meine Aussagen wurden auf Band aufgezeichnet. Die Anhörung dauerte 3 Stunden und verlief in einer entspannten Atmosphäre. Ich nutzte die Gelegenheit, Fragen an Herrn Hegewald zu stellen. Warum habe ich fast zwei Jahre lang auf meine Anhörung warten müssen? Wann soll die endgültige Entscheidung fallen? Herr Hegewald gab an, meine Unterlagen hätte er erst vor zwei Wochen erhalten, was ich ja mittlerweile wußte. Weiter sagte er: »Ihr Fall ist beim Bundesamt für die Anerkennung ausländischer Flüchtlinge in Zirndorf bekannt. Sicherlich wird er schnell bearbeitet werden.« Seine Angaben erfüllten mich mit neuer Hoffnung, so daß ich mit der Entscheidung in höchstens drei Monaten zu rechnen begann. Es war wieder eine große Illusion.

Nach allen Formalitäten fuhr ich nach Klingenberg zurück. Nach dieser langen Fahrt war ich sehr müde, aber Mohamed wartete auf mich. Gleich fuhren wir nach Freital zur Ausländerbehörde. Da Herr J. abwesend war und sich die neue Mitarbeiterin in dieser alten und komplizierten Frage noch nicht richtig auskannte, wandte ich mich an Frau B. im Nebenbüro. Sie kannte ja das Asylgesetz. Wenn sie auch nicht entscheiden durfte, hatte sie uns ab und zu wenigstens Rat gegeben. So mußte ich nun feststellen, daß alles nicht mehr wie früher war. Es war lange her, daß ich sie nicht gesehen hatte. Als ich anfing, das Problem von Mohamed zu erläutern, ließ sie mich kaum den ersten Satz beenden, indem sie mich unterbrach, wie ich es sonst noch nicht bei ihr erlebt hatte. Sie sagte nur: »Ich habe nichts mehr mit den Asylbewerbern zu tun.«

Ich ging zu der neuen Kollegin. Sie versuchte die Kollegen in der Zentralen Ausländerbehörde in Chemnitz telefonisch zu erreichen, wo Mohamed seinen Paß vermutete. Leider nach mehreren Versuchen ohne Erfolg bat sie uns, einen Moment im Korridor zu warten. Sie wollte es noch einmal versuchen. In diesem Moment kam Frau B. an uns vorbei und ging ins Büro, in dem sich die neue Kollegin befand. Nach einer kurzen Zeit kamen die beiden Frauen aus dem Büro heraus. Frau B. sprach zu uns und behauptete, im Moment sei niemand in Chemnitz zu erreichen. Dabei bat sie uns, nach Klingenberg zurückzufahren, indem sie uns versicherte, daß sie Frau Schmidt im Heim spätestens am Montag telefonisch Bescheid sagen würde. In der Hoffnung, daß die beiden Frauen ihre Zusagen einhalten würden, gaben wir für diesen Tag auf, nicht ohne nochmals auf Mohameds tiefe Verzweiflung verwiesen zu haben. Dann verabschiedeten wir uns von ihnen.

Am versprochenen Tag kam nichts. Über eine Woche später war auch nichts gekommen. Da entschied sich Mohamed, Kontakte mit der Botschaft von Bangladesh in Bonn aufzunehmen, was er früher vermieden hatte. Nach vielen umständlichen Formalitäten gelang es ihm, einen neuen Paß zu erhalten.

Ich erinnere mich an den Tag, an dem er den Paß bekam. Ich war in der Küche. Er kam schleichend und umarmte mich von hinten, dann hob er langsam seinen Paß bis zu meiner Augenhöhe. Ich erkannte sein Bild. Dann ließ er mich los und stellte sich vor mich. Ich hatte noch nie einen Menschen mit solchen vor Glück strahlenden Augen in diesem Heim gesehen wie Mohamed an diesem Abend. Verblüfft sprach ich ihm keinen Glückwunsch aus, sondern begnügte mich mit dem Kommentar: »Ja, sei froh, daß du ein Land hast.« Kurz darauf verließ Mohamed Deutschland. Ein paar Wochen später schrieb er mir aus seiner Heimat. Durch diesen Botschaftskontakt soll er aber später Schwierigkeiten bekommen haben, wie ich von seinen Landsleuten erfuhr.

Dieser Fall ließ mich über die Verhaltensweise von Frau B. lange nachdenken. Ich fand heraus, daß sie mich nicht gut behandelte, weil ich mich seit einiger Zeit gegen die Willkür einiger Beamten wehrte. Ich hoffe nur, daß Mohamed nicht zum Opfer meiner persönlichen Konflikte wurde.

Als ich mich in diesen Ämtern schlecht behandelt fühlte, fiel mir eine alte Geschichte meines verstorbenen deutschen Bekannten Jan ein. Jan stammte aus dem Raum Köln und hatte sich in Ruanda geschäftlich niedergelassen. Er verkaufte verschiedene Druckprodukte, und somit kam er oft in meine Firma, seine Produkte anzubieten. Er mußte über 60 gewesen sein. Wenn Herr Degroot nicht da war, hatte ich ihn empfangen. Eines Tages konnte er sich nicht mehr des Lobes enthalten und sagte uns, Aphrodise, dem Sekretär, und mir: »Erstaunlich wie in diesem Büro immer gute Laune herrscht.« Leider starb Jan an einer Krankheit in Ruanda. So dachte ich einmal an ihn und sagte mir: Wenn Jan nicht gestorben wäre und mich auf meinem langen Weg unauffällig in diesen Ämtern in seiner Heimat hätte begleiten können, wäre er sicher genausowenig über diese Empfangsweise erfreut gewesen. Zum Glück sollte es bald Änderungen geben. Die Ausländerbehörde wurde nach Dippoldiswalde verlegt, so daß ich zukünftig weder mit Frau B. noch mit Herrn J. zu tun haben sollte. Mit der zuständigen Person im neuen Büro sollte ich keine Probleme haben.

Durch Cabana hatte ich Uta und Markus kennengelernt, die inzwischen geheiratet und ein Kind bekommen hatten. Im Laufe der Zeit hatte sich ein gutes Verhältnis zu ihnen entwickelt. In diesem Spätsommer wollten sie ihren Urlaub in Dierhagen an der Ostsee verbringen. Da ihnen ein Haus zur Verfügung stand, baten sie mich, als Abwechslung dort einige Tage mit ihnen zu verbringen. Ich freute mich sehr über dieses Angebot. Diese Einladung war so einmalig, daß ich dadurch eine ganz neue Erfahrung gemacht habe. Meine Kollegen schienen nicht richtig zu verstehen, wieso eine deutsche Familie mit mir einen Urlaub zusammen verbringen wollte. Ich erinnere mich, daß Holger bei einem Besuch sehr neugierig fragte: »Ist das eine deutsche Familie?« Ich bejahte. »Aus Ostdeutschland ?« Da mußte ich geduldig erklären, daß Uta eine Ostdeutsche ist und Markus ein Westdeutscher.

Als ich bei der Ausländerbehörde die Erlaubnis für diesen Urlaub beantragte, waren die Mitarbeiter so überrascht, daß sie die Erlaubniserteilung nicht wagten. Markus hatte mir ein Schreiben geschickt, in dem eigentlich alle erforderlichen Angaben für eine Erlaubnis standen. Ich legte das Original bei der Ausländerbehörde vor. Nachdem jeder das Dokument gelesen hatte, weigerten sie sich, den Urlaubsschein auszustellen. Nur durch den Einsatz von Herrn Wolf selbst konnte ich ihn schließlich ausnahmsweise erhalten. Eine solche Urlaubsbegründung reichte normalerweise für einen Asylbewerber nicht aus, um den Aufenthaltskreis zu verlassen. Ich fuhr nach Dierhagen.

Dort erlebte ich abwechslungsreiche Tage. Wir wanderten im Naturschutzgebiet von Prerow, auf einer Halbinsel, wo wir ein Meeresmuseum besuchten. Ein Freilichtmuseum besichtigten wir auch in Klockenhagen, wo ich mich auf eine Besichtigung von einer Windmühle freute, die leider lange Zeit außer Betrieb war. Ich hatte mir immer gewünscht, eine Windmühle zu sehen. Wir besuchten auch Rostock.

Eines Tages fuhr ich allein mit dem Fahrrad nach Graal-Müritz, etwa acht Kilometer von Dierhagen entfernt. Von Dierhagen fährt man gemütlich an der Küste entlang auf schönen Fahrradwegen zwischen Dünen und Wald bis nach Graal-Müritz. So begeistert war ich auf dem Hinweg gefahren. Es war an einem schönen sonnigen Tag. In Graal-Müritz besah ich mir die lange Brücke in die See. Danach machte ich eine Runde in der kleinen Stadt. Da ich auf dem Rückweg nach Dierhagen noch etwas Abwechslung erleben wollte, entschied ich mich, einem anderen Weg durch den Wald zu folgen. Noch in der Stadt aber am Rand des Waldes begegnete ich einem Fahrzeug, dessen Fahrer mich so freundlich begrüßte, indem er mir zuwinkte, als ob er mich kannte. Als ich einen Blick auf das Autokennzeichen warf, fand ich, daß es kein Fahrzeug aus Dresden oder aus Freital war, die einzigen Orte, in denen ich eigentlich bekannt sein konnte. Ich grüßte ihn zurück. Dann fuhr ich unbekümmert weiter in den Wald. Als ich tief in den Wald gelangt war, sah ich wieder das Fahrzeug hinter mir auf dem schmalen Waldweg. Da machte ich mir Gedanken über einen möglichen Überfall. Ich war unweit von Rostock, wo erst vor einigen Wochen große Krawalle von Rechtsradikalen stattgefunden hatten. Ich war nun allein. Ich stieg ab und machte den Weg für das Fahrzeug frei. Ich merkte mir das Autokennzeichen, damit ich es notfalls später als nützliche Angabe verwenden konnte.

Beim Vorbeifahren winkte mir der Fahrer erneut, diesmal sogar mit einem Lächeln, zu. Er war auch allein. Damit war für mich ein Überfall ausgeschlossen. Aber Fragen kamen auf. Das Gesicht hatte ich noch nie gesehen. Kennt mich der Mann? Weshalb so eine Freundlichkeit? Hundert Meter weiter hielt er an, stieg aus und wartete. Ich schob mein Fahrrad und ging auf ihn zu. Von weitem sprach er mich an: »Wie können Sie sich allein in diesen Wald wagen? Es ist gefährlich für Sie.« Das war schon eine beruhigende Annäherung. Außerdem war er ein Deutscher. Solch offene Freundlichkeiten von Unbekannten hatte ich nur bei Ausländern erlebt. Ich reichte ihm die Hand, während ich ihm tief in die Augen schaute. Der erste Eindruck war positiv. Er war um vierzig Jahre alt, sehr gepflegt, und vor allem strahlte sein Gesichtsausdruck eine unverkennbare Freundlichkeit aus. Unsere lange Unterhaltung begann mit meiner Antwort auf seine Frage. Ich erzählte ihm, warum ich durch den Wald fahren wollte und daß ich in der Gegend Urlaub machte. Der Mann erzählte viel über sich. Aus der Gegend stammte er und war viel gereist, da er auf einem großen Schiff gearbeitet hatte. Jedenfalls kannte er alle Kontinente. Er gab an, daß er Schwarze möge, was sich eigentlich für mich bestätigte. So freundlich war der Mann. Dann kam der Moment der Wahrheit. Er sagte mir: »... ich muß Ihnen aber die Wahrheit sagen. Ich habe ein Problem. Ich liebe Männer.« Als ich seine Augen fixieren wollte, mied er jeden Augenkontakt. Obwohl ich eindeutig begriffen hatte, fragte ich ihn: »Was meinen Sie denn damit?« Er konnte nicht antworten. Dann half ich ihm: »Also, ein Mann kann für Sie eine Frau ersetzen.« Da reagierte er schnell: »Ja, so ist es.« Nun waren seine Augen so strahlend. Innerlich freute ich mich über diese einmalige Begegnung. Ich hatte mir immer gewünscht, so einem Menschen zu begegnen. In aller Gelassenheit stellte ich ihm alle Fragen, die ich immer stellen wollte. Es entstand ein langer aufrichtiger Dialog zwischen uns. »Also, Sie lieben Männer. Wie können Sie einen Mann lieben?« Diese unerklärliche Energieströmung zwischen gegensätzlichen Geschlechtern können Sie wirklich bei einem Mann erleben? fragte ich ihn. »Ja, aber bei weitem besser.« »Haben Sie schon einmal eine körperliche Beziehung zu einer Frau gehabt?« »Ja, ich habe sogar eine Frau und Kinder.« »Also, Sie lieben Frauen und Männer gleichzeitig?« »Ja.« »Weiß Ihre Frau, daß Sie auch Männer lieben?« »Ja.« »Sie haben ja gesagt, daß Sie das als Problem betrachten. Warum tun Sie das?« »Persönlich habe ich Freude daran. Aber die Gesellschaft, in der wir leben, sieht das nicht gern, deswegen.« »Wann haben sie zum ersten Mal gemerkt, daß sie Männer lieben?« »Als ich 16 war, lebte ich in einer Gegend, wo es kaum Mädchen gab. Es gab hingegen schöne Jungen. So entwickelte ich solche Gefühle, die ich nicht mehr los werden konnte.« »Mit wieviel Männern haben Sie schon so eine Beziehung gehabt?« »Wenn ich schätzen kann, 50 Männer, und die meisten waren Schwarze. Ich war lange in Kuba, und dort gibt es viele davon.« »In meinem Heimatland gibt es so etwas nicht. Aber, wenn Sie einen Mann lieben, was finden Sie schön an ihm?« »Die körperliche Kraft. Sehen Sie Ihren Hals, zum Beispiel, das ist wie ein Hals vom Stier.« »Aber ich kenne Frauen, die kräftiger sind als ich. Sie sollen nur aufmerksam und geduldig suchen.« »Die Frauen kennen die Bedürfnisse der Männer nicht wie Männer untereinander. Männer können ohne Hemmung reden.«

Vielleicht zehn Minuten haben wir so offen geredet. Alle meine neugierigen Fragen hat er mit so einer unbeschreiblichen Freimütigkeit beantwortet, daß einige Beschreibungen nicht in dieses Buch passen. Die ganze Zeit hatten wir uns ruhig unterhalten. Aber er schien allmählich die Kontrolle über sich zu verlieren. Die Worte wurden immer direkter, seine Gesichtsausdrücke wurden von eifriger Gier gekennzeichnet. Da begann ich ernsthaft zu fürchten, daß er eventuell zur blinden Gewaltanwendung kommen könnte. Ich mußte dringend dieses für mich informative Gespräch abbrechen. So einen triebhaften Gesichtsausdruck hatte ich zwischen unterschiedlichen Geschlechtern noch nicht erlebt, weder in meiner eigenen Erfahrung noch in meinen Beobachtungen.

Ich stieg wieder auf mein Fahrrad, um ihm zu zeigen, daß ich bereit war, loszufahren. Er wollte mich aber doch noch überzeugen. Ich war überrascht, als er mich ohne Widerstand fahren ließ, wobei er mich am Hinterhals küßte, während ich schon in Bewegung war. Er riet mir noch einmal, auf diesen für mich gefährlichen Waldweg zu verzichten. Trotz seiner Warnung fuhr ich in den Wald weiter hinein. Ich schätzte, mir die Richtung gut gemerkt zu haben, und hoffte, parallel zur Küste zu bleiben. Außerdem war ich schon Deutschen an abgelegenen Stellen begegnet, die ihre Angst vor mir nicht verbergen konnten. In diesem Wald rechnete ich damit, daß jeder von uns voreinander erschrecken würde. Mitten im Wald wurden leider die Wege unbefahrbar, so daß ich das Fahrrad auf einer langen Strecke schieben mußte. Ich merkte, daß kaum Menschen in diesen Teil des Waldes kamen. Jedenfalls bin ich keinem begegnet. Nach etlichen Kilometern in der von mir für richtig gehaltenen Richtung kam ich zu einem Sägewerk. Von dort führte eine gut befahrbare Straße weiter, der ich folgte. Ich merkte aber, daß ich auf diesem Rückweg fast die

doppelte Strecke zurückgelegt hatte im Vergleich zum Küsten-
weg. Es war aber eine schöne Tour, die mir ein eigenartiges Frei-
heitsgefühl vermittelte. Es war nicht nur das erste Mal, daß ich
Fahrrad in Deutschland fuhr, sondern ich war auch Jahre lang
überhaupt nicht Rad gefahren.

Als ich zu Hause ankam, hatten sich Uta und Markus längst
Sorgen um mich gemacht. Allerdings merkte ich es erst später,
als ich die Geschichte des Mannes im Wald erzählte. Ich war
tatsächlich länger als geplant unterwegs gewesen. Der Urlaub
ging zu Ende. Wir fuhren nach Dresden zurück.

Aufgrund der erholsamen Zeiten in Spiekeroog und in Dierhagen konnte ich mich kaum an meine alte schwierige Situation
anpassen. Nach und nach spürte ich, wie ich in einer trostlosen
psychischen Stimmung versank. Dies stand aber auch in Zusammenhang mit meiner gesamten Situation. Zu der Zeit waren zwei
Jahre vergangen, seitdem ich in Deutschland lebte. Außerdem
hatte meine Arbeit auf dem Friedhof allmählich ihre ursprüngli-
che Stützfunktion verloren. Seit einigen Monaten hatte ich meine
Arbeit als psychische Belastung empfunden. Als ich aufhören
wollte, riet mir Pfarrer Höppner noch, geduldig weiter zu arbeiten. Er fürchtete, daß ich von Deutschland ausgewiesen werden
würde, nur aus dem einzigen Grund, daß ich keine Arbeit mehr
hätte. Ähnliche Meinungen hatte ich auch bei Herrn Bartsch im
Arbeitsamt Freital gehört. Herr Berger sah die Sache aus einem
anderen Blickwinkel. Er hatte mir gesagt: »Du kannst noch hier
warten, es gibt noch ein paar Pfennige für diese Arbeitsstelle.«
Außer der psychischen Belastung hatte ich in der Tat keinen verständlichen Grund, mit meiner Arbeit aufzuhören. So war ich
geblieben.

Mittlerweile hatte ich mich aber um eine andere Arbeit bemüht,
die mehr meiner Vorstellung entsprach, aber leider ohne Erfolg.
Ich hatte es bei der Caritas versucht. Ich hatte eine Gelegenheit
gehabt, mich mit dem katholischen Bischof über meine Situation
zu unterhalten. Ich erzählte ihm, daß die Umstände mich dazu
gebracht hatten, auf dem Friedhof zu arbeiten. Ich erklärte ihm,

daß ich mir eine vernünftige Arbeit wünschte. Er hatte an die Caritas gedacht und hoffte, daß es eine Möglichkeit für mich geben könnte. Daher empfahl er mir, mich wegen meines Anliegens an Pfarrer Dittrich in Freital zu wenden. Zum Glück war Pfarrer Dittrich, der mich und meine Probleme kannte, auch gleichzeitig Präsident vom Caritasverband für das Bistum Dresden-Meißen e.V. Diese Tatsache ließ mich viel hoffen. Pfarrer Dittrich brachte mich in Verbindung mit dem Personalchef von der Caritas. Am Tag des Gesprächs gab mir der Personalchef eindeutig zu verstehen, daß eine Anstellung bei der Caritas kaum zu erhoffen wäre. Zunächst hing es mit meiner Ausbildung zusammen. Es gab keine freie Stelle im Finanzbereich. Abgesehen davon fand er, daß die Hoffnung für jede andere Beschäftigung wegen meines Asylbewerberstatus' sehr gering sei. Er sagte mir, daß die Caritas eine Österreicherin anstellen wollte. Da Österreich aber kein Mitglied der Europäischen Union war, lehnte das Arbeitsamt ihren Antrag ab. Für die Stelle gab es deutsche Bewerber. Mir wurde klar: Wenn eine Österreicherin, die Deutsch als Muttersprache spricht, keine Arbeitsgenehmigung für eine vorhandene Arbeitsstelle bekam, warum sollte ich hoffen?

Mit der Caritas unternahm ich nichts weiter. Meine Suche nach einer Arbeit gab ich aber nicht auf. Einige Monate später kam in einem Amtsblatt ein Stellenangebot vom Evangelisch-lutherischen Landeskirchenamt Sachsen, das meiner Ausbildung und meinen Fähigkeiten entsprach. Mittlerweile war ich in der deutschen Sprache zuversichtlicher geworden. Mit einer Empfehlung der Kirchgemeinde Leubnitz-Neuostra bewarb ich mich um die Stelle. Ich hatte inzwischen begriffen, daß die Chance, angestellt zu werden, wo auch immer, sehr gering war. Aber auf solche kirchlichen Ämter setzte ich immer noch eine allerletzte Hoffnung.

Ich bereitete eine entsprechende Bewerbung vor, die ich nicht mit der Post schickte, sondern persönlich abgab. Als die Frau an der Rezeption mich ankündigte, kam der Zuständige für dieses Stellenangebot, Herr Nieke, mit dem ich kurz im Korridor sprach. Für die Stelle machte er mir keine Hoffnung, was ich allerdings erwartet hatte. Ich sagte ihm, daß ich mich aber bewerben müsse, um mir später keinen Vorwurf machen zu müssen, nicht genug versucht zu haben. Er nahm meine Bewerbung entgegen. Ein paar Wochen danach kam die abschlägige Antwort, in der eine zusätzliche Mitteilung stand: Meine Bewerbungsunterlagen wurden zum Kirchenamtsrat in Dresden weitergeleitet, woher ich eine weitere Nachricht erhalten würde.

In der Tat bekam ich vom Kirchenamtsrat eine Einladung zum Bewerbungsgespräch. Da ich glaubte, daß alle Zuständigen, die mit der Anstellung zu tun haben, die damit verbundenen gesetzlichen Bestimmungen kennen, machte ich mir wieder Illusionen. Bestimmt hatte diese Stelle etwas Besonderes. Ich dachte an meine Sprachkenntnisse, die ich in dem Bewerbungsschreiben hervorgehoben hatte.

Am vereinbarten Tag wurde das Gespräch von dem Leiter, Herrn Henk, selbst geführt. Zwei seiner Mitarbeiter wohnten dem Gespräch bei. Ich wurde schon entmutigt, bevor ich mich vorstellte, als Herr Henk die freie Arbeitsstelle im Finanzbereich beschrieb und noch hinzufügte, es gäbe bereits deutsche Bewerber. Trotzdem redeten wir entspannt über meine Erfahrungen in diesem Bereich. Nach ein paar Wochen bekam ich eine abschlägige Antwort.

Zu derselben Zeit las ich eine Annonce in der Zeitung, in der eine amerikanische Firma, die in Freital niedergelassen war, Mitarbeiter aller Klassen suchte. Englische Kenntnisse waren als Voraussetzung unterstrichen. Ich hatte noch nicht vergessen, daß Herr Bartsch im Arbeitsamt Freital mir versprochen hatte, mir eine Arbeitserlaubnis zu erteilen, sobald ich selbst einen Arbeitgeber in Freital fände. Ich nahm mir vor, es zum dritten Mal zu probieren, was auch das letzte Mal sein sollte. So rief ich die Firma an und bekam einen Termin zum Vorstellungsgespräch. Zu dem angesetzten Termin erfuhr ich, daß eine Anstellung nicht möglich sei, daß ich aber als Selbständiger mit der Firma arbeiten konnte. So sollten eigentlich alle gesuchten Mitarbeiter arbeiten. Die Firma verkaufte ein besonderes Haushaltsgerät, dessen Vertrieb ausschließlich auf selbständige Weise durchgeführt wurde. Der Zuständige, der von meiner Zusammenarbeit begeistert war, machte mir eine Vorführung des Gerätes. Ich war genauso von seiner menschlichen Wärme als auch von der Möglichkeit, mich selbständig zu machen, beeindruckt. Damit ich noch mehr von dem Gerät kennenlerne, lud er mich ein, auf einer Ausstellung mitzuwirken. Einmal nahm ich sogar an einer Firmenbesprechung mit etwa zwanzig Mitarbeitern teil. Danach entschied ich mich, mit der Firma zu arbeiten. Als ich mich um eine Arbeitserlaubnis beim Arbeitsamt bewarb, sagte mir Herr Bartsch, daß ich als Selbständiger einen Gewerbeschein benötige, wofür er nicht zuständig war. Da er aber die Gesetze dafür kannte, sagte er mir im voraus, daß ich als Asylbewerber keinen Gewerbeschein bekommen durfte. Am selben Abend sagte ich der Firma Bescheid. Mit dieser letzten Möglichkeit war nun meine Kraft zu Ende. Ich hatte alles mögliche probiert und war überzeugt, daß ich mit diesem verdammten Status keine gute Arbeit bekommen konnte. Seitdem habe ich mich nie wieder um eine Arbeitsstelle bemüht.

Die Arbeit auf dem Friedhof wurde zunehmend zu einer psychischen Belastung. Ich verlor jede Motivation und wurde auf Arbeit unkonzentriert, weil ich ständig und immer verzweifelter an meine Situation dachte. Zwei Wintermonate lebte ich so mit leeren Gedanken. Besonders abends merkte ich, wie unkonzentriert ich war. Meine beste Zuflucht war die Lektüre. Nunmehr war ich in eine Phase gelangt, in der ich zwar las, aber von der Geschichte wenig behielt. Bald verlor ich auch fast alle Lust zum Lesen.

An manchen Tagen war meine Traurigkeit so merkwürdig, daß ich selbst versuchte, herauszufinden, ob es einen verständlichen Zusammenhang gab. Beispielsweise schlief ich am Vorabend relativ gelassen ein, nachdem ich eine interessante Geschichte gelesen hatte oder eine entspannende Unterhaltung mit Stefan geführt hatte. Trotzdem wachte ich am Morgen traurig und niedergeschlagen auf. Das war noch nicht beängstigend. Eine schreckliche innere Unruhe überfiel mich aber, als sich eine Art Alarmsignal auslöste, daß meine Depressionen, würden sie mich weiter so häufig befallen, bald die erlaubte Grenze überschreiten würden.

Eines Abends war ich gerade von der Arbeit gekommen. Ich wärmte das am Vorabend gekochte Essen in einem Tiegel. Ich war allein im Zimmer. Von dem Essen nahm ich etwas, saß am Tisch, wo ich den Tiegel nicht im Blickfeld hatte, und während ich aß, versank ich in meinen fruchtlosen Gedanken. Nachdem ich aufgegessen hatte, spürte ich, daß ich nicht satt war. Ich hatte aber schon wieder vergessen, daß ich noch einen Rest im Tiegel hatte. Dann nahm ich mir gleich vor, ein Stück Brot dazu zu essen. Erst nachdem ich das Brot verzehrt hatte, merkte ich, daß es noch zu essen im Tiegel gab. Ich war regelrecht erschrocken. Ich erinnere mich genau daran, daß ich lange stehenblieb, diesen Tiegel anstarrte und recht betrübt zu mir selbst sagte: »Wenn du dich nicht mehr füttern kannst, dann bist du bald zu nichts mehr nütze.«

So konnte es aber nicht weitergehen. Ich mußte dringend etwas dagegen unternehmen. Zu dieser Zeit fand eine Veranstaltung in Dresden statt, in der ich Herrn Kubaisi traf, einen Lehrer für arabische Sprache an der Technischen Universität Dresden, den ich einmal in der Cabana kennengelernt hatte. Damals hatte ich mein Interesse für die arabische Sprache flüchtig angesprochen. Es fiel mir ein, ich könnte diese schwierige Lebensphase mit Arabisch als nützliche Beschäftigung überbrücken. Als ich Herrn Kubaisi fragte, ob ich einen regelmäßigen Arabisch-Kurs besuchen konnte, sagte er mir, daß schon seit einem Monat ein von der Volkshochschule organisierter Kurs für Anfänger stattfand, in dem aber die Teilnehmer schon einen beträchtlichen Fortschritt errungen hätten. Seiner Meinung nach war es für mich zu spät, an dem Kurs teilzunehmen. Er vertröstete mich auf nächstes Jahr. Damals schien mir allein ein Monat ewig lang. Über ein Jahr so etwas zu planen, gehörte nicht mehr zu meiner üblichen Vorstellung. Da es überhaupt keine andere Möglichkeit gab, nahm ich mir trotzdem vor, an dem Kursus teilzunehmen, egal wie es ausgehen sollte.

Bei der Anmeldung in der Volkshochschule redete mir die Abteilungsleiterin ein, der ich übrigens einmal in nicht erfreulichen Umständen begegnet war und die mich erkannte, es sei zu spät für mich, an diesem Kurs teilzunehmen. Als ich darauf bestand, daß ich es probieren möchte, ließ sie mich die Gebühr bezahlen, wobei sie mich ausdrücklich darauf aufmerksam machte, die Rückzahlung der Gebühren in solch einem Fall sei so gut wie unmöglich. Am ersten Tag des Lehrgangs war ich fast entmutigt. Die anderen Teilnehmer konnten schon die fremden Buchstaben fließend lesen und schreiben. Ich nahm das Lehrmaterial, in dem alle ersten Schritte sorgfältig erläutert waren. Allein wiederholte ich, was sie schon gelernt hatten. Es ging zwar mühsam voran, aber nach zwei Monaten hatte ich das Niveau der anderen Teilnehmer aufgeholt. Seitdem wurde Arabisch zu meiner Hauptbeschäftigung, die mir meine Konzentration und meine Lebensenergie zurückbrachte. Nach einem Semester beendeten wir diesen Lehrgang. Ich hatte schon einen guten Fortschritt errungen, so daß ich autodidaktisch die Sprache weiter erlernte, was mir auf eine lange Zeit äußerst dienlich sein sollte.

Mitten im Winter spürte ich, daß ich nicht mehr auf dem Friedhof weiter arbeiten konnte. Meine innere Kraft ließ so schnell nach, daß ich mich nicht mehr lange mit der Entscheidung quälen mußte, diese Arbeit fortzusetzen oder nicht. Innerlich war ich jedoch zerrissen. Mit meiner Arbeit aufzuhören, bedeutete wohl meinen unausweichlichen Untergang. Sie fortzusetzen war auch wieder eine fürchterliche Probe, die mir auf Dauer bestimmt psychische Schäden zufügen würde. Außerdem war ich im Februar schon ungeduldig genug, etwas über meinen Asylantrag zu erfahren. All dies machte meinen Kopf schwer.

Da kam aus einer unerfreulichen Begebenheit unerwartet die Erlösung. Am 14. Februar 1994, genau um 3 Uhr früh, klopfte jemand kräftig an meine Zimmertür. Ich horchte und hörte deutsche Stimmen. Als ich die Tür aufmachte, sah ich zwei Polizeibeamte und einen Wachmann, der im Heim Dienst hatte. Ich machte die Lampen an und ließ sie ins Zimmer kommen. Sie fragten Stefan, der das Bett hastig verlassen hatte: »Sie sind Herr Stefan B.?« Stefan bejahte. »Ziehen Sie sich richtig an, weil es draußen sehr kalt ist. Wir müssen mit Ihnen fahren«, sagte ihm einer der Polizeibeamten. Stefan, der noch nicht richtig wach war, fragte mich, ob ich diese Szene verstand, obwohl er inzwischen fast so gut wie ich Deutsch sprach. Mir war klar, daß es um seine Abschiebung ging. Nur zwei Rumänen wohnten zur Zeit im Heim, Stefan und eine ältere Frau, die auch auf der Abschiebeliste stand. In den letzten Tagen hatte Stefan erfahren, daß fast alle Rumänen in der Gegend ausgewiesen worden waren. Aber Stefan machte sich gar keine Gedanken darüber. Er hatte zwar eine Ablehnung auf seinen Asylantrag als »offensichtlich unbegründet« bekommen, aber inzwischen hatte er über einen Rechtsanwalt eine Klage beim Verwaltungsgericht eingereicht. Da er darin beschrieb, wie er in seiner Heimat als Mitglied einer religiösen Minderheit, Bahá'í genannt, verfolgt wurde, hoffte er sogar, in Deutschland als Asylberechtigter anerkannt zu werden. Inzwischen fühlte er sich in der Bahá'í Gemeinde Deutschland integriert.

Nun war er vor eine unangenehme Überraschung gestellt. So begann er eine verzweifelte Erklärung über den damaligen Stand seines Asylverfahrens. Stefan gab an, die Sache sei beim Gericht anhängig, wobei er gleich darum bat, notfalls seinen Rechtsanwalt anzurufen. Einer der Polizeibeamten antwortete: »Das nützt nichts. Wir kamen mit dem Auftrag, Sie abzuholen. Die Strecke ist vorgegeben. Für alle anderen Fragen sind wir nicht zuständig.«

Inzwischen war ich auf mein Bett zurückgestiegen, um Platz zu schaffen, und hörte mir bestürzt alles an. Es dauerte lange, bevor ich wirklich begriff, daß Stefan abgeschoben werden sollte. Es war auch merkwürdig, wie wir ausgerechnet den Vortag in einer außergewöhnlichen Stimmung verbracht hatten, obwohl dieser Sonntag bislang der kälteste Tag jenes Winters war. So waren wir am liebsten den ganzen Tag im Zimmer geblieben. Stefan hatte sich eine Mikrowelle gekauft, die er nach Rumänien schicken wollte. Da er gern kocht, hatte er mit der Mikrowelle köstliche Gerichte zubereitet, die wir gemeinsam gegessen hatten. Es war so schön, daß ich mich erinnere, an dem Tag zum ersten Mal auf die Idee gekommen zu sein, eine Bilanz unseres Zusammenlebens zu ziehen. Es waren schon fast zwei Jahre, daß wir in diesem engen Raum zusammenlebten. Alles war zwischen uns wunderbar verlaufen. Nun war es mit dieser schönen Zeit plötzlich vorbei. Es war fürchterlich zu sehen, wie Stefan fassungslos unter Aufsicht der beiden Polizeibeamten in seiner kleinen Reisetasche alles zusammenpackte, was er dringend brauchte. Er nahm auch seinen Rekorder mit. Der Rest blieb, auch seine Mikrowelle. Ich versprach ihm, alle seine Gegenstände aufzubewahren, bis sich eine Möglichkeit ergäbe, ihm das zu schicken, wobei ich hinzufügte: »… falls die nächste Abschiebung nicht mich betrifft.« Dafür hinterließ er mir seine Adresse in Rumänien und die eines deutschen Freundes, der mehr Raum hatte, damit ich alle seine wertvollen Gegenstände dort vorläufig lagern konnte. Dann verließ mich Stefan.

Nichts hatte mich auf diesem schwierigen Weg in solch eine schlimme Lage gebracht wie diese Trennung mit Stefan. Für eine lange Zeit verging mir das Lachen. Nach und nach packte ich alle seine Gegenstände zusammen und brachte sie bei dem deutschen Freund unter. Durch diese Abschiebung wurde in mir etwas ausgelöst, was meinen langen inneren Kampf betraf, endlich eine Entscheidung zu treffen, nämlich weiter auf dem Friedhof zu arbeiten oder nicht.

Am 15. 2. 1994, also am nächsten Tag, verfaßte ich mein Kündigungsschreiben, in dem ich die kürzeste Kündigungsfrist angab. Am 28. 2. 1994 gab ich meine Arbeit auf, genau nach anderthalb Jahren. Den Friedhof verließ ich trotzdem schwermütig. Herr Berger hat mich so gut er konnte, behandelt, so daß ich ihn als Zeichen meines Respekts immer mit »Sie« ansprach, während er mich mit »Du« ansprach. Von Anfang an hatten wir uns verständigt, daß wir uns duzen sollten. Aber es fiel mir wirklich schwer aufgrund meiner französischen Gewohnheiten, in denen »Sie«

grundsätzlich als Respektsausdruck gilt, Herrn Berger mit »Du«
anzusprechen. Ihm verdankte ich zum größten Teil meine Arbeit
auf diesem Friedhof. Außerdem bekam ich nie von ihm die Aufgabe, ein Grab zu schaufeln. Da er nie wieder mein seltsames
Verhalten kommentierte, war es die ganze Zeit zwischen uns so
geblieben. Auf dem Friedhof hatte ich auch im Laufe der Zeit Bekannte. Es gab Menschen, die mindestens einmal in der Woche
auf dem Friedhof waren, um ihre Grabstätten zu pflegen. Einer
bleibt in meiner Erinnerung: Herr Maschke war vom ersten Tag
an sehr freundlich zu mir gewesen. Er hatte mir erzählt, daß er
in einem mit Unglück verbundenen Jahr geboren wurde, in dem
die Titanic versunken war. Wir unterhielten uns gern. Er benutzte immer einen so liebevollen Ausdruck, den ich nie vergesse. Er
sagte immer, bevor er mich verließ: »Vergessen Sie Ihren Feierabend nicht.«

Aber wenn ich heute im Rückblick meine Arbeitszeit auf dem
Leubnitzer Friedhof betrachte, frage ich mich, was wäre aus mir
geworden, wenn ich diese Arbeit nicht bekommen hätte. Diese
Hypothese hätte nur zu einem bösen Ausgang geführt.

So fing ich wieder an, meine Tage im Heim zu verbringen.
Anfang März war das Wetter schon angenehm genug, so daß ich
lange Spaziergänge im Wald unternehmen konnte. Als ich meine
Arbeit beendete, meldete ich mich beim Arbeitsamt Freital. Ich
stellte den Antrag auf Arbeitslosengeld, was am Anfang schnell
und problemlos verlief. Ich durfte Arbeitslosengeld für eine Frist
von neun Monaten beziehen. Da mein Ausweis immer für je drei
Monate verlängert wurde, führte diese kurze Zeit zu einem un-
erwarteten Problem. Das Arbeitslosengeld wird nur für die Zeit
gewährt, in der die Aufenthaltsgestattung gültig ist. Nach diesen
drei Monaten tauchten ungeahnte Barrieren auf. Meine Arbeitserlaubnis, die auch von der Aufenthaltsgestattung abhängig war,
war inzwischen abgelaufen. Nun begann ich mich im Kreis zu dre-
hen. Als Ausländer durfte ich nur Arbeitslosengeld beziehen,
wenn ich eine gültige Arbeitserlaubnis nachweisen konnte. Um
eine Arbeitserlaubnis zu bekommen, muß man einen Arbeitge-

ber haben. Ich hatte keinen Arbeitgeber mehr. Aus diesem Grund wurde die Zahlung meines Arbeitslosengeldes nach drei Monaten eingestellt. Ich suchte die zuständige Person für Geldleistungen im Arbeitsamt Pirna auf. Ein solcher Fall war dort noch nicht vorgekommen. Für sie war aber die Entscheidung eindeutig, denn ich erfüllte die wichtigste gesetzliche Voraussetzung nicht. Sie durfte mir kein Arbeitslosengeld genehmigen, wenn ich keine Arbeitserlaubnis nachweisen konnte. Es kam zu einer langen Diskussion. Da ich zu diesem Zeitpunkt die gültige Aufenthaltsgestattung mit neuer Gültigkeitsfrist nachweisen konnte, versprach sie mir doch, mein Problem bei der Behörde auf Landesebene vorzutragen, damit ich möglicherweise als Ausnahme behandelt werde. Endlich bekam ich für weitere 6 Monate Arbeitslosengeld.

Nach dieser Frist kam das größte Problem, als ich Arbeitslosenhilfe beziehen wollte. Ich füllte alle Formulare aus und schickte sie ab. Bald darauf bekam ich einen Bescheid, ich würde für eine weitere Frist Arbeitslosenhilfe bekommen. Erst nach zwei Wochen erhielt ich einen Bescheid mit folgender Mitteilung: »Die Zahlung der Leistung wurde eingestellt.« Weiter hieß es: »Grund: Sie erhalten hierzu weitere Nachricht.« Ich gab mir keine Mühe mehr nachzufragen und stieg auf Sozialhilfe um. Ein Jahr danach war die versprochene Nachricht noch immer nicht gekommen. Wahrscheinlich wird sie nie kommen.

Diese Entscheidung traf zufälligerweise mit einem neuen Gesetz zusammen, in dem Asylbewerber, die sich über ein Jahr in einem Asylbewerberheim aufgehalten haben, nicht mehr Verpflegungspakete bekommen, sondern Lebensunterhaltsgeld. Das war allerdings niedriger als die mir (theoretisch) zustehende Arbeitslosenhilfe. Es war mir aber gleichgültig. Nur die Tatsache, daß ich dadurch bei meiner Krankenkasse nicht mehr krankenversichert war, empfand ich als Nachteil.

Die erste Nachricht, die ich von Stefan bekam, war mehr als unerfreulich. Ich erfuhr von dem deutschen Freund, den Stefan gleich nach seiner Ankunft in Rumänien angerufen hatte, daß sein Geld bis zum letzten Pfennig von der Polizei in Freital beschlagnahmt wurde. Als Stefan mir schrieb, erklärte er mir, wie alles passiert war. Er wurde in Freital gefragt, ob er Geld bei sich hätte. Er gab an, Geld bei sich zu haben. Das Geld wurde vor seinen Augen von einem Polizeibeamten gezählt, in ein Formular eingetragen, das Stefan unterschrieb, und in einen Umschlag gesteckt. Er ahnte nicht, daß es ihm für immer entzogen sein sollte. Darüber machte er sich gar keine Gedanken, da er glaubte, dies sei ein gängiges Verfahren, und erwartete, sein Geld irgendwann zurückzubekommen. Er sollte nie wieder den Umschlag erblicken. Sein Abschiebungsweg führte ihn über Bautzen nach Berlin. Am Flughafen Berlin fragte er nach seinem Geld, bevor er in das Flugzeug einstieg. Die Polizei gab an, sie hätten keinen Umschlag mit Geld erhalten, wobei er trotzdem dreißig Mark von einem Polizeibeamten bekam. Stefan erzählte mir, daß er seinen Rekorder am Flughafen Bukarest verkaufen mußte, um die Fahrtkosten von dort bis in seine Stadt bezahlen zu können. Er bat mich zugleich darum, die Spur seines Geldes zu verfolgen, damit er eines Tages das Geld bekommen könnte. Deshalb suchte ich den Kriminalhauptkommissar des Freitaler Polizeireviers auf. Ich zeigte ihm den Brief von Stefan. Alle von Stefan gemachten Angaben stimmten. Er unterrichtete mich von einem Gesetz, das vorsieht, abgeschobene Asylbewerber müssen Reisekosten selbst tragen, wenn nachgewiesen sei, daß sie Geld bei sich führen. Der Bargeldbetrag war in der Tat vom Polizeirevier Bautzen zugunsten der Zentralen Ausländerbehörde Chemnitz eingezahlt worden. Mit allen vorhandenen Beweismitteln, unter anderem einer Ablichtung der Arbeitserlaubnis von Stefan, schrieb ich an die Zentrale Ausländerbehörde in Chemnitz. Nach einer langen brieflichen Verhandlung bekam ich deutlich zu verstehen, daß das Gesetz Stefan keine Chance einräumte, sein Geld zurückzubekommen. Und so blieb es auch.

In der Zwischenzeit verdankte ich meinem Schlaf alles, was ich noch von meinen Nerven behalten hatte. Grundsätzlich lösten sich die gesammelten schlechten Gedanken des Vortages im Schlaf.

Am Morgen war ich frisch, und am Abend war ich ausreichend müde und belastet, um einschlafen zu können. So war der Monat März vergangen.

Die Nacht zum 7. April 1994 verlief ganz anders. Die ganze Nacht schlief ich höchstens eine Stunde zwischen ein und zwei Uhr. Während ich arbeitete, hatte ich nie eine schlaflose Nacht verbracht wie diese. Ich las ruhig im Bett bis kurz vor 6 Uhr, dann spürte ich, daß ich endlich einschlafen wollte. Bevor ich einschlief, kam mir der Gedanke, Nachrichten zu hören. Ich nahm meinen kleinen Empfänger, dann hörte ich vom Deutschlandfunk als ersten Satz der Nachrichten jenes Morgens: »Die beiden Präsidenten der kleinen Staaten Zentralafrikas, Ruanda und Burundi, sind bei einem Flugzeugabsturz ums Leben gekommen.« Es war eben am 7. April und nicht am 1. April, denn ich hätte mir gewünscht, daß diese Nachricht falsch sei. Viele schlechte Nachrichten hatte ich schon in meinem Leben gehört. Aber noch nie hatte mich eine so erschüttert wie diese. Was ich seit dem Kriegsausbruch in Ruanda gefürchtet hatte, nämlich die Massenermordung der Tutsis, war nun unausweichlich eingetreten. Ich wußte ganz genau, was der plötzliche Tod von dem ruandischen Präsidenten in der damaligen sozialen und politischen Phase des Zusammenlebens von Hutus und Tutsis bedeutete. Ich zitterte, ich sprach zu mir selbst, um mich zu beruhigen. Es war schrecklich! In den Einzelheiten der Nachrichten beschrieb der Sprecher, wie das Flugzeug beim Anflug auf den Flughafen von Kigali abgeschossen wurde. Ein Rätsel blieb damals jedoch, wieso sich die beiden Präsidenten zusammen in einem Flugzeug befanden. Der Präsident von Burundi war auch ein Hutu, was die Lage in der Region noch explosiver machen sollte. Jedenfalls war es geschehen: Ein Unheil war auf Ruanda gestürzt. Selbst wenn ich diesen verstorbenen Präsidenten Ruandas für einen Diktator hielt und einige negative Seiten seines Regimes kritisierte, war ich trotzdem überzeugt, daß er niemals die erwünschte massive Ermordung der im Land lebenden Tutsis zugelassen hätte. Für mich war ein Damm gebrochen. Um nicht allein die mit dieser

Nachricht verbundene psychische Belastung zu tragen, ging ich hastig zur Telefonzelle und rief meine Schwester in Belgien an, die ich im Schlaf störte. Sie war noch nicht davon informiert. Da ich nicht ausreichend Münzen für ein langes Gespräch hatte, begnügte ich mich mit dem Wesentlichen, indem ich ihr aber irgendwann sagte: »Stehe auf und bete. Der Himmel ist auf Ruanda gefallen.«

Dann kam ich ins Zimmer zurück und klammerte mich an meinen kleinen Radioempfänger. In allen Rundfunkstationen hörte ich von dem Flugzeugabsturz. Dann Stunde für Stunde hörte ich, wie sich die Lage der Menschen dort schnell verschlechterte. Eigentlich erfolgten die Massaker an den Tutsis und auch an den Hutu-Oppositionellen schon einige Stunden nach dem Flugzeugabsturz. Es waren zu der Zeit etwa dreitausend UNO-Soldaten in Ruanda stationiert. Als sie fast alle das Land fluchtartig verließen, nachdem sie die meisten Ausländer evakuiert hatten, wurde mir klar, daß das Todesurteil aller Tutsis damit verkündigt worden war. Die Welt sah Bilder der Tragödie, die deutlich zeigten, wozu denkende Menschen fähig sind. Einige Gemetzel geschahen ja vor der laufenden Kamera. Ich erfuhr zutiefst entsetzt, wie die Mörderbanden von Soldaten und Zivilisten von Tutsi-Haus zu Tutsi-Haus systematisch zogen, und wahllos Männer und Frauen, vom Älteren bis zum Säugling, ermordeten. In einer Zeitung aus Deutschland las ich einen Artikel, in dem berichtet wurde, daß die zu ermordenden Tutsis teuer bezahlten, damit sie von der Kugel getötet wurden anstelle von der Machete. Die Hutu-Nachbarn griffen auch zu Macheten und töteten ihre Tutsi-Nachbarn. Man weiß nicht genau, wieviele Menschen dem Massaker zum Opfer fielen. Innerhalb von drei Monaten seien über eine Million Menschen gestorben, und das in einem Land, das vor dem Kriegsausbruch von etwa sieben Millionen Menschen bewohnt war und in dem außerdem der traditionelle Hauptgruß lautet: »Yezu akuzwe!« »Jesus sei gelobt!« Tag für Tag rief ich meine Schwester an, die noch telefonisch Kontakte zu einem Teil der Familie hatte. So grauenvoll waren die Berichte. Von demjenigen, der über den Tod der anderen Geschwister oder Eltern am Vortag berichtet hatte, wurde später gemeldet, das nächste Opfer gewesen zu sein. Und so ging es weiter wochenlang, bis Ruanda von außen völlig abgeschnitten war.

Aufgrund meiner schon genug belasteten psychischen Situation, entschloß ich mich am Höhepunkt des Massakers, die Berichte über Ruanda nicht mehr zu verfolgen. Es nutzte mir überhaupt nichts, mich über solche Greueltaten zu informieren. Jedenfalls war schon über die Hälfte der Menschen, die ich mein Leben lang geliebt hatte, innerhalb eines Monats ermordet worden. Diese ungeheuren Erlebnisse in Ruanda lösten bei mir zwei entgegengesetzte Reaktionen aus. Zum einen war ich unbeschreiblich tief schockiert, zum anderen bekam ich dadurch eine besondere Ermutigung, in meiner verzweifelten Lage auszuharren. So betrachtete ich mich wie jemand, der auf einem Schiff gewesen war und der aus irgendeinem Grund das Schiff in großer Gefahr mit der letzten Rettungsmöglichkeit verlassen hatte, bevor es kurz danach vor seinen Augen mit allen anderen Passagieren an Bord versank. Weiter zu leben wurde also zu meiner äußersten Pflicht. Noch nie hatte ich an einen Lebenssinn gedacht, wie in dieser Zeit, die meine Familie, meine Freunde und Bekannten wie in einem Alptraum verschlungen hat.

Tag für Tag, wenn das Wetter es erlaubte, ging ich in den Tharandter Wald. Nur etwas zu trinken, mein arabisches Lehrbuch und dessen Begleitkassette brauchte ich. Dann blieb ich dort so lange, wie es mir das Wetter erlaubte. An manchen Tagen verbrachte ich über sechs Stunden im Wald. Ich wollte völlig allein bleiben, so suchte ich versteckte Stellen, wo keiner mich störte, wenn es auch Begegnungen gab, über die ich mich freute. Herr Schubert, den ich in seinem Lebensmittelladen in Klingenberg kennengelernt hatte, machte regelmäßige Spaziergänge mit seinem Hund im Wald. Wir hatten uns in allen Ecken des Waldes getroffen, wobei wir uns immer kurz unterhielten. Eine ältere Frau aus Klingenberg war auch mit ihrem Hund bei schönem Wetter im Wald zu treffen. Sie hat mich immer gegrüßt. Aufgrund ihrer Schwerhörigkeit konnten wir uns leider kaum unterhalten. Doch ich verstand alles, was sie sagte. Eins vergesse ich nicht: »Mein Vater hat mir gesagt: Grüße alle Menschen, ohne Unterschied.« Als ich fast auf allen Wegen des umliegenden Waldteils gelaufen war, entdeckte ich mitten im Wald einen Jägerstand in einer engen Lichtung, wohin kaum ein Mensch kam. Viele erholsame Stunden, in denen ich meine Abgeschiedenheit genoß, verbrachte ich auf diesem Jägerstand. Nur die in etwa zweihundert Meter vorbeifahrenden Züge störten meine Ruhe. In den über fünfzig Malen auf diesem Jägerstand wurde ich nur einmal von zwei Förstern gestört, die etwas in dieser Waldlichtung prüfen wollten. Erst am späten Nachmittag kam ich ins Zimmer zurück, schlief bis spätabends. Dann tief in der Nacht schrieb ich einige Zeilen dieses Buches. Tagsüber war es sehr laut im Heim. Da ich aber im Zimmer allein war und so meine Zeit gestalten konnte, wie ich es wollte, war diese Situation kein großes Hindernis für meine Schreibarbeit. So habe ich den ganzen Frühling und Sommer 1994 verbracht.

Nur selten, wenn das Wetter wirklich zum Baden einlud, fuhr ich zur Talsperre Malter baden, einer sehr idyllischen Gegend unweit von Klingenberg. Einmal in der Woche konnte ich mich mit anderen Mitgliedern von ARABIA e.V. in Dresden treffen, um etwas Arabisch mit Herrn Kubaisi zu üben. Kurz vor der Abschiebung von Stefan waren zwei Familien aus dem ehemaligen Jugoslawien im Heim eingetroffen: Familie Sejdovic und Familie Zukic. Mit den beiden verstand ich mich gut. Die Familie Zukic konnte in diesem Sommer nach den Vereinigten Staaten von Amerika weiter auswandern. Ich blieb mit der kinderreichen Familie Sejdovic, die zwei Türen weiter neben meinem Zimmer wohnte. Das Zusammensein mit dieser Familie wurde für mich eine angenehme Überraschung, so daß ich mich oft fragte, ob sie nur kam, weil Stefan weggehen mußte. Wir sollten eine lange schöne Zeit zusammen verbringen, in der wir uns in dieser schwierigen Lage so gut wie möglich gegenseitig unterstützten. Jeder von uns hat auf seine Weise unter dieser Lebensweise gelitten. Im Juli wurde ich vom Pfarrer Kuczera gebeten, in einer religiösen Kinderwoche in Strehlen mitzuwirken. Eine Woche lang betreute ich gemeinsam mit Frau Feyler eine Gruppe von Kindern. Es war eine wunderschöne Zeit mit den Kindern. Frau Feyler sollte mich aus meiner Abgeschiedenheit bewegen, denn durch sie lernte ich viele positive Menschen kennen.

Viel später, als ich mich von den Erlebnissen in Ruanda erholt glaubte und die Telefonleitungen wiederhergestellt wurden, wagte ich, wieder Kontake mit meinem Land aufzunehmen. Eines kann ich sagen: Ich werde nie verstehen, was dort passiert ist, denn ich erfuhr von Dingen, die meinen Verstand überstiegen.

Der Leser erinnert sich an meinen Freund Védaste, der mir bei fast allen Ausreiseformalitäten half und der als Tutsi eine Hutu-Frau geheiratet hatte. Ich möchte es noch betonen, er war in dieser Ehebeziehung bekanntlich eine Ausnahme. Auch Védaste fiel diesem Hutu-Gemetzel zum Opfer. Seine Frau blieb am Leben. Die Tutsi-Frauen galten als sehr schön. Deshalb hatten viele Hutu-Männer im Laufe der Zeit Tutsi-Frauen geheiratet. Das organisierte Massaker verfolgte das Ziel, alle Tutsis und alle Tutsi-stämmigen Personen auszurotten. In Ruanda gilt die väterliche Nachkommenschaft. Also, es war bekannt, daß die Kinder aus solchen Eheverbindungen automatisch Hutus sind, denn sie besaßen einen Ausweis mit Hutu-Vermerk. Aber während dieser Massaker verlief alles anders. Auch viele dieser Kinder entkamen dem Tod nicht. Von einigen solchen Familien verlangten die Mörderbanden, daß der Ehemann seine eigene Frau tötete, und nur unter dieser Bedingung durften ihre Mischlings-Kinder überleben. Viele Männer hätten es getan. Aber ein Mann konnte den Mut nicht aufbringen, seine geliebte Frau mit einer Machete zu töten. Als die Mörder ernsthaft drohten, Frau und Kinder abzuschlachten, übernahm die Frau die Verantwortung, indem sie ihren Mann flehentlich bat: »Im Namen der Liebe töte mich, damit meine Kinder überleben, denn nur durch sie werde ich auch überleben. Du weißt ja, daß ich schon unausweichlich zum Tod verurteilt bin.« Der Mann konnte es doch einfach nicht. Er begründete seine

Unfähigkeit mit der Tatsache, daß er das Blut seiner Frau nicht sehen wollte beziehungsweise nicht sehen konnte. Seiner Vorstellung nach wäre es besser, daß alle, Mann, Frau und Kinder, sterben. Dann schlug die Frau wieder selbst die mögliche Lösung vor, die letztlich ihre Kinder retten sollte. Der Mann sollte ein Grab schaufeln, die Frau sollte sich in das Grab bei lebendigem Leib hineinlegen, und der Mann sollte das Grab zumachen. Und so geschah es auch. Man kann sich vorstellen, wie lange dieser Vorgang gedauert hat. In der Tat blieben die Kinder am Leben.

Diese Geschichte wurde mir hastig auf einem Bahnsteig von einem Hutu-Bekannten erzählt, der gleich darauf in den Zug einstieg. In dem Augenblick begriff ich das Ausmaß der Grausamkeit nicht, denn ich hatte viel Ähnliches gehört und glaubte, auf solche Berichte genügend vorbereitet zu sein. Doch im Laufe der Zeit plagte mich immer wieder diese Geschichte, zumal ich mir einbildete, dies geschah an dieser oder jener Frau, die ich sehr gut kannte oder die ich sogar gern gehabt hatte. Ich kannte viele solcher Eheleute. Ich habe lange darüber nachgedacht, ob ich diese schreckliche Geschichte erzählen sollte oder nicht. Der Leser wird mir verzeihen, denn ich habe es nicht verkraftet, sie für mich allein zu behalten. Als ich aber noch mehr über die Gemetzel erfuhr, hörte ich von solchen gräßlichen Beschreibungen, die auf gar keinen Fall in dieses Buch passen. Sie übertreffen alles menschliche Fassungsvermögen.

Daß ich in Ruanda überlebt hätte, wäre ein Wunder gewesen, auch wenn es Überlebende gab. Aber ich bleibe lieber dabei, zu glauben, daß das Wunder dadurch geschah, daß ich das Land rechtzeitig verließ. Im August war schon ein Jahr vergangen, seitdem ich meine Anhörung bekommen hatte. Ich war nun sicher, daß mit dem Asylverfahren schon wieder etwas nicht stimmte. Von Anfang an war mir gesagt worden, daß es sehr schwierig sei, ohne Hilfe eines Rechtsanwaltes etwas in meinem Asylverfahren zu erreichen. Aus persönlichen Gründen verzichtete ich bewußt auf einen Rechtsanwalt. Nach meiner damaligen Vorstellung fand ich es überflüssig, einen Rechtsanwalt einzuschalten, bevor ich einen abschlägigen Bescheid bekäme. Aus dieser langen Wartezeit hatte ich nun gelernt und fühlte mich dazu gezwungen, einen Rechtsanwalt aufzusuchen.

Als ich einem Rechtsanwalt in Freital meine Geschichte erzählte, konnte er es nicht fassen: »Sie haben Sie vergessen«, war seine Reaktion in nachdenklichem Ton. Er schlug mir gleich vor, eine Untätigkeitsklage an das Verwaltungsgericht Dresden einzureichen, was wir unverzüglich taten. Einige Wochen danach reagierte das Bundesamt, indem es das Gericht bat, die Untätigkeitsklage abzuweisen, hilfsweise das Verfahren auszusetzen mit der Begründung: »Es liegt ein zureichender Grund vor, daß die Beklagte über den Asylantrag des Klägers noch nicht entschieden hat.

Die Entscheidung über einen Asylantrag setzt voraus, daß die der Entscheidung zugrunde zu legenden Verhältnisse zuverlässig beurteilt werden können. Eine Entscheidung kann nicht getroffen werden, wenn die Verhältnisse im Herkunftsstaat in extremer Weise unklar oder in stetigem Wandel begriffen sind.

Dies gilt gegenwärtig für die Situation in Ruanda. Die dortigen politischen Verhältnisse hängen von der aktuellen Situation ab, die sich ständig ändert.

Eine Möglichkeit, hinreichend zuverlässige und umfassende Informationen zu erlangen, hat das Bundesamt derzeit nicht. Die Aussetzung der Entscheidung über Asylanträge von Ruandern ist daher die einzige Möglichkeit, der Lage Rechnung zu tragen.

Die aktuellsten Informationen über die Lage in Ruanda sind beigefügt; hieraus geht hervor, daß die deutsche Botschaft in Ruanda zur Zeit geschlossen ist. Das Bundesamt wird die Asylverfahren wieder aufgreifen, sobald zuverlässige Informationen über die tatsächlichen Verhältnisse gewonnen werden können; insoweit wird das Bundesamt die Informationslage ständig beobachten.

Die Aussetzung von Asylentscheidungen in einer Bürgerkriegssituation soll auch verhindern, daß die nach der Rechtslage oft zwingenden Ablehnungsentscheidungen zu einer unnötigen Belastung der Asylbewerber und Verwaltungsgerichte führen.

Auch der Kläger kann aufgrund der in der mündlichen Anhörung gemachten Angaben nicht ohne weiteres mit einer Anerkennung nach Art. 16a GG oder § 51 AuslG rechnen.

Das Verhalten des Bundesamtes führt daher nicht zu einer rechtlichen Schlechterstellung des Klägers.

Der Kläger ist hierdurch nicht schutzlos. Während der Dauer des Asylverfahrens hält er sich gesichert und rechtmäßig in Deutschland auf und kann im Rahmen der arbeitsrechtlichen Regelungen auch einer Erwerbstätigkeit nachgehen.«

Diesen Bescheid bekam ich am 6. 11. 1994, also drei Jahre, nachdem ich meinen Asylantrag gestellt hatte. Das Verfahren wurde vom Verwaltungsgericht wie vorgeschlagen ausgesetzt.

Damit war mir kein Nachstoß mehr erlaubt.

Ein Jahr danach sitze ich immer noch in Klingenberg fest, setze ich ruhig meine Spaziergänge im Tharandter Wald fort und warte auf eine Änderung der Lage in Ruanda. Ich bitte noch um Bettwäsche, um die Möglichkeit zu waschen, um eine Erlaubnis, den vorgeschriebenen Aufenthaltskreis zu verlassen.

Im Heim ist die Lage nach wie vor unverändert. Der hygienische Zustand, die unangemessen laute Musik, das konfliktreiche Zusammenleben von Asylbewerbern auf diesem engen Raum nehmen mir das Wenige weg, was das Leben noch annehmbar machen könnte. Mit den Wachmännern kommt es immer wieder zu unangenehmen Szenen. Eines Tages fühlte ich mich von einem Wachmann so provoziert, daß ich die Polizei anrufen mußte. Leider kam die Polizei zwei Stunden, nachdem der Provokateur seinen Feierabend angetreten hatte. Der Fall war somit vergessen.

Meine beiden Koffer aus Ruanda stehen immer bereit für die nächste Reise. Und wohin auch immer wird mich diese Reise in die Freiheit führen. Wie auch immer mein Asylantrag ausgehen mag, eines ist mir längst klar, daß Deutschland nicht meine zweite Heimat werden kann. In diesen vier Jahren habe ich viel gesehen, viel gehört und vor allem viel erlebt. Meine Frustration, die daraus entstand, ist sehr groß. Freiwillig wird mich aber diese Reise auch nicht nach Ruanda führen. Die Entschlossenheit, nicht nach Ruanda zurückzukehren, steht schon lange bei mir fest. Ich werde auf die Entscheidung über meinen Asylantrag warten, egal wie lange das Asylverfahren noch dauern soll. Mittlerweile prophezeite mir jemand, ich könnte mich noch zehn Jahre in diesem Zimmer mit diesem Status als Asylbewerber aufhalten. Wenn ich schon vier Jahre überstanden habe, in denen ich immer die doppelte Energie als sonst in fast allen Lebenslagen aufbringen mußte, so kann ich nur hoffen, daß ich auch zehn Jahre oder wieviel auch immer ausharren kann. Die Buche hinter meinem Fenster erinnert mich, daß schon wieder eine Jahreszeit vorbei ist. Ich habe nur ein Leben. Es ist mir schon bewußt, daß mir die schönste Zeit zum Leben so gut wie entwischt ist, aber die Zeit zum Sterben ist lange noch nicht gekommen. Ich bin überzeugt, daß ich diese Lebensphase überschreiten werde, und warte ungeduldig auf jenen Tag, an dem ich dieses Heim verlassen und die Reise in die Freiheit antreten werde. Ich bin sowieso auf der Durchreise. Doch wenn ich sie ausgerechnet in diesem Heim, auf diesem Bett beenden sollte, wäre mein Leben ein verlorenes Gut für mich und eine verlorene Mühe für Gott.

»Er aber sprach zu den Jüngern: Es wird kommen die Zeit, daß ihr werdet begehren zu sehen einen Tag des Menschensohnes, und ihr werdet ihn nicht sehen. Und sie werden zu euch sagen: Siehe da! siehe hier! Gehet nicht hin und folget auch nicht. Denn wie der Blitz oben vom Himmel blitzt und leuchtet über alles, was unter dem Himmel ist, also wird auch des Menschen Sohn an seinem Tage sein. Zuvor aber muß er viel leiden und verworfen werden von diesem Geschlecht.« Lukas 17, 22-25